敵をつくる

――〈良心にしたがって殺す〉ことを可能にするもの

ピエール・コネサ 著
嶋崎正樹 訳

風行社

Cet ouvrage a bénéficié du soutien des Programmes d'aide à la publication de l'Institut français.
本書は、アンスティチュ・フランセ・パリ本部の出版助成プログラムの助成を受けています。

序文

ミシェル・ヴィヴィオルカ

　ピエール・コネサは基本的に軍事戦略の世界でキャリアを積んできた。私が彼と個人的に知り合ったのは一九九〇年代で、当時コネサは国防省戦略局（ＤＡＳ）の主任の一人だった。彼は私に、世界的な暴力が纏う新たな形式について考察するよう依頼してきた。* その後、権威ある研究所の一つ、欧州戦略インテリジェンス社の専務となった彼にも、仕事で何度か遭遇している。要するに、戦争や国防、暴力や戦略を扱うときのピエール・コネサは、まさに第一人者なのである。蒙昧なエッセイストとはわけが違う。

　ゆえに、本書はまさに衝撃、それも良い意味での衝撃である。戦争と平和の話になるや否やごく普通に採択されるアプローチばかりか、端から端まで知的に制御できると信じる無数の状況について私たちが抱く考え方までも、様々な点で粉砕してしまうのだ。本書を一読した後は、もはや軍事戦略について、今までのように語るわけにはいかない。本書が示す具体的・歴史的な情勢も、今までとは違って見えてくるだろう。

　本書を一読すると、私たちは戦略マニュアルからはるかに遠いところに連れて行かれる。ピエール・コネサは本書を、本格的な「反マニュアル」として示してもよかっただろう。というのも、本書で問題にされているのは、冷戦時代の終わりを考慮するべく修正を経たものも含め、従来の戦略分析との決別だからである。冷戦は西側と東側という二つの陣営に、実に都合のよい敵の定義をもたらしていた。したたかな計算や、こう言ってよければ軍事的・外交的・地政学的な推論を練り上げる前段階で、敵を作るという主要なプロセスが作動している、とピエール・コネサは説明する。ひとたびそのプロセスが特定され、世論を作りそれに影響を及ぼす人々、すなわちメディア、政治権力、知識人、宗教指導者などからそのようなものと認められれば、ようやく軍事的理性が動き始め、そのような敵を作るプロセスを無効にする、もしくは抑制するための、最も適格と判断される様式が推奨されていくだろう、と。したがって、ピエール・コネサが提起する問題は斬新なものであり、きわめて実り豊かなそのアプローチは、敵を作り上げる様式の類型論と、かかる目的のために用いられうる主要な手続きの分析を練り上げることにある。

このような考察の仕方は、通念的な考え方をかき乱す。戦略的な計算というものがつねに神話やイデオロギー、あるいは多少なりとも意図的な虚偽、現場や当事者についての存在しない知識などにもとづいていることが、それによって示されるからである。また、私たちはこのような考察によって、カール・フォン・クラウゼヴィッツなど最も威信ある者も含めて、戦略の思想家たちから距離を取ることができる。この考察はときに、カール・シュミットにさえ接近する。敵を定義づけることは政治の第一の機能であると考える、どこかきな臭い法学者兼哲学者だ。もちろん、ピエール・コネサは敵の解体もまた政治的プロセスなのだと主張し、シュミットとの違いを示してはいるのだが。コネサにおいては、戦略的意志決定が立脚する具体的なアプローチの数々が白日の下に晒されていく。ジャン・ボードリヤールは、カール・フォン・クラウゼヴィッツの有名な言葉を言い換え、ジョージ・W・ブッシュが望んだイラク戦争は、政治の不在を別の手段で継続するものだと述べたが、まさにそれに通じるアプローチである。

ピエール・コネサにはこのように、古典的な思想を脱構築する独自の方法がある。一貫したやり方で、著者は見識を、考察を、的確な論拠を提示し、その都度、一つもしくは複数の具体的事例でそれらを説明していく。事例は決して数行を越えるものではなく、おびただしい数の参考文献を引くわけでもない。そのエッセイは大学の論文ではないからだが、だからといって厳密でないというわけではない。著者があえてそのような論述形式を用いうるのは、ごく簡単に言及されるそれぞれの事象について、同著者が完全に主題を押さえ、事案を熟知し、決定的な形で論証を進めることができるからだろう。私は彼の議論のすべてに同意するものではなく、ときに少々主張が強すぎるとも思うのだが、それでも全体としては、この方法の力に圧倒されてしまう。ほかの著者が用いたならば、点描的にすぎ表層的だと受け止められかねない方法だが、ここでのそれは諸点の全体を明快かつ鮮明に示しており、それが数々の事例の助けを借りて、統合された推論を形成してもいる。それらの事例は、読者が望むなら、容易により深い知識を得られるものばかりである。

ピエール・コネサの筆致は軽快で、辛辣ですらあり、毒舌に浸されてもいる。愚かしさや見せかけ、イデオロギー、知的怠慢、虚偽などにはとことん容赦しない。「状況次第の判断」など認めようとはしない。そうした判断のせいで、人は他者、すなわち敵に、自分自身では受け容れない思考様式を当てはめてしまうのである。

汚れを引きはがす研磨剤のような本書だが、それを読む読者は、ピエール・コネサの歓喜を絶えず共有することができる。著者はページあたり一〇回にもわたり、敵を作り上げることに貢献する人々の恥知らずな知的言動を赤裸々に、仮借なく暴いていく。ひとたびその最初の楽しみの時が尽きる、もしくは過ぎ去ると、今度は背筋に冷たいものが走るのだ。人はそうして、現代世界の重大事について考察し始める。もう少しの省察、理性、正義の感覚があれば人類が免れえたかもしれないあらゆる惨殺の残骸について、問いかけを始めるのである。ピエール・コネサとともに、戦略思想はその批判的知性を見いだしたのだ。

＊　その考察は、私が率いていたＣＡＤＩＳのラボでの共同作業により進められ、次の著作に結実した。*Un nouveau paradigme de la violence ?*, publié en 1998 par la revue *Cultures et Conflits*.

［目次］

第二部　敵の肖像――分類学の試み

序章

「はっきりさせておこう」

「ボンナダのウメネ人には、不快な隣国人ポメデのニッポ人がいる。ボナリスのニッポニ人は、ポメデのニッポ人、あるいはカラビュールのリジャボン人と結託して、ボンナダのウメネ人に脅しをかけようとしている。それは当然ロトラルクのビチュール人と同盟を結んだ後、あるいは密約によって一時的にビリゲットのリジョベット人を無力化した後のことだ。彼らはブレのコルヴット人の側面に位置しているが、そちらはボンナダのウメネ人の国を庇護下に置き、またオストブールのプロシュ人の向こう側に広がるポメデのニッポ人の領土の北西部をも庇護下に置いている」

「当然、状況はつねにシンプルだとは限らない。なぜならボンナダのウメネ人自身にも四つの系譜が入り込んでいるからだ。ボンナダのドオメデ人、ボンナダのオドボメデ人、ボンナダのオロドメデ人、そしてボンナダのドヴォボッデモネデ人だ。これら見解の分かれる系譜は実は基盤をなしているのではなく、よく考えられているように、状況に応じて相互に反目したり再分割されたりする。結果的に、ドヴォボッデモネデ人の意見は平均的な意見でしかなく、たとえ彼らが、ほんのわずかな時間だけその意見に与するとしても、それを共有しているドヴォボッデモネデ人など一〇人もいないだろう。いや、おそらく三人もいないだろう。しかもそれは政府の便宜のためではもちろんない。そうではなく、日に三度行われる世論調査の便宜のためなのだが、ある人々はそれが、指標のためだけとはいえあまりに少なすぎるといい、またある人々、おそらくは理想主義の人々は、朝と晩の世論調査だけで十分だと考えている」
「オドボメデ人のもの以外にも明らかに対立する意見がある。それがロドボデボメデ人の意見だ。彼らについては、議論の権利に関して以外、一度も合意があったためしがない。彼らはその権利なら、ボンナダのウメネ人の他の分派よりも潤沢に行使する。とどまるところを知らないほどに行使するのだ」

アンリ・ミショー『門に向きあって』(1)

アンリ・ミショーが平明に述べているように、敵と友人とを見分けることは、争いを起こす前の必要不可欠な力学である。ひとたび紛争が終わると、交戦国は皆同じ否定的な総括を行う。つまり、戦争は最悪の解決策だったが、またしても人間はその誘惑に屈してしまったのだ、と。だからこそ、人間を合法的な相互殺戮へと駆り立てる戦争の「ヒュブリス〔不遜〕」がいかに生じるのか理解しようとするのは当然のことといえる。

というのも、戦争とはまずもってこれに尽きるからだ。すなわち相手を殺害する許可証の合法的交付である。知りもしない相手(あるいは内戦の場合なら、実によく知っている相手)が、突如として、狩り出すべき、そして殺害すべき獲物に転じるのである。戦争とは「異様な」瞬間である。そこでは、敵の殺害を拒むと死刑に処せられることもある。いかに善意により、確信をもって拒んだところで同様だ。

本書の目的は殺戮の許容可能な方法、もしくは許容できない方法を特定することにあるのではない。そうではなくて、敵対関係がいかに作られるのか、戦を始める前の想像領域がどのように構築されるのかを分析することにある。暴力の形がいかなるものであれ、それらを研究する手前で、それらがいかにして正当なもの、もしくは許容可能なものになるのかに、本書は関心を寄せている。民主主義体制においては戦争もまた「民主的」でなくてはならないのだ。

敵を作る事例は歴史上に数多く見られる。たとえば、中国の寸断にドイツが参与することを正当化するため、ヴィルヘルム二世が考案した「黄禍」論があった。フランスの平和的な植民地支配を阻む英国に対し、フランス側からの非難の言葉として「不実なアルビオン」もあった。「金権政治家によるユダヤ＝メーソンの陰謀」論は、両大戦間に流行し、次いでホロコーストや強制連行の正当化に使われ、その後も散発的に浮上してくる。だが、戦争の数々を正当化してきたそのような神話産出メカニズムは完全に消失しただろうか？

二〇〇二年一月二九日、ジョージ・W・ブッシュ大統領は一般教書演説で、一方的に三つの国を「悪の枢軸」と名指しした。これなどは、世界最強の民主国家による人為的な敵の産出の、現代的な事例だといえる。名指しされた三ヵ国（イラク、イラン、北朝鮮）のいずれも、二〇〇一年九月一一日の同時多発テロへの関与という嫌疑をかけられてはいなかったのだが、ブッシュ大統領は、テロでトラウマを被ったアメリカ国民に向けて開戦を告げてみせた。大量破壊兵器の拡散に対する戦争を、である。ヨーロッパはつねにソ連を敵として団結していたが、ここへきて二つの陣営に分かれた。「古いヨーロッパ」はサダム・フセインを問題視したが、バグダードの同独裁者が戦争に値すると考えることは拒否した。「新しいヨーロッパ」はアメリカ政府を支持し、「イラクの脅威」に対する侵略戦争に同調した。

ミハイル・ゴルバチョフの外交顧問だったアレクセイ・アルバトフは、一九八九年に有名な一句「われわれはあなたがたに最悪の奉仕を行おう。敵をなくしてしまうのだ」を発し、西欧の戦略部門が事実上の操業停止に追い込まれる可能性を示してみせた。もはや死の危険はない、真の平和だ、というわけだ。だが、紛争や戦争の脅威が減じることはなかった。おそらくはわずかながら深刻さを増してさえいる。以後地域紛争となったそれらの諍いは、ときに私たちには理解不能に思えることもある。一九九七年に、未開の森林をめぐってエクアドルとペルーが起こした紛争はどう説明づければよいのだろう？　アラブ・マグレブ連合が地域の建設の主要目的として宣言されたというのに、二五年もの歴史をもつアルジェリアとモロッコの国境が封鎖されたことはどうだろう？　あるいは、一八三三年の太平洋戦争の敗退を記念し、海路へのアクセス要求を再び持ち出そうとした、ボリビアの「海の日」記念祝賀はどうだろう？

交戦状態に至る要因は現実に根ざしているが、多くの場合、イデオロギー的構築物やものの見方、不理解などにも立脚している。本エッセイは、基本的前提として、敵とは構築物であるとの立場を取る。戦略的関係は、それが戦争に至る場合、一方の側の行動とイメージが他方の側の行動とイメージに影響する弁証法的なプロセスなのである。

国際関係論の教科書に書かれている話とはうらはらに、民主主義はそれ自体が平和をもたらすものではない。仮にそうであったなら、フランスや英国の植民地支配など決して行われなかっただろうし、アメリカがイラクに赴くことも、イスラエルが支配地域での入植を進めることもなかっただろう。また、逆にすべての独裁体制が好戦的であるわけでもない。ミャンマーの軍事政権やポルトガルのサラザール政権が好例だ。独裁体制はただ単に、よりいっそう敵を作りやすいというだけのことだ。ミャンマーの軍事独裁のように、敵は国内にあったり、英国領フォークランド諸島の返還要求を再燃させたアルゼンチンの将軍たちのように、国外にあったりする。ユダヤ人、劣った人種、民主主義体制、フランス、共産主義などを名指ししたヒトラーの体制のように、国内外の敵が結合する場合もある。ではトロツキー主義、ブハーリン主義、スパイ、社会主義の敵、帝国主義などを非難したスターリン主義も同様だ。では民主主義体制はどうだろう？

問いかけを続けよう。世論には、ある世界的なイメージが各種の様式に応じて構築され定着している。その様式については詳細な分析が必要だ。たとえば世界で最も巨大な民主主義国家であるインドは、マハトマ・ガンジーとともに、「非暴力の国」という称号を決定的に獲得している。だが同国は、すでに六回もの対外戦争を起こし（パキスタンに対して四回、中国に対して一回、そしてスリランカへの介入が一回）、首相も三人が暗殺されている。シーク教徒のナショナリズムを打ち砕くため、アムリトサルの黄金寺院に、国内の警察行為として軍事攻撃をしかけたりもしている。非暴力の定義としてはなんとも不可思議だ。逆に、多くの場合脅威として語られる中国は、とりわけ国内の安定に心血を注いでいるように見える。一九四九年以来、国外の紛争に二度（朝鮮とインド）、さらに植民地の再征服（チベット）に一度介入したにすぎない。

同じ出来事、同じイメージ、記憶、戦闘、同じ日付が共有されていても、同じ受け止め方をもたらしはしないし、どこでも同じ意味が付与されるわけでもない。私たちの民主主義の真理とは部分的なものでしかない。世界中のユダヤ人にとってイスラエルの国家樹立は、西欧人が犯したジェノサイドであるショアーを頂点とする、長き迫害の終わりを意味している。だがそれは、キリスト教徒に追われたユダヤ人を何世紀にもわたって保護し安全を確保してきたイスラム諸国においては、なんの意味をももってはいない。アフガニスタンからのソ連の撤退は民主主義の勝利として受け止められる。だがイスラム主義者からすれば、それはイスラムの地を占領していた世界最大の軍隊をも打ち負かせるという、民主主義国による力の誇示でしかない。こうした指摘はヨーロッパ人同士の間でも有効だ。ジャック・ドローズ(2)はとても興味深いエッセイの中で、フランスとドイツの歴史家が共同で歴史教科書を編纂しようとした際、第一次大戦の原因を特定する段になって生じた双方の対立について詳述している。このように、敵を作る上で相互に用いる言葉や見方がいかに重要であるか、理解を促す事例は枚挙にいとまがないだろう。

なぜ敵なのだろうか？　現代社会において、それはどのような社会的・政治的な役割を担っているのだろう？　アイデンティティは必ずや「他者」に対立する形で構築されなくてはならないのだろうか？　カール・シュミットは、それこそが政治の機能にほかならないと考えていた。つまり、敵とは他者、悪、脅威のことであり、病気が生と切り離せないのと同じように、敵もまた生と切り離せないというのだ。敵は様々な役割を果たしてくれる。とりわけ、私たちの集団的不安の責任（現実もしくは想像上の）を引き受けることで、不安を緩解する機能を果たす。敵を作り上げることで集団の結びつきは強化されうるし、国内問題で行き詰まった権力者にとってのガス抜きにもなりうる。敵というものは、軍事戦略の基本マニュアルには記載されていない。そこでは、最初から与件として示される戦争のみが考察の対象を占めている。戦争を誘発し、なおかつ人々が必ずしも意識していなかった客観的要因は、歴史家が事後的に研究する対象でしかない。だが一方で、敵対関係の想像領域がいかに構築されるのかにこだわり、世論を作り上げる社会的マーカーを特定する必要もあると思われる。

誰が敵を作るのだろう？　フランス革命以来、戦争か平和かを決めるのは主権者だけではない。二〇世紀のナショナリズムの出現と世界的紛争からは、戦時の動員の基本要素をなすものとして、世論の賛同が考えられる。武器商人の駆け引きや、巨大資本の利益でもって戦争を説明しようとするのは、実際の紛争全体をカバーするには少し物足りない。民主主義の大国における戦略の検証機関、アングロサクソン人が「ストラテジスト」と呼ぶものは、国際情勢や脅威について分析し見解を示し、それらへの対応に不可欠な軍事力をフォーマットし、必要があれば武力行使を正当化することを公務としている。ソ連崩壊後の時代において、それらの機関は大きな混乱に見舞われた。「敵との戦いを生き抜く者は、敵を生きながらえさせておくことを利と考える」と、フリードリヒ・ニーチェは『人間的な、あまりに人間的な』で記している。技術的な操業停止の危機にあって、あらゆる組織と同様にストラテジストらもまた、九〇年代を通じて新たな概念や敵を生み出してきたが、時間を経てから改めて分析してみると、驚くほど人為的かつ状況依存的であることがわかる。

敵を作るには様々な段階を踏む必要がある。まず戦略的イデオロギーが与えられ、言説が作られ、私たちが「マーカー」と呼ぶ世論の作り手が現れ、暴力が高まるメカニズムが機能しなくてはならない。「敵のマーカー」とは、社会学で言う「アイデンティティ・マーカー」のカテゴリーに追加されるべきものだが、これは多様で、紛争の種類により異なってくる。状況のアナリストとして最も細やかとはいえないが、最も影響力のある人々である。第一次大戦では、デルレードはフランスにおいてジョレスよりも影響力があった。キップリングとピエール・ロティは、帝政文化の世論を広範に席巻した。ハリウッドは盛んに西部開拓のウェスタンを量産したが、原住民の部族を容赦なく殺害していた事実とはうらはらに、観客は長い間、それらを創成の偉大なる叙事詩として受け止めてきた。ほかにも、たとえばジェノサイドのプロパガンダの話をしてもよかったろう。この場合は映画のジャンルの話ということだが。

このように、敵というものが構築されるものであるなら、その分類学も確立できるはずだ。交戦状態の大まかな種別と、それが作られるプロセスを定義するのである。

「近隣の敵」は、国境での諍いが紛争と化した隣国のことだ。紛争はふつう二国間で行われる。諍いの種はわずかな土地だったりし、所有物を暴力的に奪い合うような争いとなる。

「世界的競合相手」は、二大勢力が敵対する場合の競合相手で、世界的規模に及ぶものをいう。冷戦や植民地支配競争における帝国同士の敵対関係などがそうだった。この場合の戦争は、力の誇示、さらには地図上の臆面のない覇権的行為となる。

「国内の敵」は内戦の場合や、自分の陣地における「他者」、それまで平和に暮らしていたとされる隣人同士の殺し合いなどをいう。言葉の応酬がきっかけとなり、宣戦布告がまったくなくとも、しまいには殺人の先取りにまで至ってしまう。「殺される前に殺せ！」と。内戦とは分裂的な浄化のことだ。

「蛮族」とは、支配者側が被支配者側を見下す言い方だ。被支配者側は未開の人々から成るとされ、武力でしか従わせられないとされる。被支配者側は敵なのであり、いわば家の中にいることを許された不法居住者のようなものだ。その弾圧は「平定」と称される。

「隠れた敵」とは、表面に出ない勢力で、陰で糸を操り、国民全体の命運を左右するとされるものだ。それは「陰謀論」によって生み出された強迫観念である。反ユダヤ主義の基盤でもあり、南米での「共産主義勢力」へのクーデターの基盤でもある。これは自己免疫系の疾患のようなもので、ウイルス以上に、器官みずからがおのれに悪さを働くということだ。その場合の戦争は暴力的な妄想をなし、一様に転移を繰り返す。

「善悪の戦争」は宗教戦争に限定されない。二〇世紀の世俗的な全体主義体制の戦争もこれにあたる。イデオロギーも、宗教に勝るとも劣らず殺戮的だった。「他者」は「悪」であり、さらには「邪悪」であるとされ、戦争によって他者の、世界規模での完全な殲滅が果たされなくてはならない。そればかりか、裏切り者や陰謀家の殲滅もされなくてはならないとされる。その場合の戦争は悪魔祓いと化す。

「概念上の敵」は一方的政策にふさわしい唯一の敵だ。一方的政策とは超大国の帝国的な行為であり、希有な状況ではあるが、世界はそれをジョージ・W・ブッシュの政権のもとで目にした。支配者にはおのれに匹敵する敵が存在しない。グローバルな戦いにおいて支配者が戦えるのは、概念に対してのみなのである。それが「テロの拡散に対するグローバルな戦い」だ。この場合、戦争は予防措置となる。

最後にもう一つ、「メディアが作る敵」がある。冷戦後に生じたイデオロギーと戦略の空隙を、メディアによる報道が満たす形で、最も近年になって登場した事例である。そこではイメージが文章に勝っている。この非戦略的脅威は、戦略機関によって定義されるのではなく、基本的にメディアに登場する知識人、ディアスポラ［離散者］の人々および／または人道主義の人々によって定義される。アメリカの軍隊に次ぐ世界第二の軍隊である国連平和維持軍の派遣でもって、敵不在の軍事行動を引き起こしたりもする。西欧から見るならば、その場合の戦争は心理戦でしかない。

この分類学では、いかなる要素も完全に純粋ではなく、多くの場合同じ一つの紛争に異なる種が入り交じっている。個別の事例は複数の戦略的特徴を示し、固有のマーカーと識別可能なシグナルを伴った特殊な言説の上に構築されていく。

敵が構築物なのだとしたら、それは解体〔脱構築〕も可能でなければならない。

私たちの時代の最も重要な独自性とはおそらく、「先祖代々から」と称される敵同士だったフランスとドイツが、三度にわたる破壊的な戦争の後、歴史的な和解を果たしたことにある。ドイツの償い方は独特である（おそらくその犯罪が特殊だったからだろう）。日本も、大量殺戮ゆえに重い咎を背負ういかなる国も、それをまねることはなかった。伝統的な敵同士の和解のモデルは、数多くの試みにもかかわらず、一度もコピーされたことがない。欧州連合の建設は、協議を通じて自国の最たる権能をも一部放棄する形で進んでいるが、EUはそうした代償を払ってこそ可能だったのであり、それもまた広く特異なものであり続けている。敵のいない実体としてのEUは、共通防衛体制をなかなか築けずにいる。

先祖代々の敵同士の和解という点では、ほかの場所でもいくつか好意的なシグナルが発せられている。たとえばアルメニアとトルコの歴史家による、一九一五年の「虐殺」に関する協同研究のための委員会の設置や、ポーランドとロシアの和解に向けた動きなどだ。

敵を解体するほかの方法も試されている。償い、特赦、告白、記憶の共有、司法など。それらもまた様々な形で成果を上げている。八〇年代以降、数々の独裁と内戦の時期を経て、各国の紛争解体メカニズムが誕生してきた。スペインや一部の南米の国では、民主主義への復帰を促すべく、特赦法にもとづく裁判と処罰よりも、忘却が優先されるようになった。だが司法は、特赦を受けた者の記憶をときおり掘り起こしてくる。南アフリカでは、真実和解委員会が言葉による赦しを与え、忘却よりも共通の記憶、賠償よりも自白を優先してきた。果たしてそれは持続的な紛争の解体をもたらすのだろうか?

さらに国際刑事裁判所の創設により、世界は人道に対する罪やジェノサイドの責任者たちを罰するようになった。人類史上初めて、国際司法が紛争の出口のルールを変えたのである。従来の報復や復讐のメカニズムに国際司法が取って代わったのだ。とはいえそれは、貧国または独裁国出身の、大量殺戮の首謀者の訴追にのみ限定されていてはならない。誰が誰を裁くべきなのだろうか?

本書は実務経験をもつ教員によって書かれたエッセイである。したがってそれは理論化としては不完全だし、単純化されてもいる。本書が議論や批判を喚起することこそ、その最も大きな希望といえるだろう。

第一部　敵とは何か？

敵とは必然だろうか？　フランスで最も優れたアナリストの一人、エリック・ド・ラ・メゾヌーヴ将軍は、皮肉な調子でこう述べていた。「ソ連という敵は、『善良な』敵としての性質をすべて備えていた。堅牢で、安定し、一貫性があった。軍事面ではわれわれと同様で、最も純粋な『クラウゼヴィッツ』モデルをもとに構築されていた。確かに不安をもたらしもするが、手口は知られており、予測も可能だ。それが消滅したことで、われわれの団結力も損なわれ、われわれの力もむなしいものとなった[3]」。ソ連の消滅がもたらした断絶は、戦争を解き明かす鍵の一つを無益なものにした。つまり、五〇年近くもの間、二極体制はほぼすべての紛争を分析するために活用されてきたのである。共産主義の終焉以降に生じた危機的状況は、すべて局地的なものであり（ユーゴスラビア、ソマリア、ティモール、ルワンダ、コンゴ、ハイチ、アフガニスタンなど）、それら紛争のもととなった諸力も地域的な解釈に値する。もはやいかなる全体的パラダイムも、微細な検証を経ずにすむような簡便な解読方法を与えてはくれない。冷戦という二元論の陶酔状態の後、歴史と地理学は再びみずからの権利を主張するようになった。ゆえに、事例ごとに敵を特定する従来型のアプローチへと回帰しなければならないのだ。

けれども、ここではまず、理論家や政治学者、法律学者、社会学者、戦略研究家などの主張を見ておくことにしよう。

第一章　敵とは政治的対象である

『リヴァイアサン』においてホッブズは、人間社会に対してそれ以前に存在した自然状態を掲げ、そこでは戦いが自然の秩序だったとした。ホッブズは、人間は暴力によって動かされるものであり、共通の組織のみが互いの尊重をもたらすと考えている。人間は政治的な存在だとする、アリストテレスの理解をも批判している。人間は自然によってではなく強制によってこそ社会的になりうるというのだ。したがって、ホッブズにとって敵とは自然の与件であり、この理論は有名な次の一句に手早くまとめることができる。「人間は人間にとって狼である」。敵を作ることは構造的であるというわけだ。というのも、自然状態とは「万人の万人に対する戦い」の状態だからだ。そのような状態にあっては、人間は自己保存の本能によってのみ動かされる。もとより平等である彼らは、事物に対して同じ権利をもち、策略か暴力かはともかく、それを手に入れるための手段も同じである。誰もが単独でそれを達成する方法を判断する。戦争もそこに含まれる。人間は危険を先取りするために、攻撃される前に攻撃するものなのだ。暴力とは、現実的か想像上かを問わず、脅威に対する恐れの先取りでしかない。ホッブズは敵の選択プロセスという問題を取り上げない。戦争こそが常態だからだ。

ルソーは『戦争状態論』(4)において、戦争を人間社会の常態と見なす「ホッブズのおそるべき体系」を批判している。逆に、自然状態に終止符を打つ社会状態の創設こそが戦争を正当化し、それをほとんど永続化させている、というのだ。時代の申し子だったルソーは、国家同士の関係の枠組みに身を置き、七年戦争[5]を参照元としている。人は、兵士として関与する国家同士の戦争という状況下でのみ敵と化すのであって、自然状態においてではない、と。

これら一時代を築いたグランド・セオリーは、良きにつけ悪しきにつけ、「人間の自然状態」という前提から出発している。だが、戦争は実に様々な形で継続されている以上、ほかの理論の領域にも探りを入れないわけにはいかない。

戦略の基本書は戦争を扱いはするが、敵を扱おうとはしない。どれほど驚くべきことに思えても、伝統的な戦略的考察は戦争前の敵についてほとんど関心を寄せないのである。どの考察も、アルベリコ・ジェンティーリに従っているように思われる。一七世紀に『戦争法について』を著し、戦争を「武力による、公的かつ正義のための」紛争と定義した人物だ。そこでは敵の話は出ない。戦争は「正義」であり、したがって不可避なものだからだ。だが私たちは今日、重大な戦略的リスクこそ存在しないものの、戦争がなくなったわけではない歴史上の一時代を生きている。ならばどう考えるべきだろうか?

軍事的省察は戦争に勝つ方法に関心を寄せる。ジャック・アントワーヌ・イポリット・ド・ギベールは、著書『一般戦術論』(一七七〇)において、戦争を与件とする立場から議論を展開している。同じくプロイセンのクラウゼヴィッツや、スイスのアントワーヌ・アンリ・ジョミニにとっては、紛争の起源の問題など、さしたる関心を寄せる事項ではなかったようだ。彼らにとって特定された敵とは構造上の敵、すなわちナポレオンだったからだ。他方、この二人の戦略家は、それぞれの祖国に戻る前、ロシアの軍隊に所属して同皇帝と一戦を交えている。

二〇世紀になると、塹壕の恐怖に取り憑かれたリデル・ハートは、もてる知恵の限りを尽くし、大戦に勝利する正しい方法を生み出そうとした。第二次大戦に心底恐怖を抱いたガストン・ブトゥールは、一九四五年に社会学的な学問として「戦争学」を創設している。二つの世界大戦のほか、冷戦も一部を経験したこの時代の申し子にとって、交戦状態は人間社会における永続的状態と思われた。両大戦間の「もう二度と！」というスローガンも、戦争を防ぐにはまったく至らなかったからだ。ブトゥールはその分析を、社会集団における戦争暴力の真の原動力とみずからが考えるものを中心に構築している。戦争の原因を体系化しようというのである。それぞれの紛争に固有の直接的な政治的原因を超えて、ブトゥールは現象への学際的なアプローチを試みる。その『戦争学論』[6]では、「ホモ・フリオシス（凶暴な人間）」とみずからが呼ぶ軍人に関心が向けられている。ブトゥールによれば、紛争のための結集と動員をもたらすのは国や個人ではなく、信念や信仰なのである。戦争は集団的意思と、認知ずみの社会的価値観から生まれるとされる。すなわち、戦士の社会的・象徴的特権、「戦争の条件」、力の感覚、戦争の神格化、「歴史の意味」、紛争から帰結する人口調整などだ。戦争を特殊な情勢で説明づけようとする歴史家とは異なり、ブトゥールは構造的な原因を見いだそうとする。ブトゥールはこう指摘する。紛争が勃発するには「好戦的な熱情」が他に勝る必要がある。というのも、武力衝突が生じるのは、当事者たる国民がそれを支持する場合に限られるからだ。その点においても、紛争状況におけるナチスの責任、後の時代の共産主義の責任は明らかなものだった。だが、ブトゥールのあまりに国家重視の分析、ヨーロッパ中心の分析では、非植民地化のための戦争や蜂起的な戦争、不正に対する暴動、内戦などを予見することはできない。

マルクス主義思想は、普遍的な内戦の原理を掲げてシナリオを著しく単純化し、ブルジョワジーを絶対的な敵、「階級の敵」として名指しする。エンゲルスは『歴史における暴力の役割』（一八八八）において、将来のプロレタリアート独裁のために、そうした敵が不可避であり、不可欠でさえあることを示している。レーニンは『資本主義の最高段階としての帝国主義』（一九一六）で、世界大戦には単純かつ体系的な説明が可能だとした。すなわち、構造上好戦的になるしかない帝国同士の敵対関係、商業的競合関係の、武力による延長である。植民地支配を正当化してきた工業界・金融界のブルジョワジーは、最も危険な競合相手に対して自国を戦争へと後押しする。フランスの対英国戦争はそうでありえたし、ドイツとの戦争はまさにそうだった、と。戦争が武器商人で説明できるというのである。

共産主義者はこれまでずっと、非植民地化戦争や第三世界主義、非同盟国などについてうまく考えることができずにきた。自分たちの分析の基準に端的に当てはまらないからだ。中国とソ連の紛争、ベトナムによるカンボジア侵攻、ハノイと北京の国境での戦闘ともなると、いよいよ途方に暮れることになる。共産主義国同士が戦争するはずがないのだから。共産主義最後の偉大な戦略家の一人で、孫武を師と仰ぐ毛沢東[7]は、戦争の語り方を変え、敵に関心を示すようになったが、あくまでそれは正統なマルクス主義者としてだった。中国の革命の文脈で、国内のブルジョワジーのほか、日本や西欧の帝国主義陣営に対して、毛は革命の四つの階級の神話的同盟を描いてみせた。国家元首になると、毛はインターナショナルのパラダイムをも変革していく。共産主義陣営の忠実な同盟国で、当初は反帝国主義勢力だったソ連は、イデオロギー抗争と、それに続く国境紛争（一九六七年のウスリー川での衝突）を経て、アメリカに比肩しうる敵と見なされるようになった。文化大革命の最中には主要な敵とされるのだが、それ以前にも修正主義勢力として非難されている。イデオロギー抗争における大きな裏切りだというわけだ。次いで一九七一年から毛は、反ソビエト、反資本主義の世界的な統一戦線を理論化し、「三つの世界論」を定義する。そこでは中国政府の指導のもと、第三世界が二つの超大国に対峙するとされた。

核の決定的な脅威に惹きつけられたレイモン・アロンは、戦争よりも平和に重きを置くようになる[8]。ただし、共産主義という敵の特定は問題にされていない。とはいえアロンは、世界の二極化メカニズムの罠に捕らえられることなく、大国同士が相互に働きかける能力に即して異なる「平和の類型学」を提唱する。「均衡的平和」は、大国同士が同等である場合をいう。「覇権的平和」は一つの国が他国に勝る場合だ。「帝国的平和」の場合、力のある一国家が、従属する国民の自由な自治を制限する。「無力な平和」は、核の脅威から生まれた、相互の恐怖と威圧による平和である。一方でアロンは、「充足的平和」も生じうると認めている。要求が存在せず、結果的に戦争も存在しないという理想的状況だ。欧州連合の建設はアロンの目の前で進んでいたが、東西対立の激しさのせいで、ローマ条約の強みでもある独自性が、アロンにとっては霞んでいたかのように思われる。

ある社会がどのように敵を決定するのかを、戦略の思想家たちはほとんど探ってこなかった。有名なクラウゼヴィッツの次の成句を、後生大事に唱えるにとどまっていたからだ。「戦争とは、他の手段による政治の継続にすぎない」。この成句は正しいが、そこには二つ限界がある。まず、それが真であるのは、政治関係・外交関係をもつ国家間の紛争に関心を寄せる場合のみである。それは内戦や大虐殺、テロ行為、宗教紛争などには適用できない。第二に、核戦争はこの論理には含まれてこない。サハロフがにべもなく述べていたように、「熱核兵器の戦争は、単に他の手段による政治の継続とはまったく異なる事象である。それは集団自殺の手段なのだ」。

現行の戦略的考察もそれ以上の回答をもたらしてはいない。軍事的思考は、ひとたび敵が名指しされさえすれば、もはや敵というものの構造的・戦略的な性質には関心を寄せないのである。『ミリタリー・バランス』がまさにそうだ。ロンドンの国際戦略研究所が刊行しているこの戦略的考察の世界的な参照元は、世界中の武力の現状を調査しており、物資の保有量や軍事システムの性能をもとに、潜在的な脅威や敵対要素などの指標として受け止められている。二〇一〇年のアメリカの軍事予算は七〇八〇億ドルに達した。ウィンストン・ウィーラー(9)によると、中国、ロシア、キューバ、北朝鮮、イランの軍事予算を合わせたものの三倍近くだという。このようにして敵は言外に匂わされている。さもないと、一九九一年以降圧倒的となり、地球上の軍事費の半分を占める超軍事大国アメリカは、世界全体にとっての脅威と見なされてしまいかねない。もちろん西欧の読者の大半にとってなら、同国はそういうものではないだろう。だがほかの国々にとっての答えは、おのずと明らかだと思われる。

アメリカのCSIS［戦略国際問題研究所］、英国のISS［安全保障研究所］、フランスのIFRI［フランス国際問題研究所］など、知名度の高いシンクタンクの刊行物には、その時点でのイデオロギー的評価にもとづいた国際情勢が反映されている。たとえば、IFRIが毎年刊行している戦略的展望についての刊行物『ラムゼス』の二〇〇二年版は、9・11の同時多発テロ前の二〇〇一年半ば過ぎに書かれており、イスラム過激派の動向を扱った論文は一つもない。テロやアフガニスタン情勢はいわば時流に乗ったが、それは実のところ、手段にすぎないテロをあえて主要な脅威と見なし、アフガニスタン情勢を神話、叙事詩、脅威に仕立て上げようとする判断があったからだ。

敵とはあくまで選択されるものなのであって、与件なのではない。

真の思想的断絶をもたらしたのはアメリカの学派、あるいはむしろドイツの学派だった。カール・シュミット[10]は「例外状態を定める者こそが覇権を握る[11]」と主張する。友人と敵との区別をすることこそ政治の本分そのものなのだ。政治とは「侵害、敵視、異議申し立て、反論に値すると見なされるもののこと」なのである。集団は、相反するものとの対立によって自己のアイデンティティを確立する。ゆえに戦争はとびきりの政治的行為なのだ。なぜなら、シュミットによると、みずからが存在するためには敵を特定しそれと戦わなくてはならないからだ。国家は最も洗練された政治の形だ。なぜかといえば、それのみが、敵を特定し名づける権限をもっているからだ。平和主義的な政治を行おうとすれば、政治的実体ではなくなってしまう。カール・シュミットはワイマール共和国の人間だ。シュミットによれば、第二帝国の民主的な憲法は、権力の完全な均衡の実例ではあるのだが、完全に無力なものでしかなかった。シュミットが望んだのは行政府の強化で、目的は「ヴェルサイユの強制条約」問題を問い直すことにあった。それは国民のほぼ全員が共有する見解だった。そうした目標を公言するヒトラーをシュミットは支持した。カール・シュミットとその後継者たちのアプローチは、国家について考えるドイツ法哲学に根ざしている。だが、シュミットもまた時代の申し子として、敵を定義するという政治にとっての必然性を超えてまで、どのようなメカニズムが敵の選択に貢献するのかという問題を問うてはいない。

レオ・シュトラウスは自然法と正義の戦争の理論を再活性化し、新旧論争を復活させた。シュトラウスは普遍的価値と明白な真理の存在を信じている。おそらくは誤解だろうが、シュトラウスはアメリカのネオコンが抱く信念の、創始者の一人と見なされている。[12] というのも、その哲学的アプローチは、クリストルやウォルフォウィッツその他の、G・W・ブッシュの外交政策を補佐した人々にとって有益だったからだ。ブッシュは国際社会の行動における普遍的価値を体現すると主張して憚らなかった。そこで言う価値とは、楽観主義と行動とが入り交じったアメリカの自然法の伝統にほかならない。彼らはたとえば、イラクに対して巧妙に使われた「予防的戦争」概念の哲学的・道徳的な正当化を、レオ・シュトラウスのもとに見いだした。価値を担う国であるという確信こそが、彼らを武力と権力の正当化へと導いたのである。彼らのバイブルとなったのが、一九九七年に書かれた『アメリカ新世紀プロジェクト』（PNAC）である。そこには二重の原則が示されていた。すなわち、アメリカにとって善いことは世界にとっても善いことなのであり、ゆえに同等の競合相手の出現は阻止しなくてはならない、というのだ。フランス、ドイツ、ロシアがイラク戦争に反対すると、激しい非難キャンペーンが巻き起こったが、これなどは、アメリカ政府のブレーンの一部が、二つの同盟国を含むそれら三つの国を「敵」[13]と見なしていたことの現れにほかならない。ライバル、競合相手、敵。それらのカテゴリーは相互に入り組んでいる。

敵の選択メカニズムについて、政治理論が明確な回答をもたらさないのであれば、国際法はどういうことを述べているか見てみよう。国際法への違反は「戦争状態」をもたらしうる。したがって敵の同定をアシストしうるかもしれない。

第二章　戦争法――制服を着るほうがましか

国際法は近代国家間の国際関係の台頭とともに出現した。その場合の近代国家とは、国境を認められた覇権的な政治的実体をいう。伝統的に、紛争は一国の境界、もしくは存在をめぐって起こる。戦争法はその際、二つの問題を突きつけてくる。すなわち、戦争の法律上の定義と敵というものの地位である。

戦争は通常兵器を備えた二国家間の紛争と定義される。その場合、意図的な行為であることが示されなくてはならない。すなわち、敵対行動に至る以前に、開戦を宣言しなくてはならないのだ。そのときから、兵士は制服を身につけ、命令の授受を担う階級制度に編入される。戦争法の適用範囲ならば、その者は自分が生じせしめた死について、刑法上の責任を負わなくてよくなる。こうして両陣営の軍人は、兵士や捕虜の保護の規則を定めた一九四九年のジュネーヴ条約に従属するとともにその庇護下に置かれ、軍人としての地位が保証される。だが、あらゆる文明が戦争捕虜の地位について同じ解釈をするわけではない。日本人はかつて、戦士は降伏するよりも死を選ぶべきだとする「武士道」の考え方にもとづき、戦争捕虜は生きるに値しないと考えた。そのため捕虜を餓死させたり、虐待により死に至らしめたりした。

しかしながら、戦争状態の宣言によって、交戦国には、たとえば蜂起した敵にも戦士としての地位を認めるなどの義務が課される。そのため、戦争状態であることを認めないよう、回避の技法も数多く駆使されるようになった。たとえば呼称一つ取ってみても、「事変」（アルジェリア戦争）、「平定」（非植民地化戦争）、「警察行動」「対テロ戦争」（アフガニスタン）、さらには「予防的措置」（イラク）などと称されたりする。そうした戦闘行動が対応するのは、なんらかの「リスク」、「不安定化」、「平和への脅威」であり、国益の擁護、自由なアクセスの保証、在外自国民の保護などが目的だとされる。だが、そのためには、敵に法的なアイデンティティを失わせなければならない。敵は「反逆者」、「テロリスト」、「蜂起者」、「過激派」、「アジテーター」などにされる。こうした様々な呼称でもって、相手は最低限の法的地位にまでおとしめられるのだ。

戦争法においては、市民とは武器の携帯を許されない一般人とされる。その逆の場合、つまり制服は身につけずとも武装はしている兵士をどう分類するかは、さほど定かではない。その者が「犯罪者」として扱われ、刑法または特別立法のもとで裁かれる場合もある。また、新たな法的カテゴリーが設定される場合もある。アメリカでは、グアンタナモでの投獄や拷問、恣意的な身柄の拘束を正当化するために、「違法敵性戦闘員」なるカテゴリーが作られたが、これは国際法では認められていない。法の歪曲は巧みになされている。アメリカ政府は、テロとの戦いは国家を相手にする戦争ではないので、武器の携帯の有無にかかわらず、地球上のもう一方の果てで捕らえられたそれらの人々には、ジュネーヴ条約は適用されないと説明する。以上、証明終わり。だが、法というものは数多くの根拠に根ざしているものだ。わずか一五歳にしてアフガニスタンで捕まり、グアンタナモに収容されたオマル・ハドルの裁判では、弁護団は次の点を強調した。ハドルは拘束時の年齢に鑑みて、少年兵と見なされるべきであり、その場合、刑法上の責任は問われない。だが一方で、自分の行為に責任をもった戦士と見なしうる可能性もある。その場合でも、相手の兵（アメリカ人）の殺害は戦争では頻繁にあることなので、その咎を負わせるべきではない、と。

法治国家を自認する欧米の諸大国は、非対称戦争でのコラテラル・ダメージ［巻き添え被害］を正当化すべく、国際法のカスタマイズを試みている。ガザに対するイスラエルの「キャスト・レッド作戦」では、イスラエル国防軍の死者一四人に対して、パレスチナ人の犠牲者は約一四〇〇人に及んだ。そのためイスラエルは、アメリカ、英国、カナダの支持を背景に、市民と兵士を区別するジュネーヴ条約を改定したいと考えている。そうなれば「より広範囲に」市民を殺害できるようになると思われる。だがその場合、テロ行為はどう裁くのだろうか?

このように、今のところ戦争法は一方的な取り決めでしかなく、それを適用するかどうかは戦争当事国の決定にゆだねられている。法治国家というのは、厳密に国内的に利用される概念だが、人々が真剣に戦略問題を扱う際には、宣伝に利用される概念でもある。ここ数年来、国際刑事裁判所はいくらか状況が変わってきているとはいえ、戦争法は依然として強者が弱者に対して適用する法なのである。国際刑事裁判所設立のための条約の批准を拒否してアメリカが決定したとおり、最強の兵士たちは裁かれることなどない。イラク戦争以来、そうした特権は民間の警備会社（それらがアメリカの会社である場合）にまで拡大されなくてはならなくなっている。

敵の定義は法的なものというよりは社会学的なものだ。敵を作ることもまた、そうした本性の分析に対応するのでなくてはならない。

第三章　敵とはもう一人の自分自身である

敵とは社会的需要への対応物である。それは各集団に固有の、ある種の集合的想像領域という性質をもつ。それは、「異質なもの」にし、貶め、脅威に仕立てるべきもう一人の自分自身なのであり、それによって暴力の使用が正当であるかのように見えるようになる。

アイデンティティの需要――他者

『アイデンティティ幻想』においてジャン＝フランソワ・バイヤール(14)は、政治的事象なるものはそれ自体では存在せず、ただそれぞれの社会に固有の「認識・感情・象徴の図式」に応じた、解釈の対象としてのみ存在することを論じている。政治的空間とは「人間の行動のみならず、そうした行動への反響や、それらがいかに理解・知覚・解釈されるかなども重要となる劇場」のこととされる。敵を作るプロセスは、そうしたメカニズムに完全に適合する。

ルネ・ジラールは『暴力と聖なるもの(15)』において、危機的状況に際して集団的暴力を一人の人間もしくは一頭の動物へと収斂させる、供儀の役割について分析している。供儀は集団の一体性を保つとされる。それが贖罪の山羊のプロセスだ。贖罪の山羊は多くの場合、集団内に復讐の危険性が生じない形で選ばれる。すなわち、孤児、老人、寡婦、捕虜などが対象になる。シーア派の国イランでは、犠牲者として名指しされるのはバハイ教徒だ。彼らもまた、姿を消したイマームの復活を唱え、権力を握る階級から異端視される直接的な競合相手であるからだ。

コード化・制度化の有無にかかわらず、公的な司法とは、分裂をもたらす部族間の復讐から脱するために設置されるものである。敵とは、脅威をもたらす他者と見なされる相手のことだと考えてよい。その相手に対して正当に宣言できる戦争は、一つの供儀として分析することもできる。国民、陣営、教会、同盟軍、民族など、戦争によって集団の一体性は維持され、さらには再編成も可能になるからだ。だが『クラウゼヴィッツを終わらせる』[16]においてルネ・ジラールは、知的なはぐらかしでもって敵の選択という問題をかわしてみせた。キリスト教の宗教儀礼に身を置くことで、敵がいかに選択されるのかという分析を放棄しているのである。ジラールが「戦う熱情」と呼ぶ敵対感情は、つねに「敵対的な意図」、すなわち合理的な戦闘の決断をあふれ出てしまう。結局ジラールは、核戦争を聖書の黙示録的ビジョンの的確さを証すものと見なしてしまう。

それぞれの集団は、所属を表す象徴的記号によって同一化する。それは軍服だったり、区別を煽る扇情的な演説だったり、それとわかる記章、シンボル、イニシエーションの儀式だったりする。たとえば一定の身なりは、イスラム教徒同士をそれと分類し、非ムスリムから区別することができる。タクフィリ［スンニ派の一派］の場合、非ムスリムが残した穢れを集めて身が汚れてしまわないようにと、半ズボンを履いている（女性は裾を引きずるヴェールを身に纏わなくてはならず、穢れを心配する対象にはなっていないようだ）。彼らはまた髭を生やす。ムハンマドは決して髭を剃らなかったと考えられているからだ。さらに、預言者の時代と同じように、駱駝の皮でできたサンダルを履く。サッカーのフーリガンにも、郊外の不良グループにも、また別の儀礼がある（タトゥー、髪型、服装など）。各人は、おのれを集団へと同化させる階級的結びつきの中に位置づけられる。階級は秩序を正当化し、それが戦闘の大義と兵の免責を保証する。集団は戦死者において識別され、援軍はすべて除かれる。例を挙げるなら、フランス統治時代のアルジェリアの戦没者記念碑には、戦死したムスリム兵たちの名前がない。アメリカの戦没者記念碑は、動員されベトナムで亡くなったプエルトリコ兵を排除している。日本の靖国神社は東京裁判で有罪とされた兵や戦犯を祀っているが、この姿勢は、民族のアイデンティティが強い帝政社会の特徴をなしている。

敵に対する暴力が正当化されるのは、それが集団の一体性、および／あるいは国民のアイデンティティをなすからだ。敵の集団は犠牲を宿命づけられた実体と見なされる。敵を作ることで集団を結束させることができるのだ。アメリカの行政当局がキューバに対して今なお抱く報復的感情のように、どれほどの現実的な危険があるのかは関係ない。ギリシアの政治家にはトルコという敵が必要だし、アルジェリアの政治家にはモロッコという敵が必要なのだ。一部の国では、度重なる敵への糾弾が政治の構成要素をなしていたりもする。ムハージル、シンディ、パンジャブ間の内戦により引き裂かれたパキスタンは、インドに対する敵愾心によってのみ団結が保たれている。アルジェリアの政権を手放そうとしないＦＬＮ［アルジェリア民族解放戦線］の面々にとって、フランスへの非難は政治的な正当性の代わりをなすものなのだ。

民主主義国についてもこの分析は有効である。それらの国は、みずからのプロパガンダでやがてがんじがらめになる。「戦時中の民主主義国ほど自己中心的なものはない、と明言させていただこう。そのような国は、みずからの大義に理想の価値を付与しようとし、そのためものごとの見方が偏ってしまう。敵は悪の化身となり、一方でみずからの陣営はあらゆる美徳の中心となる」。聡明なジョージ・ケナン[17]はそう指摘していた。共産主義の拡大を食い止める「封じ込め」ドクトリンを考案した人物である。フォークランド紛争勃発時の英国人の熱狂、あるいはアフガニスタンへの出発時のアメリカ兵の熱狂を思い起こそう。ときに集団のアイデンティティは、他者によって人為的に定義されるのである。テオドール・ヘルツルは、バーゼルのシオニスト会議で次のように発言している。「国民とは、それとわかる共同体が共通の敵によって維持されるような、歴史的人間集団のことだと思う」。そしてこう結論づけている。「ユダヤ民族はみずからを定義する必要はない。反ユダヤ主義がその責務を負うのだから[18]」。

集団的不安への緩解薬

「社会が苦痛を訴えるとき、社会はその悪を押しつけることのできる誰か、つまりみずからの失意の復讐をする相手を見つける必要を覚える」。デュルケムはそう語っていた。最近の著書でドミニク・モイジ〔政治学者〕は「情動の地政学」を提唱している。そこでは西欧を蝕む「恐れの文化」が指摘されており、それをもとに不安を売買する市場が栄えているという。継承される核戦争の恐怖には、集団的不安に対する現代社会の過敏性を見て取るべきなのだろうか？　現代社会は人類史上かつてないほど安全になっている。しかしながらその社会は、「予防の原則」を考案し、リスクを吹聴し誇張してみせる。集団的不安を煽る話は、実に様々な領域へと拡散している。コンピュータの二〇〇〇年問題、途上国の脅威、狂牛病、鳥インフルエンザ、H1N1ウイルス、ハイパーテロ、特定生物の増殖、組織犯罪、エイズ、イスラム過激派、海賊、コンピュータ・ウイルスの不意打ちなど。こうした恐怖のそれぞれは、その実際の深刻さとは関係なく、議論、不安、リスクの過大評価、さらには責任の追及などを促してくる。先進国の住民は、飢饉や大規模な疫病を克服し、今やテロ攻撃や核戦争よりも自動車事故で亡くなる確率のほうが高いわけだが、それでもなお、そうした劇的な戦略的予言に打ち震え、公権力に対して、不測の事態への警戒、さらには災禍への備えを施すよう求めるのだ。そのような付随的な危機は、今なお残る終末論的不安に裏打ちされている。そうした不安は、対象は変わっても本質は変わらない。だからこそ不安の緩解薬が必要になるのである。

集団的不安の文脈において、敵はどのように構築されるのだろうか？　その答えをもたらすのは、必ずしも冷静沈着な分析とは限らない。大衆文学、メディア産業、映画などの諸作品からもたらされることも多いのだ。不安は一つの市場をなしている。ハリウッドはそのことを的確に見据えている。黄禍論での腹黒い残忍さ（ドクター・フー・マンチュー）から、赤禍論でのクモの巣のように張り巡らされた絶対的権力（冷戦下でのスパイ映画）、さらに最近では、緑禍論での狡猾で差し迫った残虐さの遍在（たとえばテレビドラマ『24』で爆弾を仕掛けるイスラム主義のテロリスト）など。長い間、西部劇での悪役といえばメキシコ人だった。一般に彼らは残虐で、髭もろくに剃らず、脂ぎっていて、のどを鳴らすような笑い方をする。戦争映画では、ドイツのスパイの後にはソ連のスパイが続き、冷徹な機械のような相貌を帯びていた。九〇年代の犯罪映画では、コロンビア人が悪役として描かれた。麻薬取引に長け、身だしなみは完璧だが信じがたいほどに残忍で、薄ら笑いを浮かべているのだ。そして二〇〇一年以降は、良心の呵責もない中東系の悪人が、それとわかる巻き舌と独特のアクセントでもって狂信的な教えを広めていくのだ。悪意ある行為に伴うせせら笑いが、そうした役どころの癖である。というのも、それは上に記したほぼすべての悪役に見いだすことのできる特徴だからだ。アルカイダはわずか数ヵ月のうちに、ゲルマン民族の大移動にも匹敵する神話的脅威と化し、あらゆる嫌疑をかけられ、欧米各国の警察や軍のあらゆる手段を尽くすべき対象となった。テロリスト集団は真に戦略的な脅威をなしてはいないのだが、精神分析医らによれば、そうした政治的な反応は自己成就する予言にとてもよく似ているという。暴力への過度の恐怖は、より大きな暴力を生み出し、翻ってその暴力そのものが暴力を正当化してしまうのだ。

集団的恐怖という表現は、国際的な安全保障について検討する戦略機関の間でとりわけ顕著である。世界は「変容の途上」にあり、「変化に富み不安定」で、「リスク」や「課題」にあふれていると記される。また、かつて「文化大革命」が憂慮されていたのと同様に、「力を増している」と評される中国の「経済成長」が警戒されたりもする。それらは、地政学の歴史に多々見られる逆説の一部をなしている。9・11の同時多発テロ以来、テレビのスタジオに登場するのは、核のテロや化学テロが近いうちに起こると予言する専門家ばかりになった。逆にアラブのメディアは、イスラム教は平和の宗教だということや、テロリストと称されるのは「悪しきムスリム」だといった話を、延々と繰り返している。それぞれにおのれの敵がいるのである。

異質な存在

アメリカの精神科医エリク・エリクソンは、戦争を「擬似的な種形成」現象として描いている。つまり、ある集団が別の集団のメンバーを、躊躇なく追放・破壊してよい種に属するかのごとく平然と見なす契機だということだ。最も粗野な戦争の最中にあっても、一部の人々は勇気を奮って敵である個人を救う、ということは度々指摘される。逆に、敵という実体には情けをかけてはならないとも言われる。政治学者ジャック・セムラン[19]はマイケル・イグナティエフ［カナダの政治学者］の体験をこう引用する。「セルビアの塹壕で私は、予備兵たちが、クロアチア人と同じ空気を吸うのがとても嫌だ、彼らと同じ部屋にいると思うとぞっとする、と言うのを聞いたことがある」。他者とは集団的人格のことである。近代の戦争は軍人を一割殺害するために、九割方まで市民を殺害する。敵とは、法に則って殺すことのできる全体、異なる分子を言うのである。

その区別はまず言葉によってなされる。どの言語にも、他者を貶めるための言葉遣いがある。ギリシア人にとっての「バルバロフォノイ（外国語話者）」とは、ギリシア語を話さず、理解不能な音声で自己表明する人々のことだ。現在の南アフリカでは、「ムワクウェレ」と言えば、聞き取れない言葉を話す人々のことであり、「ブイェレカヤ」とは「おまえの家に帰れ」の意で、外国人を指す。「ガーナ・マスト・ゴー」が、一九八〇年にナイジェリアからの追放者を指していたように。他者はまた、語彙においても見下されずにはいない。反逆者、悪党、野蛮人、人殺し、暴徒、テロリストなど。戦士とか敵とか言われることは稀だ。知識人たちもそれに加担する場合がある。「反共産主義者は犬だ。私はそこから外には出られない。もう絶対に出られないだろう。教え込まれた原理の名のもとに、ヒューマニズムや『人類』の名のもとに、自由・平等・友愛の名のもとに、私はブルジョワジーに憎しみをぶつけてきた。その憎しみは私が死ぬまで終わらない」。サルトルは『レ・タン・モデルヌ』誌（一九六一年一〇月一一月号）にそう記していた。

区別はまた文化的なものでもある。欧州には様々な人種の理論があったことが知られている。日本もまた、ほかのアジア人、とりわけ中国人に対して、支配者としての過度のナショナリズムを育んだ。一九三〇年代の初めから、「国体の本義」という教義を基礎とし、日本人が人種的に優れているという原理を掲げている。欧米人は物質主義者であり、個人主義・物質主義的社会の退廃的な人々でしかなく、そうした社会の拡大は「精神と物質」間の戦いしかもたらさないとされる。昭和のプロパガンダは、ほかのアジア人たちを退廃的な人々、みずからの身を守れない弱者として扱っていた。また、「八紘一宇」の教義に従うなら、日本民族は、神である天皇によって統治される唯一の民であり、アジアの人々に自分たちの戦争および拡張努力に貢献してもらう代わりに、彼らを保護し、その行く末に責任をもたなくてはならないとされる。それに抵抗するのは、卓越した神が課す物事の道理に反する罪であり、不信心の証しでもある。神道という宗教に支えられた日本の人種差別は、ほかの多くの人種差別と同様、戦争の正当化にほかならなかった。

戦争の意味論は、いずれかの陣営が行う同じ行為を別様に評価する上で役立つ。テロリストによる「無差別」テロは、「目標を据えた」空爆よりも本性からしておぞましいとされる。同じ人権侵害であっても、それらを指すのに同じ言葉は用いられない。誰かを拉致し、家族とのいっさいの連絡を絶たせ、幽閉の理由も明かさず、時間の制限もなく、弁護人も付けず、裁判にもかけないこと。コロンビアではそれを「人質」と称している。チェチェンでは誘拐であり、イスラエルでは行政上の身柄拘束、グアンタナモなら権利の否定だ。だがいずれの場合でも、それは違法な拉致にほかならない。『アルジェリアについて』においてトクヴィルは、征服者の暴力を次のように要約してみせた。「野蛮人にとっての野蛮人であるトルコ人は、ムスリムにとっての野蛮人であるという点で、われわれに対してつねに優位にある」。

他者は潜在的脅威として見なされなくてはならない。この点について次のことを指摘しておくのは意義深い。ジャック・ドコルノワ〔ジャーナリスト〕は黄禍論について優れた著作を著したが[20]、黄禍論を記述するために援用されるテーマと、イスラム主義の台頭を記述するために盛んに用いられる概念との間には類似性が認められるのである。まず凝集の原理がある。地政学ではきわめて有益な原理だ。一部のアナリストによれば、「黄禍」はインドからモンゴル、チベット(コミック『ブレイク・アンド・モーティマー――大剣の秘密』を参照)を経てタイにまで至るとされる。イスラム過激派(緑禍)は、アラブのイスラム教世界全体を、信者の共同体であるウンマのテーマを裏返しにした形で席巻すると見られている。脅威はリスクそのものを温存したまま、途上でその主体を変えてしまうこともある。かつて中国は、その人口規模ゆえに植民地開拓者らを脅かしていた。その後、対馬沖海戦でロシアに勝利した日本が、第二次大戦までは脅威と見なされた。続く一九四九年以降は、毛沢東政権下の中国が再び脅威となった。理解の図式はそのままで、ただその基底材のみが変わるのである。主導する立場の国はその都度、「幻想を抱き、死をも厭わない群衆」を従えなくてはならなかった。イスラム世界ではイラン革命が一九八〇年代の衝撃をなし、うねりの拡大を予想させた。九〇年代にはイスラム主義化したアルジェリアがそれを受け継ぎ、その後タリバン政権のアフガニスタンが狂信的な群衆を従えることになった。イスラム主義の前衛部隊はアフガニスタンに訓練を受けに来ていたのだ。とはいえ、ワッハーブ派の説教師と自爆テロの志願者を各地に供給してきたのは、実はサウジアラビアなのである。だが混同してはならない。それは同盟国なのだから。

将来の脅威を説明するためによく用いられる、人口予測についてはとくに言及しておく必要があるだろう。人口過多は、危機の増大を具体的に示すために一般的に用いられる道具立てである。「黄禍」が考案されたのは、中国がまだ四億人の住民を数えるにすぎなかった当時だ。一三億人を抱える今日の中国には、依然その「あまりに多すぎる人口」を抑制することが求められている。また今日では「一〇億人」規模のムスリムが、一枚岩の群衆としてたびたび引き合いに出される。その議論はフランスでも各党の政策綱領に見られ、国内への侵入が非難されており、極右の国民戦線に限ったことではない。パレスチナ難民が多いヨルダンでは、二〇一〇年五月一日、軍の上層部が次のような覚え書きを国王アブダラー二世に示した。「私たちはヨルダン国民のアイデンティティを温存したいのです。パレスチナ人は今や、全人口が六二〇万人であるこの国で、四五〇万人に達しています。この数は憂慮に値します」。ユセフ・クルバージュ[21]［人口学者］は北アイルランドやコソボの人口を例に挙げ、人口予測をもとに構築された神話がいかにほとんど、あるいはまったく、事実とかけ離れてしまっているか論じてみせた。ユーモリストのピエール・デプロージュは、一部の人口学的不均衡について、冗談まじりにこうまとめている。「私たちからすれば外国人は六〇億人いる。中国人にすれば五〇億人しかいない。ずいぶん違うね」。では彼らは、私たちと同じように憂慮しているだろうか？

文化主義［社会は皆異なる文化的アイデンティティを作ろうとするという人類学の理論］的な分析が不安をさらに強めてきた。黄色人種は陰険でずるがしこく、残忍で、欧米を征服することしか考えていない。アラブ人は伝説になるほど非人道的で、何をするにも刀を駆使する。共産主義者は歯でナイフをくわえている（プロパガンダが分かりやすくならないわけだ）。ブルジョワはいつも葉巻をくわえている（ニコチン中毒で禁煙させられるまで）。ビン・ラディンはイスラム世界のドクター・フー・マンチューだった。冷静で残忍、かつ狂信的で、全権掌握を窺っていた。こうした神話の多くは、欧米諸国が世界を支配する傍らで生まれている。黄禍論はチンギス・ハンを想わせる侵略を予見してきたわけだが、一方でヨーロッパの列強は、二度の戦争の後、植民地で生産される阿片を買わせることを目論んで[22]中国を分割していた。同様に、アラブの世論においてイスラム主義が本格化したのは、第三次中東戦争の屈辱的な敗北、イスラエルによる占領、そして占領地への入植を経てのことだった。文化主義の最新理論を体現するハンチントンは、ムスリム文明を本来的に拡大主義だと見なしているが、中立的な観察者であれば、一九四五年以来西欧列強によって進められた武力介入や国際紛争にのみ話を限ってみても、そのようなことは到底おいそれとは断言できない。

そして脅威は国際的であると同時に国内的なものでもある。二〇世紀初頭の鉄道敷設工事が終わった後、黄禍論はカリフォルニアへのアジア移民の到着を食い止める上で役に立った。フランスで二〇〇八年一一月に起きた暴動についての一部の分析を信じるなら、今日の欧州において、大都市周辺の貧しい郊外地区で起きる暴動の背後にはイスラム主義があるという。私たちの不安のもとになっている敵は、まさしく他者のことなのである。暴力を受けることによって集団のまとまりが強化されるのだ。第二次大戦中、英国が決めたドイツ各都市への大規模空爆は広島以上の死者を出したが、そこには自国民を従わせようとする戦略的な目論みがあった。連合軍の空爆を「無差別の暴力」と見なしていた英国国民は、結果的にナチスの体制をめぐって結束することになったように思われる。現代のパキスタンでも同じ反応が見て取れる。最近の世論調査によれば、同国民の六五パーセントは米軍の撤退を望んでおり、タリバンの復活によって自国が惨状に至ると考える国民はわずか二五パーセントにすぎない[23]。

野蛮人を動物化する

敵を「他者化する」ことは、戦略的言説に不可欠のプロセスだ。「奴らはあなたたちの腕の中にまで忍び込み、子どもや連れの喉を掻き切る」。フランス国歌『ラ・マルセイエーズ』のこの歌詞は、純粋に戦争の意味論をなしている。ルージェ・ド・リール〔作曲者〕の時代には、他者すなわち野蛮人はあらゆることをする存在で、喉を切り裂いたりまでするとされた。今ならば、他者とはレイプまでする存在とされるだろう。

二〇〇一年九月一一日の同時多発テロについて、多くの「専門家」はそこに一つの戦略的激変を見て取る。けれどもそれは必ずしも正確ではない。バイオテロの最初の成功例は一九八四年にオレゴン州ダラスで起きている。神秘家ラジニーシの宗教セクトが、地方選挙の結果に影響を及ぼすべく、複数のレストランのサラダバーにサルモネラ菌をばらまき、七五一人がその被害に遭った。その終末論的セクトについて当時の警察当局は、宗教の自由の保護という名目でとくにこれといった対策を講じていなかった。そのため、ティモシー・マクベイについても知られていなかった。白人のキリスト教徒の優位性を信じる、アメリカの極右宗教セクトの白人至上主義者で、「連邦政府の専制」を糾弾していたこの人物は、アメリカ国内初の大量殺人の首謀者となった。九八年四月のオクラホマ・シティの爆弾テロ(死者一六八人、負傷者六八〇人)は、連邦政府ビル内にあった託児所まで破壊した。

9・11の出来事以上にそのテロを特徴づけた心理上の激変といえば、そのテロを対象とする世間の注目と、メディアによる報道にほかならない。ビン・ラディンの書類に含まれていたいくつかの資料からは、緊張戦略を取ろうとしていた意図がうかがえる。テロリストのグループにとって古典的なその戦略は、相手の過剰反応を誘い、治安部隊を攪乱しては疲弊させ、厳戒態勢を維持させ、人々の間に強迫観念を植え付けることを目的とするものである。テロの脅威の現実性に議論の余地はない。それは予測不可能であり全世界的だが、戦略的だとはいえない。9・11のテロがアメリカや欧州各国を崩壊させるなどと、誰も一瞬たりとも考えはしなかった。反動は警察行動、あるいは諜報活動の事案にとどまるはずだったが、実際にはビン・ラディンの思惑通りになった。ホワイトハウスは敵を探し、まさしく戦時の「ヒュブリス[不遜]」のもとで、全世界規模の「グローバルな」戦いを宣言したのである。二つの戦争を通じ、国務省のリストには八六のテロリスト集団が記載され、数十万人の死者が出た。アルジェリアが反旗を翻すきっかけとなった一九四五年のセティフの大虐殺のように、まさにそれは暴力と弾圧の循環だった。セティフの事件では、ヨーロッパ人の殺害を受け、共同責任だとして容赦のない軍事的弾圧が地元民に対して行われた。その後どうなったかはよく知られているところだ。

他者の危険性を示す指標は、宗教、社会、文化、そして軍事など、あらゆる領域で様々に変化する。北アイルランドにおけるカトリックとプロテスタントの間でも、ユーゴスラビアの最後の一時期における共通の宗教母体の間でも、敵意が煽られるのは宗教指導者たちによってである。アイルランドのプロテスタント系リーダー、イアン・ペイズリーがカトリック側に対して述べる発言内容は、ワッハーブ派の説教師たちがシーア派に対して述べたものと本質的には変わらないし、フランスの極右政党の代表、ジャン＝マリー・ル・ペンの発言よりもはるかに激しいものである。

そしてまた、敵とは政治的な選択でもある。イランはパキスタンなどよりもよほど核拡散の動きは鈍いし、テロリスト的でもない。後者は核保有国でもあり、最も活動的なテロリストたちを輩出する各種神学校の本拠地でもあるのだが、ワシントンは一方的にそのパキスタンを同盟国に選んできた。イランはまた、サウジアラビアに比べるとイスラム主義の度合いも低い。後者はワッハーブ派の説教師を欧米各国にも送り出しているのだが、欧米は逆にその同盟国になっている。

以上、紛争の枠組みを設定してみた。ゆえに今度は民主主義国において、武力行使の正当化を導くのは何かということを分析しなくてはならない。

第四章　正義の戦争——手段の容認、絶対的必然性、優位性の保証

——今日のように日が昇り、すべて台無し、すべて荒らされ、けれども空気は心地よく、人はすべてを失い、町は燃やされ、無垢な人々が互いに殺し合い、新たに始まる一日の片隅で罪人たちはいまわの際にあるとき、それを一体どう呼べばよいのでしょう？
——それにはとても美しい名前がありますよ、ナルセスのご婦人。夜明けというんです。

ジャン・ジロドゥ『エレクトル』

戦争に栄光あれ！

地球上には各国ごとに戦争博物館があるが、平和博物館はきわめて数が少ない。後者はもとより魅力に乏しい。伝統的な多神教社会では、戦争は神格化され、貴族を自称する階級（騎士、古代の英雄、特権階級、侍など）の権力を正当化している。戦争の神格化では、集団的殺人や、兵士がもはや自分自身ではなくなる「ヒュブリス〔不遜〕」が聖なるものと崇められる。勝利に際しては、勝者側の偉人たちの優位性が明示され、敗者側へのその押しつけも正当化

される。「われわれは神を信じる」「神が私とともにあらんことを」「アッラーフ・アクバル！」。国のスローガンにはどこかこうしたかび臭さが残っている。ジョージ・W・ブッシュは、まるで神の約束を十分に承知していたかのようだった。二〇〇五年一〇月二八日、軍に向けた演説を、同氏は次のように述べて締めくくった。「自由と恐怖、正義と残忍さはつねに戦ってきた。けれども私たちは、そのいずれかの選択に、神が無関心ではいないことを承知している」。だが、神がいかなるものであれ、ときに助けを請われるその神は、人間同士が戦うようになって以来、明確な形で姿を現したことなどない。今日のリビアでは、反政府軍とカダフィ支持者のいずれもが、同じ神に訴えている（厄介なジレンマだ）。

戦争はまた、それがどのように正当化されてきたにせよ、現代社会においては世俗的な形でも神格化される。フランスでは、皇帝ナポレオンが欧州各地に残した記憶とはうらはらに、その大陸軍の「バラ色の伝説」が、通りや大通りの名として何度も使われている。記憶の保持とは儀式のことを意味する。戦争が建国のもの（アルジェリア戦争）、解放のもの（反ファシズム戦争）、不幸なもの（ボリビアにとっての太平洋戦争）、犠牲を強いたもの（セルビアのナショナリズムにとってのコソボ平原での敗退）、恥ずべきもの（アメリカにとってのベトナム戦争）のいずれであろうと同様だ。記憶のための祭典は、集団のアイデンティティの、集合的表象を構築する手助けとなる。無名兵士なるものが考案されたのは、すべての戦争の戦死者を讃えるためではあるが、それはまた、公共空間の記憶を区切りもする。「戦争よ、呪われよ！」との記載があった第一次大戦の戦没者記念碑は、戦士の犠牲を汚すと考えた当局によって、結局落成式が行われずじまいとなった。

勝利の歓喜や、勝者側の兵士に許される凱旋パレードなど、共通するプロセス以上に、それぞれの文明が戦争や暴力と結んできた関係は著しい差異を示している。公式の戦史の教育は、各社会に固有の、軍による暴力の見方にとって最も重要である。幸い、フランスのオーステルリッツ駅と英国のワーテルロー駅は直接には結ばれていない。教育は戦争の勝敗や武勲を提示する上で役に立つ。ナポレオンが一刻も早くパリに帰還しようと、トロイカ体制で終わらせたロシアからの撤退劇は、司令官による部隊の放棄にすこぶる似ている。だが、兵士らの苦悶やエブレ将軍の架橋兵による英雄的行為によって、皇帝の逃走という恥ずべきイメージは払拭されてしまう。国民的叙事詩が勝利を中心に流布されるそのあり方からすれば、戦争とはもはや破壊行為にとどまらない一つの英雄的行為でもあり、こうしてその責任はぼやけてしまうのだ。

外国の部隊による占領や国土への空爆、都市の破壊、人質の銃殺などを国が経験したかどうかによって、戦争が受け入れ可能な解決策として体験される度合いは異なってくる。その戦争が敵側の領土で行われることになる場合ならなおさらである。一九一八年のドイツは、塹壕も国土の破壊も厭戦気分による「兵役逃れ」（後衛も包囲に苦しんでいたからだが）も経験しておらず、戦争に負けるなどとは思いもしなかった。かくして復讐について語るヒトラーの演説もいっそう受け入れられていくのだが、一方、当時のダラディエ政権のフランスは、第一次大戦の傷跡が国内にまだ数多く残っており、閣僚評議会議長がミュンヘン条約に調印して帰国したことに大きな安堵のため息をついていた。

アメリカは外国との戦争の恐怖を自国の領土で経験したことがない。都市が破壊されたこともなければ、配給チケットが配られたことも、給水所で人々が列を作ったこともない。住民の大半は、戦争を映画との関わりでしか体験していない。二〇世紀の様々な紛争で一〇〇万人もの戦死者（軍人）を出しながら、市民には一人の死者も出ていない同国は、戦争に対する関わり方も、三〇年にわたる独立戦争を体験し軍人と民間人あわせて四〇〇万人近い死者を出しているベトナムや、二度の世界大戦で疲弊したロシアなどと同じというわけにはいかない。アメリカはこのように、敵に対していかに破壊的な軍事戦略を練ろうとも（大規模空爆[24]、化学戦争など[25]）、自国民がそれを生きた記憶としてもつことがないのである。そこがヨーロッパ人とは違うところだ。そんなわけで、二〇〇二年にアメリカが行った従来型の戦争では、イラクのインフラをすべて破壊した後、もはや水道も電気も、警察も公共サービスも失った地元の住民らに、「民主主義の機会」がやっともたらされたと説得しようとしたのだった。各兵士が諳《そら》んじることになっているアメリカ軍人の「心得」は、戦争という暴力への関わり方を実に見事に表している。「相手と対峙し、合衆国の敵を破壊するよう（中略）自分はつねに心がける。自分は自由とアメリカ的生活の守護者である」。この信条は、二〇〇三年にネオコンの影響を受けて書き直されたものだが、これをフランス兵の信条と比較してみよう。「武力の担い手として、（兵士は）相手を敬い、民間人に害が及ばないよう留意する。法と戦時の慣習、国際条約を遵守しつつ、命令に従う。（中略）世界と社会とに対して開かれた姿勢で臨み、相違を尊重する」[26]。これらを比較すれば、現行の紛争に対する理論上・実践上のアプローチがどれほど違うかがわかる。アメリカの軍事戦略では、相手を和平へと導くためなら手段を問わず、相手側のインフラや支援体制をも破壊しようとする。ヨーロッパの軍は、民間と軍との行動を結びつける戦略でもって相手の社会的基盤を奪い取ろうとする。アフガニスタンやイラクで行われた戦争は、まさに軍事的・社会的・文化的災禍となった。その影響の全貌は未だ解明されていない。

戦争は一種の浄化剤として、軍は修練の場として位置づけることもできる。かつてこう言うことのできる時代もあった。「彼らには適度な戦争が必要だ！」。敗北や辱めの後の救いとして示される戦争は、多くの文化に共通する手続きでもある。フランスでは、一九四〇年の敗北をめぐり、その贖罪のための良心の葛藤があった。ドイツでは、イエナでの敗北の後、贖い手としてのナショナリズムがプロイセンの軍国主義の中でよみがえることになる。同じようなプロセスはほぼ至るところで生じている。米国人にとって、一九七九年は「恐るべき年」だった。忠実な同盟国だったイランの国王が失脚し、ホメイニが権力の座についた。テヘランの米国大使館で人質事件が起き、ソ連はアフガニスタンに侵攻した。カーター大統領は弱気で、人質の救出はままならず、軍事作戦も惨劇へと転じ、それまでどちらかといえばリベラル派だった多数の知識人たちは、国の再武装と士気高揚の必要性を確信して、一挙にネオコンへと転向した。ネオコンの中心人物の多くは、ベトナム戦争の敗北でトラウマを負った世代に属しており、カーターの人権外交に批判的だった。ネオコンの先駆的存在とされるクリストルは、こう診断を下していた。「新保守派とは、現実に追いつかれた左派のことだ」。

地球上のもう一つの端にはアラブの見識がある。それは第三次中東戦争での敗北で屈辱を味わい、アラブ式の社会主義の失敗を認め、イスラム主義の衝撃のもと、ムスリム文明本来の価値観への回帰について議論し始めている。イスラエルの元連隊長バル゠ツヴィによれば、現在のイスラエルにも同じようなプロセスの具体化が見てとれるという。一部の専門家は、ショアーのほか二度の敗北を理由に、暴力の必要性を正当化している。すなわち、第一次ユダヤ戦争のマサダと、一九二〇年初頭のテル゠ハイの戦いである。そのガリラヤの小さなユダヤ人入植地では、アラブ系住民らの攻撃を受け六人のユダヤ人が死亡した[27]。一九七三年のヨム・キプール戦争も敗北に準じる結果となったが、これは逆にエジプトによる贖いとして受け止められている。エジプトは以来、エルサレムとの協議の可能性を探っている。

国がみずからに与えるイメージについても触れておこう。オーストラリア人は、アメリカ人やスペイン人が北米の原住民に対して行ったのと同じ犯罪をアボリジニーに対して行ったが、ジョン・ウェインがアメリカの国民の創生においてなしたような、普遍的な使命をもった肯定的な英雄像をあえて産出することはしなかった。それは今日でも変わらず、ハリウッドはテレビドラマで繰り返し元兵士らを讃えてはベトナム戦争の敗北の再解釈を行い、ひたすら汚点の洗浄につとめている。ハリウッドにおいては、戦争は吐き気をもよおす死臭を漂わせていてはならないのだ。

日本人やドイツ人は、第二次大戦をもたらした責任の重みで身動きがとれなくなっている。だが日本は罪の贖いを回避できている。国内の議論では、彼らが行った虐殺は、原子爆弾の唯一無二の被爆国という地位によって覆い尽されている。そのため日本では歴史修正主義がときおり復活する。歴史教科書問題でもそうだし、たとえば一九八三年八月一五日、当時の首相だった中曽根康弘が靖国神社を訪れた際もそうだった。その神社には、多くの兵士と戦争犯罪人が祀られている。

兵士の社会的・文化的な地位も、戦争のリスクに対する世論の感性に大きく影響する。「B級」と称されるハリウッド映画の数々は、戦士についての完全にロマネスクなイメージをもたらしている。激情に駆られても誠実さはそがれず、徹底的に個人主義で上司にも平然と逆らうが、つねに勝利を勝ち取る。そうしたイメージはヨーロッパでは想像しがたい。『ランボー』の伝説的クリエーター兼役者であるシルヴェスター・スタローンは、兵役の年齢であったにもかかわらずベトナム戦争に参加していない。それだけに神話はいっそう驚くべきものとなった。本人はそれを悔やんでいることだろう。なにしろ『ランボー2』では、ベトナムで虎の檻に入れられたアメリカ人人質を解放しに向かう直前、彼は次のような一言を発するのだから。「今度は勝ちにいってやる」。英雄はたった一人で七五人もの敵を殺害する（監督が確認した数字だ）が、その代償はわずかに手を負傷するだけだ。アルジェリア戦争を題材にした同じようなフランス映画、あるいはアフガニスタン戦争を題材にした同じようなロシア映画を想像することができるだろうか？　そんな映画があれば「戦争のプロパガンダだ」と酷評されること請け合いである。

正義の戦争

アメリカ人は、一八三六年のメキシコからのテキサス奪取を解放のごとく見なしていた。彼らはそこで、久しい以前からスペイン王政が禁じていた奴隷制度を、ただちに復活させた。

欧米社会では、武力行使の正当化とは、「この戦争は正義だ」と論証することに帰される。基本的な二つの文献、『パルチザンの理論』（一九六三）と『大地のノモス』（一九五〇）において、カール・シュミットは二〇世紀の戦争の性格について研究している。国家同士、正規軍同士のある種の戦争の形が終焉したことを受けて、シュミットは「戦争に対する法」と「戦争における法」との区別を確立してみせた。シュミットは、一六世紀まで有効とされたトマス・アクィナス『神学大全』の、キリスト教的教義を批判している。神学者トマスによれば、正義という大義があるためには、「攻撃される側に、攻撃されるに値する過ちがなければならない」。戦争は君主の権威のもとになされるのでなければならない。さもないと、それは「不正義の」戦争となる。またそれは、「正しい意図」、すなわち共通善を目的とするものでなくてはならない。カール・シュミットは、「正義の戦争」は無制限の戦争への道を開くと論じている。なぜなら、君主制の時代の戦とは異なり、大義の正しさを基礎とする戦争は、敵側にはいっさいの正当性を認めないからだ。

正義の戦争においては、敵はその攻撃性によってみずからを敵として指し示す。したがって攻撃されるしかない。それはまさしく、英国の首相トニー・ブレアが主張したことだ。彼はサダム・フセインが「四五分間で配備可能なミサイル」を所持していると主張した。大義とは正しいものでなくてはならないとされるが、その観念は実に様々な解釈を可能にする。それはまた、チルコット委員会に対するトニー・ブレアの防衛線でもあった。「変化したのは、危険に対するわれわれの見方、リスクに対するわれわれの評価だ。われわれは［9・11の同時多発テロ以来］、それらの狂信者たちが大量破壊兵器を手にすれば、三万人もの人々を殺害できることを自覚した。（中略）それをもとに、行動しなくてはならなかった」[28]。ネオコンの思想家らがカール・シュミットやレオ・シュトラウスから抜き出した宣伝文句は理解できる。彼らは「予防的戦争」の原理を掲げ、アメリカは「正義の戦争」の条件が揃ったと判断すると、その予防的戦争を一方的に決定できるようにしたのだ。条件とは公共の利益（彼らにとって、アメリカから見た世界全体の利益を意味するもの）と、もとより攻撃的な、ならず者国家の存在である。

さらにもう一つ、戦争の暴力を正当化する議論がある。「インテリジェント」と称される、近代兵器に装備された技術の意味論と、この数年何度も使われてきた「死者ゼロ」の概念である。軍事革命（RMA）は九〇年代に、アンディ・マーシャル率いるアメリカのシンクタンク、ネットアセスメント局が提唱したものだが、それはインテリジェント技術を駆使した兵器によって、完全に標的を絞って目標を攻撃できるようになると予告している。そうなれば、暴力は完全に制御可能なものとなり、とくに民間人に及ぶその二次的被害は最小限に抑えられる。さらにそうしたテクノロジーは、遠方からの安全な射撃を可能にし、兵士には絶対的な安全が保証される。すると次のような帰結が導かれる。理論上「テロリスト」が住んでいるとされる屋敷に、戦闘機から五〇〇キロの爆弾を投下することは、ガザやパキスタン北部の部族地帯におけるテロとの戦いにとって適切な手段と見なされるようになるのだ。コラテラル・ダメージ〔巻き添え被害〕はこうして最小限に抑えられるはずだ。だがその理論は、現実には検証が難しい。二〇〇七年の『イラク・バディ・カウント』によれば、アメリカ人一人に対して二〇人ものイラク人が殺害されている。『ランセット』誌によれば、前者一人に対し後者は二〇〇人とされている。だが、操縦士や砲兵の不手際についは予断を許さない。

必要かつ受諾可能な暴力

国際連盟、次いで国際連合が原則禁止としたにもかかわらず、戦争は各国の歴史の基本的題材をなしている。戦争の記憶は集団のアイデンティティのための神話を提供している。新たなイデオロギー的枠組みを構築するための、あらゆる再利用も可能になる。戦勝者にとっては、歴史は正当化の一部をなし、敗者にとっては劇的演出や弁明の一部をなす。戦争という正当な形での殺人においては、誰も罰せられることがない。「奴らを死ぬまで叩きのめせ！　最後の審判では言い訳など通用しないのだから」。二つの大戦を生きたドイツの将軍フォン・クライストは、フランス人たちについてそう述べていた。加害者としての兵士は勝利によって罪を洗われる。伝統的社会の場合、敗者側の犠牲者は文化や宗教の変更すら余儀なくされる。

武力を正当化するためには脅し文句も必要とされる。そこには実に様々な可能性がある。文化主義的な議論は盛んに駆使される。旧ソ連は悪の帝国とされていたし、近年の数多くの分析からすると、テロリストというものは、死生観が私たちのものとは異なる病人と見なされているようだ。武力しか理解できない陰険な者、教義による被洗脳者、食人鬼、男色家、文明への反逆者であり、その脳みそは白人のものとは別様にできているというのだ。多くのアナリストにとって、自爆テロはイスラム過激派の特徴とされるが、一方で久しい以前から、スリランカのタミル人（キリスト教徒、仏教徒、アニミスト）たちは、パキスタン人以上にそうした形のテロを用いてきた。

一九八九年以降の、より穏健かつ曖昧な新しい意味付けにおいて、「脅威」は「リスク」に置き換えられ、「東西の紛争」は「挑戦」に置き換えられてきた。「クーデター」の脅威は「不安定化のリスク」と言い換えられ、「利害」や「活動範囲」が、帝国的な理論よりも受け入れられるようになった。「人権」「民主主義の擁護」というテーマもより一般的になったが、それらは戦略的利益を逸脱しない範囲に限られる。「安定化のための行動」は友好国への援助や支援に取って代わり、ゲリラ活動は今や「非対称戦争」と称されるようになった。テロに対する世界規模の戦争によって、拷問という手段の合法化も復活してきている。二〇〇二年八月一日にアメリカ司法省法務局が部隊向けに出した『拷問メモ』は、恥ずべき行為の一大傑作だ。著名な法学者らがあらゆる専門能力を駆使して作り上げている。アブグレイブ、バグラムのほか、ＣＩＡの秘密の刑務所で行われている拷問の法的な正当化は、きわめて単純なものだ。テロに対する世界規模の戦争は、国家に対する戦争ではない。したがってジュネーヴ条約はその捕虜に対しては適用されない。彼らについては「違法敵性戦闘員」なる新たな司法上のカテゴリーが考案されている。法的な保護は存在しないが、保証は与える。これがそのメモの目的である。腕は折られていないなど、痕跡さえなければ拷問は存在しないのだ。「野蛮人と戦うときには、野蛮な方法を用いよ」。古い格言をもとに、非人道的な行為が合法化されているのである。課せられる苦しみについて判断するためにみずから拷問にかけられてみたジャック・マシュ将軍とは異なり、ブッシュ大統領は、合法化された行為が非人道的かどうかのテストなど、意味があるとは考えもしなかった。

一般に脅威の切迫は、武力行使を容認する要件となる。リスクがすぐそばにあって事態は切迫しているという感情に肉付けをし、世論に確信をもたせる上で、基本的な役割を果たすのがメディアである。視覚化し、ときには増幅し、出来事に起伏を与えるのだ。イラク戦争では、フォックス・ニュース・グループが積極的に宣伝役を買って出、反対派を罵倒してみせた(「シラクはウジ虫だ」と『サン』紙は見出しをつけている)。全米各局の視聴者サンプル三三三四人を対象とし、国際政策意識プログラム(PIPA)がイラク戦争について二〇〇三年と〇四年に行った統計調査によれば、フォックス・ニュースの視聴者の八割が、次の四つの(誤った)認識の少なくとも一つを信じていた。すなわち、バグダードとビン・ラディンの繋がり(フォックス・ニュース視聴者では六七パーセント、ABC視聴者では四五パーセント)、9・11の同時多発テロへのイラクの関与、イラクにおける大量破壊兵器の所持、そしてイラク戦争に対する世界的な支持の四つだ。フォックス・ニュースの広告スローガンは「伝えるのは私たち、判断するのはあなた」である。

情報収集手段の独占的所有はあらゆる虚偽を可能にする。イランの核開発計画はアメリカとイスラエルの諜報機関によって公表されてきた。一九九四年、九六年、二〇〇〇年、〇六年、そして一一年と一二年のいずれでも差し迫った脅威とされている。これをどう考えればよいだろうか? 二〇〇三年一月二三日、外交評議会を前にして開かれた会議で、ポール・ウォルフォウィッツはこう述べた。「テロリストのネットワークと大量破壊兵器所持国との結びつきは、9・11の数倍規模の惨事をもたらす脅威となる。大量破壊兵器と、イラクが関係しているテロリストのネットワークは、別個の二つの脅威ではない。(中略)大量破壊をもたらす化学兵器・生物兵器をイラクから奪い、その核兵器開発計画を解体することは、テロとの戦いにおける勝利にとってきわめて重要な要素をなしている」。これほど生々しくはなくとも、法的にはいっそうの権威をもった同種の発想が、二〇〇二年一〇月一一日の下院での対イラク武力行使決議にも見られる。「イラクがそれらの兵器［大量破壊兵器］を使用し、アメリカもしくはその軍に対する奇襲攻撃をしかけたり、それらの兵器を国際テロ組織に供給し、同組織が攻撃をしかけたりする可能性に鑑み、さらにはそのことが合衆国およびその市民に及ぼす損害の大きさに鑑みて、合衆国が自衛のための行動に出ることは正当化されうる」。偽りの情報にもとづく虚偽の、すぐれた実例である。

脅かす他者として敵を作り上げることは、カール・シュミットが論じたように、すぐれて政治的な行為である。だが、ではその策定のプロセスはどのように機能するのだろうか。私たちからすれば、それはまず専門機関を動員し、戦略的言説を練り上げ、私たちが「敵のマーカー」と呼ぶ世論の中継装置を作り上げ、軍による暴力を正当化していく。これが次章で扱う内容だ。だが一例として、有名な主題系をここでもう一度振り返っておこう。黄禍論の主題系である。

〈事例〉
黄禍論――確かとされた価値

ヨーロッパの植民地支配の最盛期に形成された「黄禍」の表現は、ヴィルヘルム二世が名付け親とされている。この人物は、中国と日本の台頭の危機にあって、アジアに植民地をもつ西欧各国を「連合」させる試みを思い描いたとされる。その用語が使われ出したのは二度の阿片戦争（一八三九から四二年、一八五六から六〇年）の少し後のことだった。フランスと英国が植民地で生産したその麻薬について、中国市場を切り開こうとして行った戦争である。だがその表現は、すでに様々な小説作品、随筆、軍記、地理書、外交ものなどを通じ、民衆文化に入り込んでいた。それはアジアの「蟻の群れ」という昆虫学的メタファーと結びつき、また人類学的分析とも結びついて、未発達な脳という特徴や生まれつきの従順さ、黄色人種の残忍さなどが強調され、そこに中国人、日本人、モンゴル人、インド人などが必要に応じて区別なく混同された。『黄禍論、白人の恐れ[29]』でジャック・ドコルノワは、「黄禍」が「帝国主義・植民地主義の白人」による考案物あり、「野蛮人の神話の延長線上にあって、頽廃への恐れを表す西欧的な表現が共通している」ことを示してみせた。ヨーロッパ各国は中国の人口を恐れ、不安に襲われたのだ。「住民は四億人もいて、三〇〇〇万人もの軍隊を擁している」と。日本人が中国人と融合し、後者の近代化を進めて彼らを「市民」とすれば、世界一の力を誇るようになるのでは、との懸念もあった。一九世紀末のフランスの師範学校用教科書では、黄禍論は植民地化への不安がもたらした反動として紹介されている。「中国への列強の侵攻は、最も深刻な形の極東問題にほかならない。中国は世界で最も膨大な人的資源をもち、受け身の姿勢でなどまったくない。中国は反応を返してくる。その反応こそが黄禍をなしている」。人口が一〇分の一しかない日本に中国が敗れて以来、悲観論は豹変した。黄禍論はもはや軍事的な意味での懸念材料ではないとされたのだ。

一九〇五年に、対馬でロシアが日本の艦隊に敗れると、逆に今度は日本脅威論が生まれた。当時の大部数の新聞がそれを取り上げている。ルイ・オベールは一九〇四年二月八日付けの新聞『ル・シエークル』において、ロシアに対する日本の「奇襲」攻撃をこう語っている。「日本とは子どものような国民だ。巨大な玩具（装甲艦）を手にした今、試してみなくてもよいと思うほど十分に分別があるわけでもなく、十分に大人でもない。どう使うのか知りたくてたまらないのだ」。二月一〇日付けの記事にはこうある。「傲慢と好戦は日本の行動においてなんらかの比重を占めている。日本人を公共の秩序や平和を乱す者として描く事例は枚挙にいとまがない。疑いようもなく彼らはそういう民なのであり、文明化したヨーロッパに借りを作っておきながら、野蛮人であり続けている」。

だいぶ後になるが、ドゴール将軍もまた、一九四五年のブラザヴィル声明に際して、黄禍論の甘い誘惑に屈している。「以上がこのフランス・アフリカ共同体を形成する理由だ。（中略）世界には潜在的に大きな危険があり、アフリカには脅威が迫っていることを知らぬ者などいないからだ。（中略）とくにアジアには、生きるための十分な手段が自国にないがゆえに拡張を求める人々の群れが数多くいる」。

最も直近の黄禍論の活用例は、アメリカのネオコンが中国の経済成長とその軍備拡大を批判する事例である。ポール・ウォルフォウィッツは二〇〇五年に北京を訪れ、九〇〇億ドルに迫る同国の軍事費に心乱された。対するアメリカの軍事費は七〇〇〇億ドル近くだというのに、である。二〇〇七年五月二五日の公的な年次報告書で、アメリカ国防省は中国の軍事力増強への懸念を示し、とくに三つの部門を強調している。すなわち、長距離ミサイルの装備、八〇〇〇キロの射程を誇るＪＬ－２ミサイルを搭載可能な原子力潜水艦の艦隊、そして宇宙開発である。同報告書はアメリカの国防努力を促す使命を担っている。つまり、とりわけ共和党系の専門家によるテーゼを裏打ちしているのだ。彼らは、長期的には北京が戦略上の唯一の敵になる、と下院および世論に対して再三警告を発している。やはり同じ報告書によれば、中国は、二一世紀型の戦争に勝利しうるような、情報化された兵器を配備することが最終目標だと公言してはばからない。中国政府には、「台湾の独立と中国の封じ込め」を支持する敵対勢力に対峙しようという野心があるとされる。アメリカ合衆国を指す間接的な言い方だ。中国の軍事ドクトリンは「予防的」戦略とそれほど変わらないだろう。つまり、「先手を打つことで主導権を握り」、「敵が武力を行使する前にその能力を破壊する」ということだ。こうして中国は、経済発展に欠かせない資源や市場へのアクセスを維持し、「アメリカ、日本、インドなど、自国の国境から遠く離れた地域も含めた、諸大国との均衡および競合」を図りうるような、地域的プレゼンスと影響力を確保しようとしている。アメリカ国防省はそう指摘している。

そしてまた、中国政府もアメリカのネオコン的政策を行っていると批判されている。ヨーロッパ人は、ジョージ・W・ブッシュのように、中国の拡大が危険であると考えるべきなのだろうか、それとも逆に外交によって、中国を国際協調へと参入させるよう支援すべきなのだろうか？　私たち自身が行ったように、中国の戦艦がアラブ・ペルシャ湾岸に現れ、「アジアに向かう石油タンカーの航路の安全を確保する」とき、それをアメリカのネオコンたちが述べるような危険と見なすべきなのだろうか、それとも国際的な安全保障への貢献と見なすべきなのだろうか？　中国は国連の平和維持活動に一八回も参加している。確かに中国は独裁国家ではある。では帝国主義的国家なのだろうか？　その点は見極める必要があるだろう。

第五章　敵の「マーカー」

一九九二年、世界はソマリアを戦争指揮官の毒牙から守るべく行動を起こし、国際連合ソマリア活動（UNOSOM）に一六ヵ国の軍隊が集まった。今日でも危機的状況はなくなっていないが、ソマリアはもはや国際会議が開かれる以上の重要案件ではないとされている。では、危機的状況の公式見解はどのように成立し、派兵はどのように正当化されるのだろうか？　世論をもたらしたのは誰だろう？　知識人たちを時代の証人と受け止めるべきなのだろうか？　凡庸ながら著作がよく読まれ、よく売れている人々まで含めて、扱われる主題に関するその鑑定がどのようなものであれ、彼らは声を届けることができているのだろうか？　それとも逆に彼らは、後付けで自分は正しかったとするだけの、実際には遅れてやって来る人々と考えるべきなのだろうか？　デルレードやジョレスは一九一四年夏の状況を、サルトルやアロンは共産主義を、果たして理解していただろうか？　黄禍論の神話に入れ込んでいた様々な時評欄担当者たち、あるいはその批判者たちは、「マーカー」〔標識を付ける者〕と捉えるべきだろうか？　フィリップ・ソレルスやシモン・レイは、中国の文化大革命を理解していただろうか？　当然ながら、それぞれ前者のほうが、世論への影響力は大きかった。したがって私たちは、「アイデンティティ・マーカー」にならって、公共の利益の名のもとに世論に対して敵を名指すことに貢献する公的・私的な実体、すなわち機関や個人などを、「敵のマーカー」と呼ぶことにしよう。戦争はもはや、栄誉を手にできないでいる少数の君主だけの問題ではない。それは万人の問題になっている。だからこそ、敵の選別に向けた心の準備さえも、集団的賛同を成立させる社会学的メカニズムから生じているのである。

世論における好戦論の高まりを理解するには、まずは公的な専門機関について考察してみなければならない。その複合的なシステムでは、軍事組織、警察組織、諜報機関、行政機関、シンクタンクなどが渾然一体となっている。その上で、いっそう厳密に集団と他者との関係の分析に貢献している「敵のマーカー」をも研究する必要がある。知識人、メディア、ジャーナリスト、教育者、大学関係者、地理学者、各種の研究家たちだ。

手始めに、アメリカにおいて「ストラテジスト」と呼ばれるカテゴリーの構成要素がどのようなものかを見ていこう。彼らの公式な役割は、その専門知識を生かして、脅威を特定し、危機を説明づけ、言説を作り上げ、さらには敵を名指しすることにある。

ストラテジスト――軍と知識人の複合体

戦略的シンクタンク

「もちろんアメリカ大陸はコロンブス以前に発見されていた。けれどもその秘密は死守されていたのだ」。オスカー・ワイルドのこの言葉は、一八世紀に始まったヨーロッパの軍事力による世界支配が生んだ悪癖を、ユーモラスに物語っている。つまり、「他者のようには考えられない」という悪癖だ。植民地帝国と世界的競合とが成立すると、大学や文化の領域には、初の地理学会、関連学部、異国趣味の博覧会、さらにはヨーロッパの帝国主義を正当化し方向づけるための、人種概念にもとづく初期の地政学的グランド・セオリーなどが生まれた。シンクタンクの祖先をなす戦略的考察の場は、行政機関の外部に設けられた。二度の世界大戦に際して、近代国家は諜報機関を設置するようになった。まずは近隣の敵の秘密をあばくための軍事的な機関だったが、次第に政治・軍事的な総合的機関になっていった。敵の産出メカニズムは今や、公共機関と民間双方の混合体となり、主に公的資金で運営されている。

欧米の民主主義国家では、戦略研究機関は国防省のために機能し、冷戦時代には空前の規模となっていた。それらの機関には三つの存在理由があった。ひとつは、脅威の評価、そのメカニズムの理解、そして可能ならばその首謀者を特定することである。二つめは、リスクの優先順位を定め、国防システムと軍の形態を正当化すること。三つめは武力行使の正当化を図ることだ。

シンクタンクは歴史的にはアメリカで生まれた。同国には現在一五〇〇ほどのシンクタンクが存在する。それらは強力かつ支配的なイデオロギー的組織網を形作っている、と二〇〇八年の『フォーリン・ポリシー』[30]は記している。同報告書は、一六九ヵ国で活動する五四六五の機関を調査したものだ。そうした機関の数は、ベルリンの壁の崩壊以降著しく増加している。アメリカだけを見ても、調査対象となったシンクタンクの五八パーセントはこの二五年間に創設されたものだ。合衆国では戦略思想への投資はヨーロッパの五倍に膨れあがっている。アメリカの十大シンクタンクへの投資額は五億六一一〇万ドルに及ぶが、対するヨーロッパは一億一二二〇万ドルにすぎない。ディクソン[31]〔ノンフィクション作家〕は一九七一年の時点ですでに「軍と知識人の複合体」という言い方をしていた。アメリカの機関で最も著名なのはランド研究所で、約一五〇〇人の職員を擁し、合衆国内に五ヵ所の拠点、海外に四カ所の拠点を構える。[32]だが、知名度では劣るものの資金面ではるかに潤沢なほかの諸機関が、同社をはるかに凌駕している。たとえばアエロスペース（八億ドル）やマイター社（一三億ドル）がそうで、いずれも軍や国防関連の機関に付属し、下院に要求する予算の正当化をその職務としている。

ランド研究所や戦略国際問題研究所（CSIS）には国際的にも大きな信頼が寄せられている。少なくとも部分的に公的資金で主要な機関を活動させているほかの民主主義国家には、これに匹敵するものは見当たらない。フランス外務省の分析予測研究所は、少し前から予測局と名を変えたが、二〇〇九年の研究予算は一〇〇万ユーロで、わずか二〇人ほどの職員を擁するにすぎない。フランス国防省の戦略問題委員会（一〇〇人以上の人員を配し、研究予算も約四〇〇万ユーロ）は、大学の研究者たちの活動を支えているが、その屋台骨をなしているのは戦略研究財団（三〇人ほどの研究者、予算は五〇〇万ユーロ）だ。スウェーデンのストックホルム国際平和研究所（SIPRI）は研究者が約五〇人、英国の国際戦略研究所（IISS）は約四〇人で予算は八〇〇万ポンドである。いずれの組織も、世界最良のエキスパートを引き寄せるアメリカの研究所に比べればごく小規模にすぎない。思想の市場ではアメリカが傑出しているのだ。ソ連との対立が主な紛争のシナリオだった冷戦時代はとりわけ優勢だったが、今なおその力は強大だ。アカデミックなキャリアにおいて、北米の諸機関は必ず一度は在籍すべき場所と考えられている。欧米の戦略的議論は、このように今日でもなお、基本的にアメリカのサークルで形成され、ほかの国で再処理する形になっている。サミュエル・ハンチントンの論文とそれに続く著書『文明の衝突』の成功は誰もが覚えているだろう。三五ヵ国語に翻訳され、発行部数は数千万部、世界中で様々な議論の的となった。同意するかどうかは問題ではない。議論で使われた用語はすでに定着しているのだから。

上で引用した『フォーリン・ポリシー』の調査によれば、国際政治と安全保障分野での「最良」の十大シンクタンクのリストには、欧米以外の研究所はひとつも含まれていない。他国の研究所はオブザーバーの立場に甘んじている。ということは、世界のどの国も、外交問題・安全保障問題について有効な分析を生み出せていないのだろうか？　経済成長真っ盛りの中国の、あるいはロシアの影響下にある国々は、欧米に対して、質の高い研究成果も、安全保障の必要を説く表現も生み出せていないのだろうか？　東南アジア全域で高い評価を得ているシンガポール国際問題研究所はどうなのか？　この点にこそ、「最良のシンクタンク」という言い方の根底にある価値判断をうかがい知ることができるのである。

こうしたシステムは、「他者」の分析をどう評価するのだろうか。アメリカの出版市場では外国語の翻訳ものはほとんど消費されない。全分野をあわせても、翻訳は著作の三パーセント未満で、スペイン語よりも翻訳の多いフランス語の著作ですら〇・八パーセントを占めるにすぎない。アメリカの市場は、二〇〇五年の新刊点数が一七万二〇〇〇点となっており、「(外国の)追加供給[33]」などほとんど求めていない。欧米の戦略的考察は、アメリカだけでなくヨーロッパのものも含めて、異なる声、ときには反目する声を聞く用意がほとんどできていない。『フォーリン・ポリシー』の調査には、「ハブ」概念、つまり考察が集中する地理的な結節点を指す概念が登場する。ヨーロッパでいえばブリュッセル、ベルリン、ロンドンなどであり、中東ならばテルアビブやイスタンブールである。アブダビのエミレーツ戦略研究調査センター(ECCSR)や、ドバイのガルフ・リサーチ・センターは一度しか言及されていない。研究はもとからあるイデオロギーを反映しており、そうしたイデオロギーによって、英語圏を中心とする欧米の考察は、それ以外の地域における考察と対立するのである。

独裁政権の場合、単独の首長と一党体制により、戦略問題は数人(多くの場合一人)の手に集中するため、体制内部での議論は不可能になる。そうした問題に取り組もうとする知識人はすぐさま周辺へと追いやられ、ときには国を追われてしまう。そのため議論は閉じられ、一部の小サークルに限定されて、その成果は公式見解の反復にすぎなくなってしまう。かくして、モロッコとアルジェリアの敵対関係からは、信頼の置ける学術的な成果が発表されるには至らない。検閲のせいで図書館も貧弱になっている。アラブ世界では、イスラエルに関する戦略的考察はどれも似たり寄ったりだ。「イスラエルを拒絶することは、ムスリムにとって最も性欲を刺激することなのだ」と、モロッコのハサン二世は皮肉を込めて述べている。これは国内の反体制派の弾圧に心奪われているアラブ諸国についてのコメントなのだが、同氏は、シオニズムを標榜する敵と戦うには互いに分裂していてはだめだと主張している。宗教的急進主義やジハード主義の台頭といった、国内の問題についての考察はほぼ皆無である。わずかに軍関係者だけ(とくにアルジェリアの）が真摯な考察を行っている。彼らのミッションの一部に、現体制の防衛があるからだ。

　このように、ここには互いに理解し合えない二つの世界がある。欧米が相手を理解できないのは、その相手を支配力行使のための手段と捉え、他者のテーゼを考慮したりはしないからだ。アラブ世界がそうであるのは、これまで地域の指導者が述べてきたことの反復にばかり終始してきたからだ。「アラブの春」の戦略上の帰結が注目とともに待たれるところである。

　思想の流布は実に大きな争点である。民主主義国においては、議論の申し子たる「ストラテジスト」は、公的・正式の、あるいはそれに準じた言説を練り上げる責務を負う。英国で刊行された一九九八年の『戦略防衛レビュー』（ＳＤＲ）、二〇〇二年の『ＳＤＲ新章』、『国家安全保障戦略』（二〇一〇年一〇月）、アメリカ合衆国の『不確かな世界のための一大戦略に向けて――大西洋横断パートナーシップの刷新』、一九九四年および二〇〇八年のフランスの「国防白書」など、各国いずれの「白書」も公式のものであり、政界の意思決定者やその他の専門家がみずからの分析の参照元にしようとする。9・11の直後には、テロリズムに関する膨大な研究が日の目を見たことも指摘しておかなくてはならない。ランド研究所は二〇〇二年と〇三年に、各当局の要請にのみ答える形で、一〇〇本以上もの報告書を作成した。当局側が望んだ惨劇のシナリオの数々が花開いたのだ。バークレーの研究グループ（ＮＦＳ）には、「サイバー戦争」の文脈で有効なインターネット・モデルを構築するため、9・11後に創設された国土安全保障省（ＤＨＳ）から五四六万ドルもの予算がついた。

　アメリカのシステムは、基本的な戦略的主題について民主的かつ公的な議論がなされる数少ない実例をなしている。シンクタンク、政治体制、国防関係者の間の意思疎通はほぼ完璧なレベルにある。選挙結果にも左右されながら、エキスパートたちはいずれかの領域でキャリアを積む。政界の意思決定者の顧問になったり、フランスの大臣官房が行うような、外部世界との折衝役を務めたりもする。『ニューヨーク・タイムズ』紙のジャーナリスト、ニール・

シーハンはかつて、彼らを「問題解決のスペシャリスト」と称した。ロバート・マクナマラとその「ブレーン・トラスト」[34]の時代である。有名大学や戦略研究機関出身の優秀な人材から構成されたこの後者には、ゲーム理論やシステム解析の専門家、ソビエト学の権威などがいたが、彼らは誤った説明や動機をもとに、しかも勝利を確信して、ベトナム戦争への参入を直接的に導いたのだった。敗北はありえないという信念に動かされ、彼らはルージュ河のデルタ地帯のダムに、戦略的空爆をしかける戦術すら考案した。それにより洪水が起これば、数十万人規模の犠牲者が出ていただろう。さらに、南ベトナムのゲリラに森林を貫いて物資を供給していたホーチミン・ルートを分断しようと、彼らは近代の民主主義国家による最後の化学戦争をしかけた。爆撃機B52が、一五万リットルもの「オレンジ剤」、つまりきわめて毒性の高い（現在ならばセベソ事故に匹敵する）枯葉剤をばらまいたのだ。

〈事例〉
アメリカ的知性の様式――未来学

「栄光の三〇年」は、経済的・技術的モデルの信頼にもとづく未来予測は可能ではないかとの感覚をもたらした。そのころ生まれた未来学は、一連の厳密な方法論にもとづいている。統計を基礎とする直線外挿法、機能解析、コンピュータによるシミュレーション、妥当性のツリー解析、シナリオの活用などだ。ほんのわずかな時間で、未来予測は「科学」となり、未来学者は精神的指導者になった。一九七二年、ハーマン・カーンの著書『二〇〇〇年』が出た。これはハドソン研究所とアメリカ芸術科学アカデミーの成果をもとにしたもので、副題で「今後三〇年間のバイブル」と銘打っていた。二〇〇〇年には第三世界の半数において、一人あたりの国内総生産が一万ドルに達し、二〇五〇年には世界の二〇〇億人が二万ドルの個人所得を得られるだろうと予測している。カーンの予想では、社会の激変をもたらす兵器が登場し、月の鉱物資源の開発も行われ、自在に皮膚の色を変えられるようになり、人は「娯楽用の電子シミュレーション」に耽るようになるとされていた。人類は月に進出し、衛星や海底で生活するようになり、古くからの予想通り「個人用の飛行プラットフォーム」も再登場する。一九七五年の時点で、一〇〇パーセントの気象予報が約束されている。

アルビン・トフラーは『第三の波』で、労働争議、国家間の紛争の終わりを予告していた。第三の波とは一種の「世界革命」で、「歴史における量子跳躍」を言い、第二の波である産業革命とは一線を画す。この「超産業革命」は「資本主義や共産主義を超えた超イデオロギー」を、また、新たな「技術圏」に適応した「心理圏」を呼び覚ますとされた。

フランスも黙って指をくわえていたわけではない。ジャン＝ジャック・セルヴァン＝シュレベールの『アメリカの挑戦』は、一九六七年に、あと一世代もすれば、フランスは東ドイツやポーランド、オーストラリアなど、真の脱工業化社会となった各国に追い抜かれる、と論じていた。国土整備庁（ＤＡＴＡＲ）の依頼で作成された一九七二年のハドソン研究所の報告書には、「フランスの飛躍」というタイトルがついていた。そこでは逆に、不測の遅延がない限り、一九八五年にはフランスが東ドイツをはるかに凌ぐ工業大国となり、失業もなくなるだろうと論じている。「娯楽社会」が西欧の市民を待ち受けるだろうというのだ。アメリカの未来予測は、わずか三〇年で学術を標榜する営みとなった。同じ考え方はソ連においても、「科学的唯物論」の名で高く評価された。

科学技術の進歩の分析にもとづく未来学は、共産主義の没落や、知的世界から排除されていたイスラムの回帰など、政治的な変化をまるで考慮してこなかった。なにも未来予測を揶揄しようというのではない。それは単純に、表明することによって環境を一変させてしまうような難しい営みなのだ。問題はむしろ、メディアや指導者たちが、アメリカのものだから信頼できるだろうと、信じがたいほど安易に受け入れてしまう点にある。カール・ポパーは『歴史主義の貧困』や『開かれた社会とその敵』において、未来学は近代社会を蝕む歴史主義の典型である、と指摘していた。ポパーが批判するそうした理論は、社会科学全般に及び、歴史的予言を人々の主要な目標にしてしまい、史的発展にペースやモチーフ、法則、一般的傾向などを発見すればその目標は達成できる、と教えるのである。すべてを階級闘争に帰してしまうマルクス主義のように、それらの理論はどれも「歴史の流れ」という仮定を支えとしていたが、結局はどれも無益でしかなく、二〇世紀の全体主義を導きもした。ポパーは、知識は試みと失敗の積み重ねによって、また、しかじかの施策の帰結を理解し不可避の結果を修正するための、継続的な推論によって進歩するのだと考えている。以来、未来学もまた順応していった。

諜報機関

シンクタンクより知名度は低いが、諜報機関は敵を名指すプロセスにおける比較的最近の担い手である。第二次大戦以前、それらは行政機関の風景の中には含まれていなかった。アメリカが一九四一年にナチス・ドイツとの戦いのために創設した戦略諜報局（ＯＳＳ）は、四五年には撤廃され、四七年になってようやく中央情報局（ＣＩＡ）として復活した。二〇世紀の紛争時に誕生した諜報機関は、もともとは国防を担う役割をもち、まずは軍事衝突の準備のために隣国を注視していた。冷戦期には、ソ連、衛星諸国、東西がにらみ合う地帯など、十分に安定した地政学的状況を足がかりとして発展を遂げた。戦時の諜報活動（それら機関の存在理由をなしていた活動だ）では、軍や大使館、権力機構などが置かれた敵側の首都で情報収集を行っていた。敵の機材、武力、インフラなどに関する数値データを集めるために、大国は難しい人海戦術を回避しうる技術に投資してきた。人工衛星によるあらゆる種類の観測、暗号学、通信傍受、盗聴などである。それはまさに国家機密との対決だった。諜報活動では全体的な政策への精通は重視されなかった。それはむしろ外交官に帰属することとされていた。諜報活動の世界はまさに機密の世界であり、それがみずからに課した安全のルールは徐々に均一化していき、人材の徴用も勢いが弱まっていった。

今やそうしたシステムは肥大化している。アメリカの一四の機関は、イラクやカタールの国内総生産を超える七五〇億ドルもの予算と、二〇万人もの職員とを分け合っている。盗聴網であるエシュロンは、カナダ、ニュージーランド、英国、そしてアメリカの国家安全保障局（ＮＳＡ）を繋ぎ、実に四万七〇〇〇人もの職員を抱えている。フランスには、日本と同様に、諜報機関もしくは特殊警察は「六つしか」ない。活用内容の細分化のせいで、相互調整メカニズムが必要とされているが、ときに機密を過剰なまでに崇拝し、互いに競合しもする機関同士（アメリカの国家安全保障会議、フランスの国家諜報評議会）の間で、そうしたメカニズムを機能させるのは至難の業だ[35]。

冷戦時代の諜報機関の考え方は二項関係が基本だった。「敵の敵は味方である」という原則である。これには分析を単純化するメリットがあった。したがって、敵である独裁政権について、脱走兵や野党がもたらす情報には大きな重みが付されていた。一九八〇年代、ＣＩＡにとってはイラクに関して、アフマド・チャラビがそうだったし、フランスにとってはイランに関して、ムジャヒディン・ハルクの指導者、マスード・ラジャヴィとその夫人がそうだった。ソ連や左翼勢力に対抗するため「自由の戦士」の訓練も行われた。ビン・ラディンやグルブディン・ヘクマティアルは、ソ連と戦うためにアフガニスタンで新兵に加わっている。また、クルディスタン労働党と戦うトルコのヒズボラや、一九七〇年代にクーデターを準備していた南米の民兵たちなどもそうだ。諜報機関が絶頂期にあったのは五〇年代から六〇年代にかけてで、クーデターや暗殺、挑発などを仕掛けていた。ＣＩＡだけで約五〇ものクーデターの原因を作ったとされ、それらはある意味成功し、後述する陰謀説の再活性化に一役買ってきた。諜報機関は、敵の動きの予測と名指しに際して中心的な役割を果たしている。イデオロギー的立場を粉飾するよう、機密をもとに見かけの深刻さをしつらえるのである。名指しされた敵の絞り込みに際しては、みずからその敵を作り上げることもないわけではない。レインボー・ウォリアー号の事件の際、対外治安総局（DGSE）では次のように言うのが通例だった。「環境保護派はスイカのようなものだ。外は緑だが中身は赤い！」。味覚に訴えるその分析（三〇年後に再調査すれば、味わいも深くなる）が、同盟国内の港において、環境保護派の船を破壊するというおそまつな作戦へと導いたのである。

ソ連の消滅後、それら巨大な機構はみずからの今後について問うた。そこで考え出されたのが「世界経済戦争」だ。エシュロンのネットワークは、「競合する敵」へと昇格した連合国のビジネスパーソンらに向け直されることになった。だが、彼らの商習慣に付随した下品な会話を分析するうち、自国のビジネスパーソン、さらには自国の政治家たちの、腐敗した慣行が明らかになっていった。やがて、アフガニスタンなど、一部の危機の価値が下がり、それに携わる専門家が解雇された。インターネットの誕生により、それまでは入手が難しかった様々な情報へのアクセスが可能になった。要するに、アメリカを筆頭に各国の諜報機関は、9・11よりも前の時代、やや暇をもてあますようになり、さらには途方に暮れるようになったのだ。

民主主義国の諜報機関には明らかな利点がある。それらの機関があればこそ、説明も正当化も必要とされずに、ただ情報を発することが可能になるのだ。知るという特権を、したがって当然ながら虚偽の特権をも付与するのである。かくして、二〇〇三年二月五日に国連総会の演壇に立ったコリン・パウエルは、きわめて危険性の高い物質が入った小瓶（実際には何が入っていたのだろう？）を示して、イラクに対する戦争を正当化する演説をした。英国の首相トニー・ブレアが示した偽のバトラー報告書は、サダム・フセインが長距離ミサイルを所有していて、四五分間で装着可能であると説明していた。これらのいずれも「機密情報にもとづく」とされていた（至極もっともである）。バトラー報告書というのは、「機密情報」とのラベルが貼られたプレス用のデータをもとに、研修生が作成した報告書の写しだった。

そして二〇〇四年に9・11同時多発テロについてアメリカ下院の委員会が作成した報告書が、世界を取り巻いた根深い危機にとどめの一撃をもたらした。寝起きは決して心地よいものではなかった。「情報は誤っており（中略）過剰で（中略）証拠にもとづいていなかった。問題の大半は、CIAの機能不全の風土と、執行部の脆弱さから生じている」。これが同報告書の結論だった。諜報機関を舞台にした小説であるかような文書の数々が、そうした機関の全知全能の神話に具体的な肉付けを与えていたのだが、残念ながら事実がその多くを否定したのである。アフガニスタンへのソ連の侵攻の原因にはKGBの誤りがあったし、イスラム主義脅威論についてはCIAの誤りがあり、両者は実にそっくりだ[36]。だが、政界の一部の有力者はそうした機関の出身なのだ（ブッシュ父、アンドロポフ、プーチンなど）。実際、諜報機関は冷戦終結以来、新たな地政学的文脈に適応しようとして多くの困難に直面していた。ところが、大衆やハリウッドはそのことをわかってはいなかった。やはり陰の人間とされるテロリストが、それらの機関に再び存在理由をもたらしたのである[37]。

一部の諜報機関は未来予測の報告書を刊行している。CIAの報告書[38]は、フランスでは派手好きの話者、一種の現代版ノストラダムスのような歴史家アレクサンドル・アドレールが序文を手がけていて、使えない予言書の興味深い実例をなしている。

多くの国や国際機関は、世界の戦略的状況について白書ないし公式の省察録を刊行している[39]。一〇種類ほどの文献に当たってみたが、もはや誰も敵を特定などしていない。いくつかの概念、すなわち核拡散、世界的飢饉、水資源問題、耕作地問題、持続可能な開発、テロなどの概念にコンセンサスが見られるのみだ。敵はもはや存在しないのだ。だがそれでも、そのコンセンサスによって戦争のない世界が予告されている、というわけではほとんどない。探求を続けることにしよう。

〈事例〉

諜報機関による脅威の考案

諜報活動を情報取得から、クライアントを生産者から、民間を公共から、同盟国を競合国から区別するのは、徐々にいっそう難しくなっている。アメリカ合衆国国家情報長官事務所の戦略開発任務を担当していたダン・バトラーはこう述べている。「われわれは、自分たちがすべての回答やすべての専門知識を手にしているわけではないことを自覚しなくてはならず、したがって外部の専門家に開かれていなくてはならない。また、諜報活動のコミュニティから、コミュニティによる諜報活動へと移行しなくてはならない」。オープン・ソース・インテリジェンス（OSINT）は、諜報活動の実践に革命をもたらすディシプリンだ。諜報機関のコミュニティは、やや遅れつつも、そうした規律を身につけ、秘密主義の風土や、冷戦時代から受け継いだメンタリティや方法、さらには縦割り方式、機密保持の壁、機関同士の争いなどを放棄し、情報の共有、共同作業の実践、「ナレッジ・マネジメント」を優先しなくてはならないと認めている。

アメリカの三〇四軍事情報旅団が行い、次いで米国科学者連盟が取り上げた[40]、アルカイダのテロリストらによるモバイル通信技術（GPS、スカイプ、ツイッター、マッシュアップ、地図アプリ、さらにはスクリーン・セーバーまで）の利用可能性についてのプレゼンテーションは、ブログの世界やネット系メディアの間で盛んに取り上げられた。「テロリストが一般の個人と同じ通信手段を使うとしたらどうなのだろうか?」単なるテロの脅威を超えて、同報告書は「ツイッターは、社会主義者、人権擁護団体、共産主義者、菜食主義者、アナーキスト、宗教団体、無神論者、政治活動家、ハッカー集団その他にとっての、社会的実力行使の手段になっている」と強調する。アラビア語の理解は「初級程度」だと自称する者が、グーグル翻訳を駆使して作成した軍事情報の研究は、科学者連盟によって引用までされているが、すべてインターネットでアクセス可能なオープン・ソースがベースになっている。

したがってその研究で最も興味深い側面は、分析よりも新しいツール（ツイッター）を名指しした点にある。9・11のテロリストたちはナイフを用いたが、だからといって刃物製造業者が非難されたりはしなかった。敵がいないとなれば、つねにメディアが悪者にされる可能性がある。

公式の戦略家、すなわち神話作家

ハッピーエンドの戦争映画が好きなんだ。
ジャン＝マリ・グリオ『警句』

現代社会は集団的「不遜」の瞬間を経験しているのだろうか。ギリシアの戦争時の怒り、人間がもはや通常の状態にはない狂気の瞬間を？

フランス革命やナショナリズムの誕生、二〇世紀の世界的紛争を通じて、戦争への動員を図る上で世論の賛同は必須の要因となった。社会や政治の担い手たちは、自分たちの文章や演説、そして自分たちが作る神話でもって、世論に訴えかけては集団的情動に一貫性を与えていく。アイデンティティ・マーカーと同様、敵のマーカーも集団のアイデンティティの定義に荷担する。個人やグループは、集団の選択を自分の選択とすることで、集団のアイデンティティを自分のものとする。神話の構築はときにプロパガンダと呼ばれたり、単純にナショナリズム、あるいは排外主義、イデオロギーなどと呼ばれたりもする。そこでは現実と想像世界とが、様々な様式で複雑に結びつく。歴史的な古いテーマも再利用されて、新たな神話が作られる。被った苦しみ、国の上位の利害、集団のアイデンティティへの脅威などの名目で、言論の我田引水も行われる。ポール・ヴァレリーはこう記している。「歴史とは、知性の内的変化が練り上げる最も危険なものだ（中略）。それは夢想を、陶酔を誘い、（中略）偽の記憶を生み出し、（中略）古傷を温存し、（中略）偉大さの妄想へ、あるいは被害妄想へと導く」[41]。ユーゴスラビア危機は、ここに示された社会的プロセスの良い例だ。反体制派の古い知識人たち、宗教指導者たち、老兵たち、政治指導者たち、家族など、それぞれが敵を作り上げる言論に寄与し、しまいには内戦に至った。

ナショナリズムの神話を作り上げる民間人といえば、まずは歴史家と地理学者が挙げられる。彼らは、美化されてほとんど矛盾のない歴史的アイデンティティを、価値体系の地図の上に描き出す。歴史家[42]は「世襲的」「伝統的」「祖先の代からの」敵といった用語を作り、まるで歴史が絶えず与件を変えたりなどしないかのように「歴史法則」を考案してきた。彼らはまた、偉人の神話にも大きく貢献している。勝利を導いた将軍、反乱の徒、王または国家元首などは、ある種悲劇の半神である。ラテンアメリカでは、反逆の首謀者[43]は、貧困に対する蜂起のドラマトゥルギーの特徴を帯びている。メキシコのザパタやボリビアのチェ・ゲバラは、キリストとあまり違わない三九歳という同じ年齢で亡くなっている。フランスではナポレオンのおびただしい引用によって、無謀なエジプト出兵や惨憺たるロシア遠征がかき消されている。フランス外務省は、フランス好きかフランス嫌いかで市民を分類したがるが、それはまるで、この分類指標が世界を二分し行動を説明づけるのに十分であるかのようだ。

一九世紀から二〇世紀初頭にかけての地理学者と探検家、さらには伝統的な地政学者たち[44]は、「自然な」国境、

［［彼らにとっての］未知なる大地」、「勢力圏」、「［旧ソ連の］防御帯」などについて数多くの考察をめぐらしてきた。次いで今度は政治評論家たちが、善良な未開人、危険な野蛮人、文明化の使命といったテーマを大衆に流布させた。文学ではピエール・ブノワ、ピエール・ロティ、ラドヤード・キプリングなど、絵画では初期のオリエンタリズム、児童文学では『タンタン、コンゴへ行く』『ターザン』などだ。宗教的イデオローグたちも同じようなやり方で、神話的な一体性や黄金時代を美化し、それを中心として異教徒同士が対立し合うよう仕向けていく。現在のイスラム主義は伝統主義の再生の一端でしかなく、その動きは一神教を中心にあらゆる宗教に及んでいる（その第一箇条が近代の不寛容のベースになっている）。

知識人たちも、「学術的」神話に信憑性を与える場合がある。人種差別の理論やイデオロギーの理論、あるいは単純に地政学の理論をその上に据えるためである。セルビアの科学アカデミーは、一九八六年の覚書でもって大セルビア復興の宣言を記した。ボスニアのセルビア人指導者プラビシッチは、ハーグの裁判所での公判でこう宣言している。「ボスニアのセルビア人は（中略）民族的利害という感覚を極端なまでに育んできた。それによって彼らは、自国民が危険にさらされていることを自覚できるのだ。（中略）私は生物学者であり、そのことを承知している」[45]。知識人はまた、価値観の擁護とナショナリズムへの加担という愛国的な叙情性[46]、鎮静化政策の拒絶、［一九三八年の］ミュンヘン協定の精神への糾弾などを様々に駆使してみせる。左派はどのような殺戮であろうと、もっぱらそれらを「ファシズム」または「ジェノサイド」と称して非難する。「ジェノサイドでない限りにおいて、あらゆる形の虐殺、その他の戦争犯罪を水に流せるような、心の持ち方に賭ける以外にない」。ハンナ・アーレントはそう結論づけている[47]。

「豊穣な想像力によって途切れのない年代記の繋がりが生まれる基盤となった、ユダヤ教およびキリスト教の宗教的記憶の断片」を混合し、神話的アイデンティティが構築されていったプロセスについて、至極的を射た分析が最近登場した。イスラエルの大学教員、シュロモー・サンドによる分析である。その著書『ユダヤ人の起源』(48)でサンドは、とくにイスラエルを事例とし、民族の神話がいかに民間人の想像領域と化すのかを論証してみせた。ヨーロッパのナショナリズムについては、とくに大陸を分断した紛争の後に優れた分析がなされたが、多くの民族のアイデンティティに関しては、それに比肩しうる研究が見当たらない。

ジャーナリストたちは、とくに活字報道の時代に、あらゆる諸外国の事件に叙事詩的次元を与えていた。それを煽っていたのは部数拡大戦略を実行していた新聞各社の社主で、戦争はまさに商業的な役割を担っていた。一八九八年、『ニューヨーク・ジャーナル』を率いていたウィリアム・ハーストは、主な競合相手である地元の大物、ジョゼフ・ピューリッツァーを出し抜こうと画策していた。キューバによるスペインからの独立戦争を、ハーストは人気逆転の好機と見ていた。植民地支配者側の残忍さをアメリカの読者に明かせばよいと考えていたのだ。ハーストはスペインに対して批判に次ぐ批判を浴びせ、返す刀でアメリカ外務省の事なかれ主義も批判した。彼の新聞は次第に売れ行きを増したが、記者たちはキューバでは何も起きていないと苦情をいうようになった。それに対してハーストは、有名な次の一句で答えたのだった。「写真を提供しろ、そうしたら戦争を提供してやる!」ハーストは実際に戦争をもたらし、ライバル紙に勝っている。今日でも、この同じ姿勢を新聞王ルパート・マードックに見ることができる。マードックは自分のメディア・グループにおいて絶大な影響力を誇り、傘下の一つであるフォックス・ニュースはイラク戦争を後押しして、その報道から利益を上げた。AOLタイム・ワーナー・グループとCNNの副会長テッド・ターナーは、記者会見の席上で、ルパート・マードックをこう批判した。「それは戦争幇助だ! イラク戦争を支持し奨励さえしたのだから」。

9・11以後の不安の中で自発的に現れたのが、新世代のテロの専門家や、オブザーバー機関、各種研究センターの代表たちだ。それらの人々は皆「国際関係」に詳しく、「諜報活動のスペシャリスト」とされる。メディアに取り上げてもらうためには、つねにいっそうの不安を予言し、秘密の開示を約束することが必要になった。化学物質、核、細菌兵器などによるテロのリスクは、差し迫った脅威であるとされ、売れ筋のテーマになった。時代をリードするテレビ・スタジオは、不安を煽らなくてはならなくなったのだ。

映画も不安の市場を盛んに開拓した。あらゆる国が「第七の芸術」を活用してきたが、アメリカは映画によるプロパガンダで群を抜いている。(49) ハリウッドのプロダクションの多くは、ワールド・トレード・センターへの同時多発テロ以後、預言者もしくは前兆現象のように見なされている。『タワーリング・インフェルノ』（一九七四）は高層ビルの火災を描いた。一九八八年公開の『ダイ・ハード』では、一〇数名のテロリストが大企業の幹部を人質に取る。だがブルース・ウィルスはたった一人で、企てを失敗に導くのだ。イスラム主義が初めて登場するのは一九九八年の『マーシャル・ロー』だった。その台詞の一部には考えさせられる。大統領顧問の一人はこう叫ぶのだ。「皆さん、従来の地図を出さなくてはなりませんよ！　テロの首謀者である宗教指導者はわれわれと同盟関係にありましたが、今やわれわれに牙をむきました。ですが理解しなくてはなりません。われわれはかつてその支援をし、その後に放置してしまったのです！」バイオテロについては一九九五年の『アウトブレイク』で扱われている。「スピンドクター」たちが様々なピースを寄せ集めて世界的な襲撃をでっち上げるというのは、『ウワサの真相／ワグ・ザ・ドッグ』（一九九七）のテーマだった。その中では、広報担当の顧問が選挙キャンペーン中のアメリカの大統領に軍事介入を決断させるのだ。相手国はというと、アルバニアだ（コソボは当時まだほとんど知られていなかった）。9・11以後、こうした波は唐突に止んでしまう。製作スタジオはいくつかの災害映画の公開を見合わせた。陰謀によってワールド・トレード・センターが破壊されるという内容の『ノーズ・ブリード』などだ。また、撮影中の作品についても、テロや飛行機の爆発、崩れ落ちる建物などのシーンがカットされた。どこで神話が終わり、どこから現実が始まるのだろうか？

国民の栄誉の保証人としての政治家は、神話の制作者の中でとりわけ重要な存在だ。「挑発」を前に静観などしていられない人々である。ユーゴスラビアでは、旧ユーゴスラビアから分離した各国のリーダー、すなわちカラジッチ、トゥジマン、イゼトベゴビッチらは、いずれも各自のコミュニティの意向に即しつつ、民族分離と、弾圧および屈辱からの解放の言論を流布させた。「この国民を辱める権利は誰にもない！」ミロシェヴィッチは、コソボ平原の戦いから六〇〇年の記念演説でそう宣言した。一方で、チトー主義のユーゴスラビアにあって、セルビア人には選択の余地があった。戦争の始まりと最終的な虐殺以前のことである。

知的生産者に加えて、この上なく科学的に見える言説も必要とされる。さもないと、プロパガンダにすぎないことがバレバレになってしまうからだ。たとえばバルトロメ・ベナサール〔近世史の研究者〕は、スペイン戦争に関する著書の中で次のように述べている[50]。「歴史家にとってこれ以上唖然とさせられることはない（中略）。有害な権力が偽造によって生きながらえ、威厳ある知的・精神的権威者たちによって保護されるのだ。スペイン戦争はその二つの流派を示している。一方の側（フランコ主義者たち）では、『キリスト教文明を守るための十字軍』が、イスラム教徒やナチスなどを特別攻撃部隊とし、拷問室を多用する。（中略）もう一方の側（共和主義者）では、同じような狂信、社会主義の祖国や「新たなローマ」への熱狂に駆られた人々が、誹謗中傷、拷問、暗殺に訴え、自分たちの言葉に隠された真実を知りそれを明らかにしようとする人々を排除しようとする」。

言説の原動力――「すべては戦略」「すべてはリスク」そして「ダブル・スタンダード」

世論は地政学的問題に大きな関心を示しはするが、（独裁国家はいうに及ばず）民主主義大国による戦略的言説が、まずはどれほど独自の言葉と神話と分裂傾向を携えた言説であるかを、必ずしも見定めているとは限らない。戦略的言説とは、歴史家ラウル・ジラルデが定義する意味での神話学なのだ[51]。すなわち「整合性のある一揃えの信仰の体系」である。それは、イデオロギー的基盤、寄せ集めのシンタクス、そして文化相対主義に立脚している。この相対主義はダブル・スタンダードを正当化し、そこでの他者は私たちにまったく似ていないとされる。さながらこう診断する医者のようだ。「私がすることではなく、言うことをやりたまえ」。脅威やリスクの認識、国際的諸概念の認識を軸とする分析を通じて、力の表明をなすことがつねにその目的となる。ここでの国際的諸概念とは、平等主義ではほとんどなく、定義も十分ではないものの、相手側の限界や制約を特徴づける概念である。

戦略的分析というものは、所与の国の力について合理的に見極めることを目的とした構築物である。力とはすなわち、その国がおのれの意思を他国に対してどれほど押しつけることができるかである。その意図は分裂的だ。つまり、他者の意図を汲みつつ、自国の安全保障について異論の余地なき条件を定めることによって、国際的な安全保障に貢献しようというのである。戦略的思考というものは、何が他者の特殊性をなしているのか理解しようともせずに、おのれの見方を強要する方途や手段を探ろうとする。NATO軍によるアフガニスタンへの侵攻は、戦略的な誤りの典型例ですらある。なぜならそれは、タリバン問題が武力で解決できると想定していたからだ。それではアフガン人の気質（タリバンであろうとなかろうと）を誤解することにも等しい。戦略的言説にあっては、他者の大きさや力がどのようなものであろうと、その他者の安全保障上の利害を単純に考慮するだけで、すぐさまその暗黙の帰結として、主張された「大国」としての地位が失われてしまうのだ。

けれどもグローバル化の時代において、相互の見方を考慮に入れない戦略的考察はありえない。ところが、みずからを民主主義大国と称する国々の考察の場は、そうした状況から遠く隔たっている。一九九四年度のフランスの国防白書は、他の欧米各国の場合と同様、たとえば「国際的な安全保障のための武力の投入」を戦略的機能と見なしている。この自己付与される委任状は、ほかの民主主義大国の公文書にも見受けられる。だが、イラクやアフガニスタン、あるいは今日のリビアへの欧米の介入に照らして見るならば、世界の他の地域において、民主化の支援だけで戦争を、したがって欧米の戦闘能力の行使を正当化することが果たしてできるだろうか？

こうして、世界情勢的な分析は、友好国と敵国とを分けるふるいになっているのである。パキスタンは核の拡散国であり、一定数のテロリストやジハード主義者を供給している。少数派の宗派はたびたび攻撃の的にもなっている。けれども欧米諸国は、同国を「悪の枢軸」に含めないこととした。誰がそれを真摯に受け止めるというのだろうか？二〇〇九年のイランの選挙には不正があり、国際的な非難が寄せられたのも当然である。だが、なぜエジプトのような国については誰も何もいわないのだろうか。そこでは自分の息子に後を継がせようとしていたムバラクの一族が問題になっていたのに？　エジプト国民は最近になってようやく、そうしたやり方の愚かさを論じるようになった。

このように、国が強大であればあるほど、安全保障の条件は他の問題より優先されるようになる。それが、ワシントンをラテンアメリカの後見人とするモンロー主義の原理である。レオニド・ブレジネフが衛星国を秩序づけるために唱えた「制限主権論」のアメリカ版である。「三つの星条旗が、等距離の三点にはためき、わが国の領土の広がりを告げる日もそう遠いことではないだろう。一つは北極に、一つはパナマ運河に、そしてもう一つは南極に。われわれの人種の優位性ゆえに」。タフト大統領は一九一二年に、感極まってそう宣言した。二〇〇四年の英国の戦略文書『変わりつつある世界に安全保障をもたらす』は、それ自体、イラク侵攻を準備していた国が発した二枚舌の最新事例をなしている。

すべては戦略

言説は学術的であろうとする。「広大なチェスボード」「大いなるゲーム」「ドミノ理論」「碁のプレーヤー対チェスのプレーヤー」など、遊びに関する主題系は、敵対者の冷徹な合理性とその確固たる意思を示すための基本となっている。敵がどれほど悪賢く危険かを示す上で、それはとても重要だ。ゆえにサダム・フセインはチェスのプレーヤー、シリアのアサド大統領は碁のプレーヤーだったとされる。ゲームのいかなるパートナーからも、それらの独裁者が実際にそうだったとの確証は得られていない。ナチスによる逸脱の後、長い間悪魔的に見られていた地政学は、再び流行に乗った。一九七〇年代にすべては政治だとされていたのと同様に、八〇年代はすべてはセクシャルなものだとされ、今やすべては地政学だとされている。[52]「危機のアーク」「要路の防衛部隊」、主要な敵国同士を結ぶ「軸」（非ユークリッド幾何学的）、「フィンランド化」（同国がモスクワの衛星国だったことを想起させる概念だが、フィンランド人はこれを今なお批判している）、「不凍港獲得のための［ロシアの］南下政策」、「リスク」、「利害関係」など、地政学用語の躍進は、その学問の言説を世界的な次元へと置き直している。思慮深いコメンテーターたちによれば、地表には戦略的な利害関係をもたない領土はなく、いかなる勢力圏にも属さない領土もない。限定地域のものも含め、あらゆる危機は「関係国の戦略的状況」によって説明がつく。フランスが、アングロ・サクソン諸国の野心に反して、一九九四年の大虐殺に至るまでルワンダのハビャリマナ大統領を無条件で支持していたことは、公式のサークル内部で正当化されていた。だが、大虐殺の狂気を受けてフランスの指導者たちが唐突に好意を失い、同大統領が姿を消しても、アフリカにおけるフランスの戦略的状況が根本的に揺さぶられることはなかった。パリはその寡婦を感謝を込めて迎えた。虐殺を働いた民兵組織インテラハムウェの設置に個人的に責任のあるこの人物に、軍事協力ミッションの予算から積立金二〇万フランを支払い、パリへの居住の便宜を図った。それはあくまで利害関係であり、戦略による配慮ではなかった。

時宜に適った敵が、伝統的な敵を覆い隠す場合もある。ベトナム戦争時、クメール・ルージュが恐れていたのは、戦っていた当の相手であるアメリカ人よりも、むしろベトナム人ではなかっただろうか？　アメリカは、敗北とサイゴンからの恥ずべき撤退の後、虐殺の血で手を汚したクメールたちをひいき目で見ていた。一九七九年に成立した親ソ連政権と、彼らが戦っていたからだ。クメール・ルージュの虐殺は当時、世界中が知るところだったが、その後何年かにわたり、同勢力は国連での正式なカンボジアの代表でありつづけた。国連安全保障理事会の常任理事国の支援のもと、最後の一滴まで血を抜き取りつづけたその国の代表だったのだ。

すべてはリスク、脅威、または挑戦

戦略の分野では二つの主題がその言説を下支えしている。信頼に足るリスクの特定、そして断絶である。予測の信頼性もさることながら、不安を煽り、国際社会の大変動を予告する才覚もまた、そうした予告をなす書籍の出版の成功に大きく寄与する。その書籍がアメリカのエキスパートやシンクタンクによるものであれば、メディアでの報道も保証される。一九六〇年代のアメリカの研究では、二〇〇〇年には二五ヵ国以上が核保有国になっていると予測していた。実際にはわずかに九ヵ国ほどで、それに加わろうとする国がいくつかあるのみだ（すなわち、核爆弾を製造できると考えられているものの、実際には製造していない国だ）。脅威とされていたほかの国は核開発を放棄している。図書館には、「二〇五〇年のソ連」に関する研究や、西欧の没落についての悲惨な予測、倫理的・具体的な軍縮についての研究が山ほどある。まさにそれは職業上の熟練度の問題だ。

そうした言説は、人類史のある時点に、まるで完全に平穏な状況があったかのごとく、変容や変化を言いつのる。かくして近年の戦略分析にも、「二一世紀の歴史は不確定性や消滅可能性から始まり、あらゆる種類の断絶や驚異が予想される」[53]といった一節を読むことができる。人類史のある時点に、絶対的な戦略的安定性、ヘシオドスの『労働と日々』のごとき一種の「黄金時代」があっただろうと信じないわけにいかないほどだ。

逆に経済予測においては、メディアにアクセスしようとすれば、トーンはポジティブなものにならざるをえない。多くの幸福感あふれる経済分析が、現在の金融危機の前に書かれてきたのだ[54]。

戦略本には出来合いの表現が居並ぶ。「あらゆる危機が襲う年」、敵は「おのれの勢力圏全体での覇権を回復しようとする意図を隠したりはしない」（なぜそれを告げるような愚かなことをするのだろうか?）。その軍備計画はつねに「野心的」で、「将来の侵略戦争」を準備し（それはすでに予測できる）、「拡散する脅威」を生み出す。「断絶と連続」との狭間にある世界は、「その価値観を擁護」しようとする。予言的なトーンが衝撃的なタイトルを許容する。『私は旧世界の死を見た』『不確定に満ちた世界』など。地政学は、第三世界主義、新植民地主義、ハイパーテロリズム、脱工業化社会、全体化・グローバル化など、新しい集約的な概念を好んで消費しようとする。それらは複合的なものを単純化し、読者に喜びを与える。

問題をどう呼ぶかは、戦略分析の基本的側面の一つである。イスラエルによる入植が問題であるのに、パレスチナ問題として語られたり、白人の問題であるのに、合衆国における黒人問題として語られたりする。男性側の姿勢の問題であるのに、ムスリム諸国の女性の地位問題として語られる。戦略問題においては、一九八〇年代のソ連の巧みさが光る。たとえば自国のＳＳ20ミサイル配備への報復が問題だったのに、ソ連はドイツのパーシング・ミサイル問題について巧みに語り、世論を動かしデモや非難を呼び起こした。ドイツ連邦議会での演説でミッテランはこう述べた。「ミサイルは東側に、デモは西側に！」

コメンテーターたちは話の趣向を凝らすために、「密かな野望」「秘めた計画」「客観的な利害関係」などをあえて見出そうとする。原則として、無知や人間的な愚かさなどを説明から排除するのだ。異議を差し挟まれる習慣を何十年にもわたり失ってきた独裁者には、愚かさや非合理性には出る幕がなく、ましてや民主主義国家の一部の政策決定者に、底知れぬ無知があるなどとんでもないことなのだ。[55] この分野での諜報機関の活動について、謎解きの第一人者にアレクサンドル・アドレールがいる。危機から危機へと渡り歩く国際社会のゼブルン〔旧約聖書のヤコブの息子〕のごとく、『フィガロ』紙の論説委員として定期的に諜報機関を引用している。異論を唱えられることなどないとつねに確信しているが、事実それ自体に欺かれることはある。(56) なんとも幸いなことに、その記事はあまりに複雑かつ矛盾に満ちているため、読者は強い印象を覚えつつも、疑いの目を持ち続けないわけにいかない。

〈事例〉

敵を作る——プーチン政権下のロシア

『死都ゴモラ』の著者であるジャーナリストのロベルト・サヴィアーノは、マフィア組織カモッラから死の脅しを受け、身を隠しての生活を余儀なくされているが、イタリア政府を咎めるという考えは誰も抱いていない。逆に、アンナ・ポリトコフスカヤなどのロシア人ジャーナリストの暗殺、あるいは二〇〇九年七月一五日にチェチェンで殺されたナタリア・エステミロワなどの人権活動家の事例は、明らかにクレムリンの行動に帰されている。元KGBの局長（穏健派）というウラジーミル・プーチンの過去が強調されるのも理由あってのことだ。だが、ブッシュ大統領（父）が元CIAの長官だった事実は引き合いに出されない。

フランスでは、元大統領府長官をフランス・ガス会社の社長に任命することができるが、ガスプロムの経営陣とクレムリンとの関係は憂慮されている。ドナルド・ラムズフェルドの後を継いだヒラリー・クリントンは、ロシア政府に対して人権の尊重を訴えたが、知られている限り、むしろアメリカ政府こそ、もう一〇年も前からグアンタナモの刑務所に、最低限の権利も認めず戦争捕虜を幽閉しているのだ。ジョージア［旧グルジア］の領土にロシアが武力介入した際には、激しい反応がわき起こり、撤退の期限を切るよう要求されているが、イスラエルが入植を止めることについては、丁重に期待が寄せられるだけなのだ。ウクライナに供給されているガスについても、旧ドルジバ・ガス・パイプラインの優遇価格ではなく、市場価格での取引を求めたことでロシアは非難されている。実業家クロード・マンディルは、二〇〇九年四月二一日に首相に宛てた報告書『エネルギー安全保障とEU』において、ウクライナ危機に関してロシアを悪者にすることにはなにがしかの矛盾があるとすでにして指摘し、同時にロシアをEUのエネルギー安全保障の正規のパートナーとすることを提言していた。

地政学にはつねに分裂傾向が見られ、それが国際的なパワーバランスの「合理的」外装であり続けている。ロシアとアメリカの場合、事態は（逆転した）錯乱状態にまで至っている。クレムリンの現行の体制に民主主義のお墨付きを与えることが問題なのではない。ロシア政府はいまだに、とりわけチェチェン問題やジャーナリストの保護の面で大きな努力を強いられている。だが、批判がより建設的になり、明らかにより確実な効果を上げられるとしたら、それは控えめに比較を行う場合に限られるだろう。ロシアへの批判が一貫してなされなければならないのは、国際問題を論じる多くの論説記者に共産党のシンパだった過去があり、それが消せない汚点となっているからだろうか？　コンディ・ライスとともに、旧ソ連の後退（ロールバック）こそ戦略的優先事項であるとしていた（9・11の同時多発テロ以前）ネオコンの隆盛を、フランスが一〇年遅れて経験しているからだろうか？　私たちの目前で建設中の政治的なヨーロッパには敵がおらず、防衛政策の基盤を固めることがなかなかできないでいるからだろうか？　中国は、ブッシュ政権の時代に代用の敵としての役割を担わされた。だが、オバマ大統領は北京との関係正常化に尽力している。もはや誰にも頼れないのかもしれない[57]。

ダブル・スタンダード

大国の言説も分裂傾向にある。それは「敵」の行動、大国とその同盟国の行動について別様の判断を表明している。ドゴールはフランスの核兵器保有を、大国が他の小国におのれの意思を強要することがないようにするための力の均衡化装置であると説明し正当化していた。ドゴールはまた、フランスはもはや侵略を望まないと指摘し、インドとの合意にもとづき核不拡散条約には調印しないとしていた。領土への侵略を受けたすべての植民地被支配国に移しかえることのできる言説である。今日、他国による核の拡散をどう非難することができるだろうか？　単純に禁止によるい外にない。

戦略的言説は一つの価値体系を賞賛する。その価値体系の適用こそが、国際社会の機能を構造化するとされるのだ。かくして共産主義は、「労働者の天国（そこではストライキは禁止される）、平和と安全の力」であるとされた。歴史上、植民地の宗主国として第二の勢力だったフランスは、それでもなお「人権の国」であり続けている。フランスと英国に対して、諸民族の自決の権利を擁護したアメリカのウィルソン大統領とその後継者たちは、ヴェルサイユ条約とそれに続く非植民地化に際して、モンロー主義［アメリカと欧州の相互不干渉を説いた］をラテンアメリカに適用した。またオーストリアは、クルト・ヴァルトハイム大統領に、それまで周到に隠蔽されていたらしいナチスの過去が明るみに出され、憤慨することとなった。

戦略的言説のイデオロギー的基礎には「状況次第でばらばらな判定」がある。同じ国が、植民地の解放を訴えるかと思えば、自国の征服地の手綱はしっかりと握ったりするのだ。歴代のスペイン政府は、英国に対してジブラルタルの返還を求めてきたが、要塞（セウタやメリリャの飛地領）の放棄をめぐるモロッコ当局との協議は拒んでいる。西欧の民主主義国は、欧米監視団の監視下で行われた選挙の後、ガザ地区にハマスの政府ができることを拒否したが、それももっともである。というのもハマスは、イスラエルの存在を認めようとはしないからだ。だが同時に、それら各国の政府は、テルアビブの現政権とは正常な関係を維持している。その政権は入植政策を継続し、政権の閣僚の中には、人種差別を標榜するリーベルマンもいるというのに。もしフランス国内であったなら、その人物は一九七二年の反人種差別法により有罪判決を受けているところだ。これらのことから、唯一有効な選挙とは、欧米に好意的な政権がもたらされる選挙のことだと結論づけてもよさそうだ。他方それは、なぜムバラク大統領やベン・アリ大統領がそうした選挙を行わないかの理由にもなっている。つまり、そうした選挙を行えば、ムスリム同胞団を政権の座に据える可能性があったからだ。アラブの春はひたすら民主化を要求するものだったが、そのテーゼの誤りを如実に示すことになった。

対話相手としての資格の剥奪は、「敵」を名指ししようとする際に課せられる行為である。「核兵器をもつのでもなければ、合衆国とは戦えない」。核拡散を正当化するようなこの言葉は、金正日のものでもイランのアフマディネジャド大統領のものでもない。インド軍の司令官がアメリカの高官レス・アスピンとの協議中に放った言葉なのだ。このいかにも良識的な一文は、世界最大の民主主義国［インド］の責任者による冷徹な軍事的分析であり、ごく普通の核の専門家からも非難の声など出なかった。ということは、核拡散についても二つの判断様式があるということなのだろうか？

イデオロギーの自明の理

民主主義国は、その性質上「平和の担い手」とされるが、これは分析を無視して発せられる主題系だ。フランスと英国の両国は、非植民地化に軍事的に対応してきた。アメリカ合衆国は、いかなる脅威も立ちふさがっていなかったクリントン政権下の一九九四年に、国防のための軍備増強を行っている。その数年後には、当時合衆国の六分の一にすぎなかった中国の国防予算を懸念するようになった。イスラエルがパレスチナについて、英国による委任統治の撤廃を勝ち取ったのは一九四七年で、それはキング・デイヴィッド・ホテルへのテロという代償を払ってのことだった。当時同ホテルには英国の司令部があり、爆破により九六人の死者が出た。イスラエル政府は、テロ行為によって国の独立を獲得したアルジェリア当局と同じ状況にありながら、現下の敵［パレスチナ人］によるテロ行為については憤慨している。

「貧困は戦争の発生源である」。この別の言い方も、第二次大戦以来ほとんど検証されてはいない。今日世界中が注目するハイチの事例は、その悲痛な実例であろう。「力による」と称される紛争やクーデターを教唆してきたのは、貧しい国よりもむしろ裕福な国のほうである。イラク戦争の事例のように、しばしばそれは、資源を支配するためだったりもする。

「経済的発展は平和の要因となる」。だが実際にはまったく逆に、経済成長にともなう力の主張こそが、国際社会の秩序を変え、かくして既存の大国を脅かす場合が多い。ヴィルヘルム二世のドイツにおいて経済が成長し始めたことが、フランスと英国にとっての脅威となり、最終的に第一次世界大戦を招いたのだった。今日では、中国の経済力がアメリカを警戒させている。

破局論の地政学では「ドミノ理論」が多用されてきた。所与の政権が失墜すると、機械的に隣国も共倒れしていく、というものだ。極東について言われた同理論は、いかなる場所でも実証されてはいないが、必須の演習でありつづけている。「世界はドミノで満たされている」と、『ニューヨーク・タイムズ』紙のジャーナリスト、レスリー・H・ゲルブは述べていた。いつも同じような紛争のシナリオを聞かされ、おそらくはうんざりしながら。

操業停止は九〇年代の戦略的リスクだったか？

「われわれはあなたがたに最悪の奉仕を行おう。敵をなくしてしまうのだ！」アレクセイ・アルバトフのこの一言は、戦略生産の関連業界を技術的な操業停止の可能性に追い込むことになった。共産主義の終わりによって、欧米の通常兵器には矛先を向ける敵がいなくなり、大きな問題が突きつけられたのだ。予算を確保するため、状況に即した議論もいくつかなされた。「ガードを下げてはいけない！」「平和の配当金を貯蓄に回すのは早すぎる」などなど。だが、すでに心そこにあらずでもあった。地域化した危機は、地球規模の選択的なパラダイムを求めてきた戦略家たちを戸惑わせた。CIAは、忘れ去られたアフガニスタンのエキスパートたちを解雇した。ソ連学者たちは、エリツィンやプーチンのロシア、あるいは中央アジア各国の新たな政権を分析するのに、前と同じツールを再利用した。フランスの大統領府のアフリカ室は、あいかわらず「アフリカ地勢図」を振りかざしてはフランスの国際的な地位を誇っていた。このように、戦略生産の機構は、新たな情勢への反応のせいで、構造全体が不安定化していた。アメリカの知的システムは、新たな地球規模のパラダイムを探る中で、その強靱さを見せつけていた。

クウェートの解放以後、「新たな世界秩序、平和に奉仕する権利の時代」が信じられた。すなわち、民主主義大国の軍は、国際連合の権威のもと、国際法の遵守とクウェートの解放（パレスチナの占領地は除く）のために介入するだろうとされたのである。その後、「東の脅威」に代わる「南の脅威」という考え方が発せられた。地理上の方向付けを変えさえすれば、戦略的枠組みや同じ手段を温存できるだろうとの希望的観測からだった。だが南はあまりに不均質であり、ほどなくアラブ世界に限定されるようになった。すると今度は「世界経済戦争」ならばどうかということになったが、これでは諜報活動手段のごく一部に関わるだけで、国防のための手段には関与しない。そのため、アメリカが麻薬密輸対策として打ち出したコロンビア計画のように、組織犯罪もしくはテロリズムへの対応の「軍事化」が模索された。アメリカの戦略的考察も劇的な予言にもとづいているため、三〇年後に振り返ってみるのは興味深い。すでに取り上げた『文明の衝突』を超えて、専門家たちは世界化と不安定化を関係づけようとした。政治学者トマス・バーネット(58)によれば、「大問題はすべて（中略）解決された」が、「グローバル化に組み込まれていない」世界、つまり新たな「蛮行の地」から、あらゆる脅威が生じてくるだろうという。そうした「脅威」を食い止めることのできる、アメリカの前哨基地の将来の配置図を、バーネットは描いてみせた。この新たな辺境のビジョンは、サウジアラビアの事例を扱ってはいない。同国はグローバル化に完全に組み込まれた同盟国だが、一方でテロリストの供給大国でもある。中東での失敗の指摘とは別に「中国の脅威」も存続している。同国は、アメリカ下院での国防予算の採決とほぼ時を同じくする二〇一〇年九月、国防省の報告書で再び検討対象にされている。

敵がいないせいで、戦略生産の業界はわずか数年で、脅威に関しほとんど信頼できない考察を捨て、代わりに潜在的軍事力に関する考察を立てるようになった。アメリカの軍事予算は、クリントン政権下の一九九四年から再び増加に転じたが、いかなる脅威もそれを正当化してはいなかった。敵がいないせいで、軍事的手段そのものへのこだわりが増し、それはまさに「技術フェティシズム」へと偏向していった。ちょうどそのころ、ジョイント・ストライク・ファイター（第六世代の戦闘機で、予測を四〇パーセントも超過する国防省史上最も高額な計画となった）や、レーザー通信衛星と同じく今日では放棄された、変換型衛星通信システム（TSAT）のような計画が発表された。

技術フェティシズムは9・11同時多発テロで限界を示した。いかなる技術的諜報システムも、そのテロを察知できなかったのだ。テロリストたちは、レーダーその他の探査装置をくぐり抜け、カッターで武装しつつアメリカの国際線の飛行機に乗り込んだのである。

ミサイル防衛計画は、その点でとりわけ意義深かった。G・W・ブッシュが発表し、英国を中心にヨーロッパの大半の国が賛同したその計画は、しかしながら膨大な費用がかかり、技術的にも疑わしいものであることが判明したのである。核保有国同士の間に戦略的な不均衡を作る同計画には、ロシアやフランスが辛辣な批判を浴びせた。二〇一〇年九月一七日、オバマ大統領はミサイル防衛システムを断念し、ヨーロッパ各国政府は、かつて推進の決定を讃えたのと同様に、アメリカのその決定を讃えた。そのとき如実に示されたのは、G・W・ブッシュの外交政策の賛同者たちが、状況に応じて、前任者に対してきわめて批判的だったバラク・オバマの礼讃者にすらなったことだった。かつて別の時代に、ソ連共産党に対する順応主義があるといわれていたように、ワシントンに対する順応主義というものもあるのだろうか？

北大西洋条約機構（ＮＡＴＯ）はワルシャワ条約の消滅を生き延び、今日では地上唯一の軍事同盟となっている。非欧米各国にとって、それは富裕国の武装警備隊のごとくに見えている。というのも、日本やオーストラリアも加盟の可能性を協議しているからだ。他方、地中海沿岸の一部の国は、ヨーロッパの諸国はなぜ、ＮＡＴＯに加えて「ヨーロッパ共通防衛政策」の創設を望んでいるのかと自問している。それはほぼ間違いなく、自国に対峙することになるだろうと各国は考えているのだ。

ソ連とワルシャワ条約の消滅以降、公式には敵のいなかったＮＡＴＯは二〇一〇年、新たな戦略概念を定めた。どう進めて良いかわからない戦争にあって、ＮＡＴＯ軍の兵がアフガニスタン（ドゴール主義者による批判がなされていた時代には「域外」と称されていた）で身動きが取れない状態にあるというのに、である。リビアへの介入で、ＮＡＴＯはその軍事的有用性を欧米各国の国民に示した。だが、とりわけ世界のほかの地域の人々にとっては、それだけで十分な存在理由と言えるだろうか？

敵のいない過去二〇年は、戦争のない二〇年ではなかった。ソ連という旧大国の撃退に注力してきたアメリカは、ウクライナやジョージア、キルギスタンなどの「有色革命」を支援してきたが、イスラム主義の台頭を抑えるには至っていない。前の戦争を繰り返そうとするのが、戦勝国の古くからの慣習である。世界の地勢図はもはや、色つきの太い矢に射ぬかれ、前進する側と後退する別の側との小さな旗に彩られた、大国同士の対立の場ではなくなっている。この二〇年来の危機的状況は、冷戦という見かけの派手な衣装を脱いだ地域的なものにすぎず、世界規模の問題ではなく、それらを煽る要因も国内的な説明で事足りるのだ。冷戦が残してきた武器庫が各種の紛争に用いられているのであり、国外からの供給があるわけではない。今や人々はカラシニコフ銃や鉈で殺し合う。いかなる全体的なパラダイムも、危機的状況の安易な解読をもたらすことはできない。そのため、世界の安定化について大国が用いる戦略的言説の一定数の原理は、根底から切り崩されている。テロリストの増大すら、特定の地域的な文脈に根付いており、もはや軍ではなく警察の事案となっているのだ。このような無益な世界の新たな地理学(59)では、すべての危機的状況が必ずしも同じ価値をもってはいない。民主主義大国の国内政治向けの動機が、全体的な戦略分析よりも優位に置かれるのだ。今後はどのような危機が、欧米の兵士の死に値するとされるのだろうか？　ボスニアは確かに値するとされた。だがルワンダの虐殺（フランス軍のみが単独で対応した）も、コンゴの危機も値するとは見なされなかった。第二次大戦以来最も死者の多い紛争だというのに。

世界全体を汚染し続けるこうした戦争を、ではどう説明すればよいのだろうか？

第二部　敵の肖像——分類学の試み

ソ連がなくなって以降も、戦争へと至る精神の頽廃はなくなっていない。危機や紛争は、双極的な分析が覆い隠していた伝統的動機を再び見いだした。東西の対立というイデオロギー的催眠状態の後、歴史と地理学はそれぞれの復権を果たした。敵を再生産し作り上げるメカニズムは、一九九一年以降、実に多くの国(民主主義国かどうかに関わりなく)で永続化している。だからこそ、ここでは敵の分類学を試みてみよう。本書で考察するモデルは真に純粋なものではない。敵というものは多くの場合、複数のカテゴリーの混成体であり、実に多彩な成分が交錯している。それらが、死をもたらす競合関係の持続性の理由をなしている。それぞれの紛争のタイプに、それぞれのルールがあるのである。

第一章　近隣の敵──国境紛争

国境紛争という問題は、きわめて伝統的で広範な事例をなしている。そこからは紛争の二項式がもたらされてきた。インドとパキスタン、パキスタンとアフガニスタン、インドと中国、ギリシアとトルコ、リビアとチャド、アルジェリアとモロッコ、英国とアルゼンチン（フォークランド紛争）、ペルーとエクアドル、ボリビアとチリ、コロンビアとベネズエラ、イラクとイラン、イスラエルとシリア、アルメニアとアゼルバイジャン、カンボジアとベトナム、スペインとモロッコ（要塞問題）、モルドバとロシア（トランスニストリア戦争）、ロシアとジョージア、日本とロシア（北方領土問題）、インドと中国、エジプトとスーダンなど。リストはまだまだ終わらない。

国境線を引き、それを具体化することは、比較的最近の現象であり、大陸ごとに異なる形で進められてきた。ミシェル・フーシェは『戦線と国境』[60]において、世界は二五万二〇〇〇キロもの国境で分割されていると試算し、その六〇パーセント以上は当事国以外の大国によって引かれたものだと指摘している。一九九一年の時点で、国民投票の結果である国境は、世界の国境のわずか二パーセントでしかない。そこから、いかに戦争が国境分割の主たる要因だったかが窺える。加えて、九一年以降、新たに九万キロもの国境が出現し、二万四〇〇〇キロが国際条約の対象となっている。国境をめぐる不和は近い将来、戦争の動機となっていくのだろうか？

「地政学的不連続性に応じて線で囲まれた基本的空間構造で、現実界、象徴界、想像界の三つの領域にまたがる参照用の標識をなすもの」と国境を定義したフーシェは、一九世紀と二〇世紀から継承された、「自然の境界」「真の意味での国境」「歴史的国境」の区分にもとづく帝国的な準・地理学的宣伝文句をすべて斥ける。また、伝統的な地政学で用いられてきた「バルカン化」「へその緒」「緩衝国」「勢力圏」「防御帯」といった各種分割概念も相対化してみせる。

国境線の画定が真に始まったのは一八世紀のヨーロッパにおいてだった。それはとくに帝国的な領土拡張政策によって全世界へと広まった。植民地の征服は、世界の分割をめぐる大規模会議の開催を導いた（ベルリン、ヴェルサイユ、ポツダム、ヤルタなど）。かくして欧米人がよく知らない地域（アフリカ、中東など）について、会議のテーブルの片隅で長方形の国境線が生まれ、国家の消滅、創設、移動が定められたのである。国際法のドクサが、そうした国境に囲まれた国家の権威と主権を支えたが、やがて非植民地化闘争や各種の分離独立運動によって、「民族自決権」の原則が受け入れられるようになっていった。その原則は国連憲章の第一条と、とりわけ植民地の人民の独立に関する国連総会決議一五一四に記されている。

国境の画定はこのように、二つの矛盾する原則の狭間に置かれた主題であり、いともたやすく紛争に至る。要求された国境線はそのときから、土地との関係性についての社会学的・歴史学的理解の表現となる。それゆえ、ベトナムの台頭を懸念するカンボジアの一九九三年憲法の第二条は、こう定めているのだ。「領土の一体性（中略）は、一九三三年から五三年に一〇万分の一の縮尺の地図上に策定された国境内において、絶対的に不可侵である」[61]。この異例な言及は、二つのナショナリズムの概念を地図上に移し替えたものなのだ。すなわち、クメール人の住む場所こそが領土であると考える（地図上に特定されている）クメールのナショナリズムと、それに対立する、開拓者の論理で前進するベトナム農民のナショナリズムである。

国境紛争のイデオロギー的メカニズム

宗教的ナショナリズムを教える公立校は、紛争の記憶に広く関わっている。日にちや場所は象徴的地位にまで引き上げられる。フランスの生徒たちは、一八七一年の鏡の間でのビスマルクの勝利と、黒塗りされたアルザス＝ロレーヌ地方の地図のイメージでもって戦争への準備をさせられていた。シリアの地図には今なお、トルコによって奪われたラタキアの港が描かれているし、一八八三年の太平洋戦争で沿岸部を失って以来、囲繞地になっているボリビアでは、今なお三月二三日を「海の日」として祝い、チリが拒んでいる太平洋への通行路を要求している。一三八九年六月一五日にオスマン帝国に敗れたコソボ平原の戦いを引き合いに、セルビアのナショナリストたちはコソボを領土として要求しつづけてきた。

歴史家、地理学者、ナショナリズムの組織、前の戦争を生き延びた旧軍人、ときに祖国から追放もしくは分離されたディアスポラの人々［国外に住む離散者］は、伝説にもとづく言説を支えに、目下の紛争を最も熱狂的に支持する。文学作品はそうした主題に叙事詩的な次元を与える。地理学者は、国の要求の正当性を地図が証明していることを説明するという、厄介な義務を担う。ペルーとエクアドルが一九九五年一月に起こした「セネパ戦争」は、一九四二年一月二九日にリオ・デ・ジャネイロで調印された「平和・友好・国境線議定書」が採用した国境の画定時には知られていなかった、未開発の森林地帯をめぐるものだった。その調印以来、エクアドルの歴代政権は同議定書を拒否し、学校で教えられる公式の地図では、四二年の削除部分がまったく考慮されていない。九五年の戦争は、銃弾と同程度マラリアによる死者も出て、一応の合意に達した。

敵というものは、国を過去へとつなぎとめ、アイデンティティを作り上げる要素とするという意味合いにおいて「世襲的」でもある。パキスタンやスーダンのように、国それ自体が内破によって分裂しているかどうかはほとんど重要ではない。集団の強固さは、他者に対する敵対的言論の激しさで決まるのだ。そんなわけで、パキスタンの場合、ほぼ毎日の内戦状態で引き裂かれていることから、カシミール問題をめぐりインドと対立することでしか、国の一体性を見いだすことができないでいる。同様に、ギリシアの政治家は「トルコの脅威」を活用・乱用し、内政への信頼性を回復しようとする。エーゲ海上（主要航路だ）をトルコの戦闘機が飛ぶたびに彼らは抗議する。エーゲ海を自国内の海と考えているのだ。トルコ沿岸の国境の島々に、ギリシアは最新の兵器を配備している。アルジェリアでは、高校生たちはモロッコについてはいっさい学ばない。そのような国は単純に存在しないことになっている。

戦争は戦史によって神聖化されるのだが、その戦史はナショナリズム的な言論を歯切れ良くする。戦争の英雄は神話の域にまで高められる。ナポレオンの軍事的叙事詩がフランス国民の意識の中で果たす役割は、アメリカの国民感情において西部開拓と西部劇が担う役割、あるいはロシア人の意識において「祖国戦争」が果たした役割と同じなのだ。その戦争で初めて、ナポレオンはクトゥーゾフ元帥に敗れたのである。

敵意の言論はナショナリズムに裏打ちされているが、どの点が強調されるかは様々で、人騒がせなもの（ギリシア）から、報復的なもの（ボリビア）、ノスタルジックなもの（スペインと要塞問題、ロシアとソ連）、犠牲的なもの（セルビア）、神秘的なもの（大イスラエル）、ポピュリスト的なもの（ハンガリーとトリアノン条約）、帝国的なもの（チベットに対する中国）、伝説的なもの（一神教にとってのエルサレム）などがある。国境沿いに、奇跡的に秘められた鉱物資源があると示すことは、競合関係に物質的基礎を与えようとすることにほかならない。アオゾウ地帯をめぐるリビアとチャドの最も熾烈な紛争では、ウラニウム採掘の話が出てくる。だが誰もそれを発見してはいないのだ。人が住まなくなった乾燥した荒廃地をめぐる一部の国境紛争の不毛さは、次のことを想わせずにいない。モロッコとスペインは二〇〇二年、ペレヒル島をめぐる戦争を回避できた。同島はモロッコの海岸から一〇〇メートルの地点にある、カモメしか住んでいない岩の塊である。同様に、ギリシアとトルコの間でも、一九九五年にイミア島をめぐる紛争があった。トルコの貨物船が座礁し、同国のフリゲート艦が救助を試みたためだ。両国の軍の艦隊がやって来て、その水域は荒々しい波紋に揺れた。

国境紛争の背後からは、すぐさま民族の一体性という観念が立ち上がってくる。その観念は、国境にまたがる住民が自分たちの領土を祖国へと再併合するよう要求する際の基礎とされる。住民に課せられる待遇、あるいは彼らがそこから作り上げる単純な物語が、敵意を維持することに貢献する場合もある。今日のハンガリーでは、ヨッビクのような極右政党が、いまだに「ハンガリーの苦しみ」について語っている。トリアノン条約（一九二〇）以来、少数民族が周辺各国へと離散した結果の苦しみである。ルーマニアやスロバキアでも、少数民族はオーストリア・ハンガリー帝国の記憶を保っている。一九世紀から二〇世紀にかけての民族運動時代に誕生した、文化的連帯の各種理論は、国境画定の原則として、同一文化の民族を統一国家にまとめる見解を示していた。汎テュルク主義、汎ゲルマン主義、汎スラブ主義、汎アラブ主義、汎トゥラン主義、汎ソマリ主義、さらに二〇世紀初頭の汎アジア主義。これはときに、欧米人から汎モンゴル主義とも呼ばれた。これら各種の理論は、大ドイツ、大セルビアなどの帝国的野心の中で育まれてきた。それらは今なお、大シリア、大ハンガリー、大アルバニアといった今日的な概念において息づいている。そうした基盤の上に生まれた国家間の連盟は、つねに失敗に終わってきた。アラブ統一国家、チェコスロバキア、リビア・チュニジア連合(62)、ユーゴスラビア、ボリビアの大コロンビア、セネガンビアなどである。今やそういう話はあまり語られなくなった。

きわめて数少ない例外を除き、武力行使の正当化には、必ずや報復・復讐の観念がつきまとう。それを支えるのが、聖地や過去の大虐殺（ギリシアの場合ならキオス島の虐殺）、記憶の場といった伝説にもとづく議論である。ミロシェヴィッチのナショナリズム的神話においては、「セルビア人が埋葬された地はすべてセルビアなのだ」とされる。クメール人にとっては、「クメール人が住む地はすべてクメールなのだ」とされる。学校で教えられる歴史的言説が、過去の紛争の責任を一部でも引き取ることは稀である。逆にそうした言説は、武力への訴えが不可避だったと信じさせようとする。ラインラント進駐など、ヒトラーによる初期の軍事行動でさえ、ドイツ国民に対しては、ヴェルサイユの強制条約という辱めへの報復として示されていた。当時は帝政ロシアと交わしたブレスト＝リトフスク条約に戻るなど論外だった。同条約によってロシアは、フランスと英国を合わせたに匹敵する面積の領土と、国民の四分の一を失ったのだ。報復主義は政治においても、また軍事目的の面でも、「戦争の原因」を探す上での一助となる。紛争についてひたすら想起することは、「報復」を顕著な意思にまで高めてしまう。市民の心のうちに他者への敵意を持続させようという、冷徹で一貫した意思にしてしまうのである。ひとたび敵対行為が発生すれば、そのように作られた雰囲気によって、軍への強力な動員と戦争に向けた努力がもたらされてしまう。

　地理的な近接性は脅威の感覚を生み出す。動員された状態の維持を義務づけられる軍人は、隣国に対して、傾向のはっきりした操作概念を定義づけることになる（ヴォージュ山脈の青い線、ギリシア人にとってのエーゲ海の小島の武装、ボリビアとアルゼンチンに対するチリの防衛概念など）。危機が発生すると、彼らは戦闘行為の発動を後押しする。もとより地理的に制限された作戦現場で、攻撃に有利な条件を掌握するためである（一九一四年の第一次大戦、第三次中東戦争など）。塹壕に入る新聞記者は、いわば放火犯の役割を担う。いかにも愛国主義的なトーンは、発行部数に直結するからだ。フォークランド紛争やイラク戦争の際、英国においてマードックの新聞社が行ったのがまさにそれである。

　危機を加速する要因となるのが、とくに軍人と、正当性を求める政治家だ。祖国の神聖な土地の擁護、あるいは国のより上位の利益の名のもとに、両カテゴリーに属する人々は、互いににらめっこ遊びを決め込む。残る一般市民は多くの場合、意思決定の機関から遠ざけられ、日常生活の諸問題に没頭していて、ナショナリズムの炎が上がるとき以外、そうした問題にほとんど目もくれない。スペインから自由になった西サハラの領土を併合する目的で、一九七五年にモロッコのハサン二世が起こした「緑の行進」には、三五万人もの一般市民が主体的に、各自コーランと国旗をもって参加した。大々的な力の示威行為だけに、必要な物資の供給は当局が担ったと考えられている。同国にはほかにも優先事項があったろうに。二国間の衝突をめぐる政治的緊張は人為的に保持され、アルジェリアとモロッコの国境はこうして、二五年以上にもわたり閉鎖されている。

戦争勃発の原因は、国際的なものである以上に国内問題であったりする。一九八二年にフォークランド島に攻撃をしかけたアルゼンチン軍や、ギリシアの元帥らによる一九七三年のキプロス島併合（エノシス）の一方的宣言、さらには、標高五〇〇〇メートル、気温〇度以下であったため「氷の戦い」と称された、一九九九年のインド・パキスタン間のカルギル戦争などが、現代の事例である。

正しい国境とは、二つの隣国のいずれもが了承し、国際社会が認めた国境をいう。この種の紛争は拡散することはほとんどなく、その地域に紛争解決機関が存在すれば解消できる。

国境問題の熾烈さ

アフリカの場合

アフリカは外部によって国境が課せられた大陸である。それは英国とフランスを中心とする植民地開拓者らによって、勢力圏の原理にもとづき定められた。現行の国境は、基本的にこの二五年以内に画定されている。アフリカの諸国は、占有物保有の原則を遵守している。すなわち植民地時代から継承した国境を不可侵とする原則で、それは一九六四年のアフリカ統一機構の決議に謳われ、二〇〇〇年のアフリカ連合制定法にも記されている。当時、これに留保の姿勢を示したのは二つの加盟国のみだった。モロッコとソマリアである。実際、国境はほとんど変更されていない（スーダン、西サハラ、エリトリア、そして現在のソマリランド）。アフリカに広がる国境は全長八万七〇〇キロにも及ぶが、土地の上に具体的に区分けがなされているのはごくわずかな部分にすぎない。複数の国が、領土に関する権限を確立するのに大きな困難を抱えている。とくに、アクセスが難しい土地に位置する周辺地域の場合がそうだ（山岳地帯や砂漠、ジャングルなど）。アフリカ諸国の国境は、行き来がきわめてたやすい一帯であり、そのため、近しい民族を隔てる警戒厳重な境界というよりも、越境的な活動を認可できるようなものになっている。生活のために国境を馬で越える一部の住民たちにとっては、国境を国の境界線という形で捉えてもなんら有益ではない。というのも、チャドの北部がよい例だが、行政による統治などほとんどないに等しいからだ。ノマドの集団にとって、国境を覆そうとしたり、越境的な民族のアイデンティティを主張したりするなど論外もいいところだ。彼らにすれば、国境という象徴的な存在が日常の実践や慣習を変化させたりしない形で生活が続けられれば、それで十分なのである。

アフリカの国境をめぐる議論は絶え間なく行われているが、ミシェル・フーシェが正しく指摘しているように、大陸のどの部分でも同じように異議申し立てがなされているわけではない。実際に異議が差し挟まれるとしたら、あくまで旧植民地としての権利に則ってそうしているのであって、越境的な共同体を分離するためではない。南サハラの国境が問題とされるのは、ともに暮らすことをほとんど利としない住民たちを、国境が一緒くたにしてしまうからだ。ナイジェリアは一国だけで二五〇もの民族集団を数える。そこでの紛争は、国際問題というよりも国内問題なのである。政治学者ジャン＝フランソワ・バヤールの表現によれば、国家権力は国内の異なる民族間の「ターニング・テーブル」にすぎない。アフリカ諸国の三分の二では、独立以来、軍事クーデターが勃発している。一方で国境紛争は例外的で、むしろ内戦や大量の国外追放の形を取っている（トーゴとナイジェリア、モロッコとアルジェリア、ルワンダとセネガルとモーリタニアなど）。

「外国人」という概念は、コート・ジボワールの重大な危機の発端となったイボワール人概念[63]の考案時のように、政治的な敵対者を貶めるために使われたり、ある民族に所属する人々を差別する際に使われたりする。大湖地域に暮らすツチ族は、いくつかの政権によって「外国人」と名指しされた。バンツー族を出自とする土着民を征服しにやって来た、ナイル川流域の人々だというのだ。セネガルのムーア人は、食料品店・金貸しの同業者集団であるとともに民族でもあり、大規模な食料危機の際には格好の標的とされる。アフリカは、国連難民高等弁務官事務所（ＨＣＲ）の登録数で見る限り、最も難民の多い大陸だ。祖先の土地に戻りたいという意思に動かされる（そのアプローチの正当性がどうであれ）彼らは、危機の再発要因をなしている。そのことはルワンダや、旧ザイールのコンゴに現に見られる通りである。軍は国というよりは権力を守るためのものであり、国境沿いよりも首都の周辺に配備されている。

アフリカの指導者や知識人は、国境の「不自然さ」や植民地開拓者による既存社会の分割についてたびたび発言するが、それにもかかわらず、同大陸には失地回復運動はごくわずかしか見られない。一九四六年から九八年までに二四の分離の試みがなされているが、ほぼすべて失敗に終わっている。[64]アフリカでは七〇〇の民族が一二〇〇もの言語をしゃべっていることからして、民族の分離にもとづいて大陸の地図を描き直すことは、紛争を鎮めるどころか火に油をそそぎかねない。スワジランドは一九八二年に南アフリカの提案を拒否した。一〇〇万人以上のスワジ族が暮らすカングワネ地域の統治権を、スワジランド側に与えるという提案だった。サハラ南部の地域は今日、紛争の事案が最も多い地域でもある。それらの事案は、ナイジェリアとカメルーンの紛争のように国際司法裁判所において、あるいはバカシ半島紛争ならば調停裁判所において、法的手段で解決されている。内戦も多数勃発しているが、アフリカ大陸は、久しい以前から予想されていた「バルカン化」には至っておらず、その国境は同時期のヨーロッパやアジアほどには大きく変更されていない。

その一方で、政治勢力の民族化、エリートによる弱肉強食戦略、資源の埋蔵量が豊富と見られる地域に諸外国が寄せる新たな経済的関心などにより、戦争のメカニズムは刷新されてきている。それはリビア、シエラレオネ、コンゴなどの内戦に見られる通りである。民族的な帰属意識は、特定集団にほかの便宜（経済的・戦略的・政治的・軍事的）を図るための道具にされている。コンゴ民主共和国の戦争に関し、アンゴラが「地質学的調査」権を主張したのは憂慮すべき前例である。この手の当事者に対して、国際社会は積極的に対応しているものの、政治的・経済的なあらゆる抵抗に遭ってもいる。コンゴ危機から利益を得た地元ならびに国外の当事者を特定したブラヒミ報告[65]の後、国連の機能が麻痺したのは、まさにそうした対応の悲劇的な例と言わざるをえない。

ミシェル・フーシェの試算では、アフリカ大陸の国境のうち約一六パーセント（一万三〇〇〇キロ）は異議申し立ての対象になっており、とくにマグレブ諸国で顕著である。ときにはまったく根拠がなかったり（西サハラについてのアルジェリアの異議申し立てなどがその一例だ）、あるいは植民地時代の要求がもとになっていたりする（たとえばリビアにとってのアオゾウ地帯の例がそうで、ファシズム時代のイタリアの地図がもとになっている）。モロッコは西サハラの国境の監視に国防予算の半分を割いている。そんなわけで、アラブ・マグレブ連合はまさに死産だったと言っても過言ではない。復讐に根ざしたカダフィ大佐の外交政策は、非植民地化の際に認められた国境をたえず問題にしているが、一方でそれは、軍事的というよりは手続き的な方途だった。リビアは国際司法裁判所への出頭回数がアフリカで最も多い国である。それは、チュニジアに対する領土・海洋問題、アルジェリアやニジェールとの領土問題、チャドとのアオゾウ地帯をめぐる領土問題の解決のためだったりする。一九七二年から八七年にかけて、一〇万平米ものアオゾウ地帯を併合し、隣国との戦争を引き起こした後、九四年に国際司法裁判所がンジャメナ［チャド］に有利な判決を出すと、同国はその要求を取り下げている。

ラテンアメリカの場合

ラテンアメリカは「国境が生きている[66]」地域である。一九世紀の非植民地化により、旧総督統治国を引き継ぐ形で各国が誕生し、ボリバル主義［アメリカ抜きの連帯・統合を目指す立場］は大陸統一の神話として息づいている。入植は沿岸部の町から始まって内陸へと展開し、最前線はアマゾニアなどの未開拓の森林地帯ないし山岳地帯を進んでいった。そのため、国境というものは長い間理論上のものでしかなかった。たとえばパラグアイの、ブラジルとの国境は、この数十年で一〇〇キロほども後退した。フランス領ギアナや、ボリビアなどでも同様のことが進行中かもしれない。ボリビアの国境の県であるサンタ・クルスには、二〇〇世帯ものブラジル人農民がおり、三五万ヘクタールにわたって大豆を栽培し、ボリビアの生産高の三五パーセントを担っている。同地域はクーデターの温床でもあった。一九七一年のウゴ・バンセル将軍のクーデターは、ブラジルの軍事政権のおおっぴらな支援でもって達成されている。

スペイン統治時代の与件にもとづいて設定された国境は、弁護士や法学博士、さらには政治的に力のある大土地所有者らにとって特殊な役割を担ってきた。軍人らは聖地の番人として君臨している。というのも、国境のうち植民地起源のものはわずか二〇パーセントで、残りは戦争や交易を通じて南アメリカの人々自身の手によって変更されてきたからだ。一九世紀から二〇世紀初めにかけてのとりわけ激烈な紛争は、今なお国民のアイデンティティを強く特徴づけている。パラグアイ戦争（一八六四年から七〇年）や太平洋戦争（一八七九年から八四年）、チャコ戦争（一九三二年から三五年）などである。

六〇年代には、まさしく国境争奪戦が巻き起こった。一九六四年のブラジルから始まって、一九七三年からはアルゼンチンとチリにまで及んだ。司令官たちは自分たちの独裁政権を、国民の運命にまつわる「明らかな」ビジョンで正当化しようとし、こうして国家の重要性は現実に見合う以上のものとなった。「国家安全保障」を越えて、彼らは「生きた国境」という概念を整備しつつ大陸や海上の地図を描き、そうして緊縮財政、国内の制約、自由の侵害などを、地政学的野心でもって正当化しようとした。ブラジルでは、ゴルベリー・ド・コウト・エ・シルバ将軍[67]が、「生きた国境」理論でもって、最南端コーノ・スールを国が支配する五つの地政学的区域に分けた。上級士官学校の校長、エルナニ・グラルト・フォルトゥナ海軍大将はこう主張していた。たとえブラジルに国境紛争がなくとも、警備していなければ「国境には問題が生じる」ものなのだ、と。麻薬の取引、ゲリラ、武器密輸などに開かれた国境は、「隣国から来るものであふれかえる」のだ。

アルゼンチンでは、ソ連との協力関係を正当化する「イデオロギー的国境」をペロン大統領は拒み、結束を図るための「内的国境」という観念と、内陸の平原からフォークランド諸島を含むアルゼンチン海に至る「大アルゼンチン」という観念を練り上げた。農産物を輸出する「島嶼的」「自足的」なアルゼンチンは、「半島的」「三角貿易的」「大西洋と南極とに開かれた大陸的」ビジョンによって乗り越えられなくてはならないというのだ。

チリの軍事政権は、ペルーとの国境および太平洋のイースター島から、南のグレアムランド、大西洋のサンドイッチ諸島、南ジョージア島へと至る、「チリ海」を描いてきた。一九七八年以降、ピノチェトは南極にまで伸びる「有機的国境」を示唆し、その安全保障ドクトリンに、社会的均質化を図る権威主義的政策を含めてきた。

一九九五年に七八キロの国境をめぐってペルーとエクアドルの間で紛争が勃発したが、これは国境をめぐる小規模の諍いが今なお健在であることの近年の証左である。それに向けて、軍人や政治家、集団的記憶の当事者、外国企業、さらには知識人までもが、戦争の原動力を作動させるのである。米州機構（OAS）の存在は、紛争低減の要因をなしてはいる。

大陸の軍人たちがどういう精神状態にあるかを理解させてくれそうな事例がある。チリの陸軍は一九九九年、近代的な戦車四〇〇台を購入しようと画策した。フランスの所有台数を超える数だが、同国は南北に三〇〇〇キロ、東西は最長でも二〇〇キロしかない(68)。なぜそうしようとしたのだろうか。二〇〇〇年になってもなお、司令部は「連合戦争」（一八三六年から三九年）「チリがペルー・ボリビア連合軍と戦った」、さらには「硝石戦争」（一八七九年から八四年）

のシナリオの再燃をもとに議論を進めているからだ。それらの戦争では、チリはペルーとボリビアを相手に戦った。チリの企業にボリビアが与えていた許可の取り消しが紛争のきっかけだったが、最終的にはチリ側が勝利した。以来、ボリビアは海への経路を失った。ラパスはチリ政府に対して、太平洋への民間人のアクセス権を求めているが、サンティアゴは一貫してそれを拒否している。領土をも要求されるのではないかと恐れているのだ。一五〇年もの昔から続くこの紛争は決着がつかないまま、常軌を逸した結果を招いている。ガスや石油を産出するボリビアは、海上へのアクセスを認めないチリ経由でそれらの産品を輸出することを、憲法で禁じているのである。エネルギー資源のないチリは、ベネズエラから石油を輸入している。一方のボリビアは、アルゼンチンから大西洋へと続くパイプラインを建設する方途を選び、アジア市場に対してみずからを閉ざしている。悲劇でないならば滑稽ともいえるこの実例は、独裁政権を抱いたことのあるラテンアメリカの国において、軍政の社会がいかに特殊であるかを如実に示している。

この大陸でも、連合を作る試みは失敗してきた（ペルー・ボリビア連合、あるいは中央アメリカ諸州連合）。最近のニュースでは、コロンビアとベネズエラの両大統領が口頭で両国の連合を示威したとされるが、これも軽い衝突に発展するかもしれない。とはいえそれも限定的ではあるだろうが。

アジアの場合

アジアは国境が多々変化する地域である。一九四五年以来、五三件以上もの平和的もしくは暴力的な分割によって、新たな国境が画定されてきた。

中近東は、一九一六年に西欧列強が引いた直線の国境によって分割された（サイクス・ピコ協定）。汎アラブ主義の古くからの夢は今なお敵対関係を煽っている。一九世紀にキリスト教系アラブ人らによって発せられた理論は、世俗社会に対して支配的となり、アラブの再生、「ナフダ」の思想に根を下ろした。エリート層に支持されたその思想は、「アラブ社会主義」を生み出したが、これは長い間、「ストラテジスト」によって反欧米的と見なされてきた。

中東には紛争を煽る原動力が二つある。アラブ世界のリーダーシップを手にしたいという意思と、独裁者が統治する一部の国の社会的・民族的・宗教的異質性である。そうした独裁者は、領土的野心を国内政治における反復的なテーマにしている（イラク、シリア、リビアなど）。国境紛争は数多く、どれも多少とも専制的な軍事政権であるその時々の政権によって手段として使われている。中東の唯一の地政学的現実というのは、本来のアラブの民をトルコとイランの国民が取り囲んでいることなのである。

ナセル大統領やカダフィ大佐が取り組んだ多くの連合の計画は失敗に終わっている。汎アラブ主義は、第三次中東戦争のあっという間の敗北の際、アラブ社会主義とともについえた。近代的なイスラム主義は汎アラブ主義の全世界的な性格を批判し、アラブ・ムスリム共同体であるウンマの新たな境界線を定義づけ、宗教を基礎とする別案を前面に押し出した。これもまた、イラクやパキスタン、レバノンなどにおける、シーア派とスンニ派の内戦によって息を引き取りつつある。汎テュルク主義ないし汎トゥラン主義は、すべてのテュルク系民族を同一の国家に統合することを目的としていた。若きテュルク人らによって大衆化したが、ムスタファ・ケマルがこれを拒否した。汎テュルク主義復活の試みが、中央アジア諸国の独立の際に表明されたが、確かな成果は上げていない。

アラビア半島では、ノマドの部族が石油経済によって突然裕福になった。そのため、異議が挟まれていたものの一触即発とまではいかなかった国境の画定が改めて必要になった。各政権は兵器を買い、石油のベンダーを保護した。ベンダー側は石油のために戦争をする気はなかった。石油をめぐるルールを守ろうとしない小専制君主の覇権的な意思のみが、支援を目的とする軍事介入を招いたのである（たとえばサダム・フセインによるクウェート侵攻）。

この地域の不安定性が根深い理由には、欧米諸国の行動もある。同地域は、アメリカの帝国的プロジェクト「大中東構想」など、最後の拡張政策の対象地でもあり、また、宗教と人種差別を基礎とし、一九六七年にイスラエルが占拠した領土の強制的入植にもとづく、大イスラエル構想の対象地でもある。欧米各国が容認するなか、その領土の占拠は壁の構築により裏打ちされている。最終的な画定では、壁は四〇ほどの飛び地と三九万人のパレスチナ人を含み、ヨルダン川西岸地域のすべての区画を分断している。それは民族の締め出しと長期におよぶ戦争の技術的条件をなしているが、その責任はすべて欧米諸国にある。

アメリカのネオコンは、大中東構想とともに、新たな国境の画定でもって中東問題の解決としたい考えだった。その意味で彼らは、フランスや英国の帝国主義時代の外交官たちを継承している。それら外交官たちは、同地域における現下の問題の大部分を後に残したのだった。アメリカのイラクへの侵攻、アフガニスタンへの「NATO軍の」侵攻は、大きな戦略的不安定の条件をもたらした（欧米への反感、宗教的急進思想化、スンニ派とシーア派の戦争、クルド人の準・独立、パキスタンの不安定化など）。その世界的な余波はまだしばらくは続くだろう。

三〇〇〇万人ものクルド人による領土回復運動の要求は、トルコ、シリア、イラク、イランの強硬政策に阻まれている。クルド人は今後も、意思決定者たちが必要に応じて利用する民であり続けるのだろう。火元はこれからも燻り続けるのだ。

国境問題は、欧米諸国が偏執的に力を温存しようとするこの地域の、永続的な問題をなしている。

極東地域は、古い国家の実体がそのまま温存されている。中国、ベトナム、カンボジア、インド、日本、韓国、そしてロシア北東の国境地帯である。ゆえにそこでは、国境は歴史的伝統をなしている。ただし民族の離散も同様である。伝統的な国境紛争・併合の記憶が、古くからの対立の歴史に支えられて蒸し返される。国際会議で画定された国境など一つとしてないが、地域の体制が基本原則（たとえばアフリカ統一機構が行ったような）を定めたこともなければ、国境紛争を鎮めたこともない。そこは「ストラテジスト」たちが後生大事にする「ドミノ理論」が適用される場所だった。彼らは冷戦の間、同地へのアメリカの介入を正当化していた。

中国は自国をアジア地域の中心と捉えているが、その「平和的台頭」（鄧小平の表現）には国境紛争の非軍事的解決が必要とされており、同国は実際に今それを進めている。インドとの間には、一九六二年に征服した三万八〇〇〇平方キロの氷河と、ヒマラヤ山脈のアルナーチャル・プラデーシュ州をめぐる問題が燻っている。中国が同州の領土を要求しているのは、そこに第六代ダライ・ラマが生まれた僧院があるためで、いわばチベット問題の外部への投影になっているのだ。そしてそのチベットは、帝国としての征服対象であり、過去の宗主権の名目で、帝政を終わらせたことを誇りとする共産主義政権がそれを要求しているのである。中国の野心は大陸よりも海洋にある。そのため、海軍の増強がなされている。古くからの台湾の要求は、中国人がその地の原住民ではないだけに、いっそう人為的な、行動様式の演習であるかのようだ。大陸から逃れてきた中国国民党の幹部たちによる、一九四七年の民衆の弾圧がこの問題の発端だった。

ベトナムは、その長い歴史が中国の侵攻に対する徹底した抵抗で彩られているが、同国自身もまた、カンボジアを始めとする周辺地域に対しては征服する側に立っていた。同地域最大の紛争は海洋をめぐるものだ。中国による西沙諸島、南沙諸島の占領である。それらの島々の領有権を、沿岸のいくつかの国が主張している。さらに極東には、現在唯一の専制的な軍事政権国家、北朝鮮がある。国民が強いられている窮乏生活を正当化するために、同国の政権には戦争の脅威が必要とされている。

インドの事例は逆説的だ。マハトマ・ガンジー以来、公式には「非暴力」の国であるインドは、独立以来最も多くの紛争と併合を繰り返してきた。一九四七年の領土分割において、シリル・ラドクリフ卿により部分的にニューデリーに帰属させられたカシミールをめぐる問題では、インドは強硬姿勢をとり続けているが、それはまさに危機が残存する原因になっている。その一方で同国は、戦略的思考においては非暴力の大国という地位を温存しており、中国やパキスタンに対する深い疑念を除けば、公の場で戦略的野望を示すこともない。そのパキスタンはというと、インドという巨大な隣国に対する紛争があればこそ、その政治的統一は機能するのである。

ロシアは帝政時代と共産主義時代から、二重国境の概念を受け継いできた。氷河に覆われた州が、外敵の侵入に対して国の中枢を守るという構図である。一九九一年以降、旧ソ連の各州に散らばったロシアの離散民族は、かつてロシアのナショナリストらが担っていた汎スラブ主義を想わせる、新たな干渉論をもたらしている。ロシアの哲学者N・I・ダニレフスキー（一八二二〜八五）は、スラブ民族の様々な実体が共有する、共通のアイデンティティを高く評価してみせた。ロシア人、ポーランド人、チェコ人、スロバキア人、スロベニア人、クロアチア人、セルビア人、モンテネグロ人、マケドニア人、ブルガリア人、ベラルーシ人、ウクライナ人、その他ルテニア人などである。ダニレフスキーは、ロシアの庇護のもとで、彼らが政治連合を図ることを推奨していた。この概念は、一九一八年のユーゴスラビア建国や、帝政ロシアによるバルカン半島への介入に際して、イデオロギー的基礎として役立てられた。またそれは、戦時中から戦後にかけて、ソ連によっても利用された。ユーゴスラビア危機の最中、ロシアによるセルビアの支援にもその一端が見え隠れしていた。アレクサンドル・ソルジェニーツィンの分析によれば、汎スラブ主義はその後も息づいている。同氏は共産主義体制への激しい敵対者だったが、それでもロシアがカザフスタン北部のロシア語圏のオーブラスチ［州］を併合することを願っていた。ロシアは、ソ連時代の国境線の変更を平和裡に受け入れたが、その影響をもろに受けている。ソ連内部の国境線は、人為的な分割と民族名にもとづいて、民族問題人民委員だったヨシフ・スターリンが画定したものだが、ソ連が一七の国家に分裂して以来、それは対外的な国境線になっている。ミシェル・フーシェによれば、ソ連の解体は一九九一年の時点で約八〇もの辺境の摩擦問題を生んだとされるが、それがもたらした紛争はというと、二〇〇九年のジョージアとの紛争のみだった。

中央アジアでは、国境は将来に向けて二つの問題を突きつけてきそうだ。まずは民族の共生の難しさである。これは今日、ウズベク族の住民を追放しているキルギスタンに見られる。もう一つは、ロシアの植民地の拡大が地理的に連続していたせいで（これはフランスや英国の植民地と異なるところだ）、ロシアが非植民地化を領土喪失として体験したことである。そのためモスクワは、南部の国境の安全を、引き続き国際問題としてではなく国内問題として捉えようとするだろう。ロシアにとってのチェチェンは、多少とも英国にとっての北アイルランドのようである。

EU内部での国境の開放は、ヨーロッパ域内での国境紛争の解決に有効なてこ入れであることが明らかになった。ロベール・シューマン元外相は『ヨーロッパのために』において、こう記していた。「政治的国境は、尊重すべき歴史的・民族的変化や、長きにわたる民族の統合努力から生まれる。それを消すことはできない。別の時代であれば、暴力的な征服によって、あるいは実り多い婚礼によって国境は移動させられていた。今日では、国境の価値を低減するだけで十分である」。ドイツがオーデル・ナイセ線を認めたのはポーランドを迎え入れるためだったが、それによりドイツは、チェコスロバキアとの衝突で一九四五年に追放されたズデーテン・ドイツ人の諸団体による賠償請求をも斥けた。ハンガリーも、場合によってはありえた国境地帯の少数民族の要求を斥けている。他方、EUほどの野心や規模を誇る試みは、ほかに地上では一つも成就していない（とはいうものの、北米自由貿易協定、アラブ・マグレブ連合、湾岸協力会議といった発案には言及しておこう）。

「国境問題は存在しない。国境を中心とする国同士、民族同士の関係の問題があるだけだ」と、ミシェル・フーシェは結論づけている。国境をめぐる戦争は限定戦争であり、相手の消滅を目標としているわけではない。ときには猫の額ほどの小さな領土を勝ち取ることがその目的なのだ。二〇世紀における暴力による国家の形成は、世紀の初めには一一五もの例が該当していたが、世紀末の三〇年間ではわずか三例しかなかった。その代わりに、壁や囲い地の建造の動きが、合法か違法かはともかく、新たな国境を描き出している。一万八〇〇〇キロ以上もの長さに及び、世界の八大地域に見られる壁（朝鮮半島、インド・パキスタン、キプロス島、北アイルランド、西サハラ、モロッコのセウタとメリラを囲む壁、西サハラのモロッコの壁、アメリカ合衆国南部の国境の壁、サウジアラビアとイエメンを隔てる壁、クウェートとイラクを隔てる壁、イスラエルが占領地に作る壁、そして最近ではギリシアとトルコの間の壁）は、共同生活もしくは近接する同士での生活の不可能性を物語っている。

稀少資源（水、エネルギー、土地）の問題は、将来においても所有のための世界の分割が続いていくだろうということを想わせる。とはいえ、この先のことはわからない。ここでは希望を窺わせる覚書を記しておこう。国境紛争は今後、海洋に関わるもの（排他的経済水域、石油資源、潜水艦、漁業水域）が基本となるだろう。合意の対象となっている水域はわずか三〇パーセントにすぎない。海上を本質とするそうした紛争は、「聖地」や祖先の墓をめぐる議論を感情的に無内容なものにしていくだろう（ただし、水夫だった祖先の遺体が海に捨てられている場合などは例外となる）。とはいえ、それにより人間の構想力と好戦的な才覚は、新たな地平へと広がっていくことにもなるだろう。ロシアは近年、そのことを示してみせた。論争の対象となっている地域の一つ、北極の凍てつく氷山の下に、自国の旗を立てに向かったのである。

〈事例〉
人為的な敵を持つことの愚かしさ――ギリシアの場合

第一次大戦後のギリシアにおける苦悩のナショナリズムをもってしても、その現在の防衛姿勢を説明づけるには十分ではない。

ギリシアのナショナリズムの特徴を想起しなくてはならない。一九世紀以来発展してきた一種の汎ギリシア主義である「メガリ・イデア［大思想］」は、すべてのギリシア人、ギリシア語話者、さらにはギリシア正教の信徒らをも、コンスタンチノープルを首都とする国家の権威のもとに結束させるのが目標だった。その考え方は二〇世紀に入っても健在で、それはすぐさま、あらゆる政治家が常時利用する内政の議論となった。最初の世界大戦の際、ギリシアは自国に領土を獲得させてくれそうな同盟軍に加わる決心がつかず、一九一八年になってようやく参戦し、セーブル条約によって成果を獲得することになった。同条約によりギリシアは、トルコ西部の沿岸部を得たのである。アテネはその領有権を奥地にまで拡大したいと考え、自国軍をアンカラへと派遣した。結局、ムスタファ・ケマルに敗れ、情勢は「大惨事」に転じることとなった。アナトリアのギリシア人一二〇万人と、ギリシア国内のトルコ人七〇万人が、相互に移住を余儀なくされたのである。そのために紛争の火種が燻っているのだ。

ギリシアは依然として、海洋法の原則にもかかわらず、自国の公式の地図や外交においてエーゲ海を自国の内海にしたいと考えている。

この、眉をひそめたくなるナショナリズムの存続は、ギリシアにおいて軍が過剰な役割を担っていることの説明の一端をなしている。同国は西欧において、一九六七年から七四年まで軍事独裁を敷いていた最後の国だった。エノシスの宣言、つまり独立したキプロス（影響力のあるトルコ人共同体があった）のギリシアへの一方的な再統合は、一九七四年に軍事政権が行った最後の外交的行為だった。その結果、島内の少数派であるイスラム教徒を保護すべく、トルコによる侵攻が誘発された。二〇〇四年以降、そしてキプロスがEUに加盟して以来、これは欧州の問題となった。ギリシアの公立学校では相変わらず、ナショナリズムのイデオロギーが広められており、懸念を呼んでいる。というのも、二〇〇九年の世論調査によれば、七七パーセントのギリシア人が、トルコは主要な脅威であると考えているからだ。二〇〇五年の時点で、ギリシアはNATO加盟国中最大規模の軍需品購入計画を立てていた。自国には防衛産業が根付いていないというのに、である。NATO加盟国の軍需品購入費の平均が国内総生産の一・七パーセントだというのに、ギリシアは二・八パーセントで、最新鋭の兵器がその六パーセントを占めている。EUの他国の労働人口に軍が占める割合は平均で一・一パーセントだが、これに対しギリシア軍は労働人口の二・九パーセントに及んでいる。両国ともNATO加盟国であるというのに、ギリシアはあくまでトルコを脅威と見なし続けている。武器の売買契約は、長い間政党の資金集めの中心をなしていた。軍備計画について歴代の政権の見解が一致していた理由は、そのあたりにあるのだろうか？　もはや、ギリシアの政界関係者たちが真摯になることを願うしかない。経済危機によって、彼らは少しばかり冷静さを取り戻したのだから。

〈事例〉

壊滅的だったチャコ戦争（一九三二〜三五）

その戦争は一九三二年から三五年にかけて生じ、ボリビアとパラグアイが対戦した。戦闘に狩り出された兵士の四分の一が死亡し、時代を超えて最も死者数の多い戦争の一つとされている。一九世紀と二〇世紀のラテンアメリカでの戦争の多くがそうであったように、その紛争の原因も、国境の不確かさ、さらにはスペインの植民地の総督たちから継承された権限、そして領土の広範な部分を実効支配できていないことなどにあった。

グランチャコ砂漠の最初の紛争は、一八六五年から七〇年にかけてのもので、一方の側がパラグアイ、もう一方がウルグアイ、アルゼンチン、ブラジルから成る連合軍（三国同盟）で、パラグアイ側の惨敗に終わった。

チャコはアルゼンチンが管理することになった。この敗戦に乗じてボリビアは、グランチャコ北部が自国の勢力圏にあると考えるようになった。だが、自然環境の悪さが災いして、入植地は一つも定着できなかった。気象条件はあまりに厳しく、またインフラも整わなかった。一八八四年、太平洋戦争でチリが勝利し、太平洋側へのアクセスをすべて失ったボリビアは、大西洋への経路を切り開くため、パラグアイ川に向かう道筋を思い描くようになり、パラグアイの側はそれを挑発行為と見なすようになった。

パラグアイは一九二一年から、チャコに軍の拠点を配置し始める。ボリビアも、小さな砦を築いて同様の動きをみせる。屋根を藁で葺き、周りに溝を掘った粗末な小屋だ。この地域で石油が見つかったとの風評をもとに、赤貧状態だった両国は互いに戦争を宣言した。ボリビアはアメリカの石油会社スタンダード・オイルの支援を受け、パラグアイは英国の会社シェルの支援を受けた。この戦いは人的には大惨事となった。一〇万人以上（少なく見積もった数字）の兵が負傷し、ほぼ同数かそれ以上の兵が、戦争の最中もしくは戦後、マラリアが原因で死亡したほか、健康を害する湿地帯が点在する砂漠のような荒れ地を、複数の旅団がさまよい死亡したと考えられている。コロンビア、キューバ、メキシコ、ウルグアイ、アメリカ合衆国から成る専門委員会は「戦争以前の状態への復帰」を勝ち取り、一方でパラグアイは戦争をしかけた側として、国際連盟により処罰の対象とされた。停戦の協議は一九三五年六月一二日に行われた。和平協定の略式での署名がなされたのは一九三八年になってからだったが、正式な調印は七四年後を待つことになる。

ボリビア軍はたびたび、勝利できなかった責任を民間人になすりつけ、一九四三年にはクーデターを起こした。そしてチャコでは、相変わらず石油は見つかっていない。

第二章　世界的競合相手

おお、白人よ。君は重い責務を果たせ。
君の報酬はごくわずかだ。
君の贈り物をほしがる輩の非難
人々の憎しみに気をつけよ。
陰気なうなり声を上げる群衆
それを君は光へと導いていく。
なぜ私たちの闇を追い払い、
自由を開いてくれるのか?

ラドヤード・キップリング『白人の責務』（一八九九）
抜粋

二〇世紀初頭のフランスと英国、冷戦下のアメリカとソ連、そしておそらくは将来のアメリカと中国のように、世界的な覇権をかけて戦う競合相手は、いわば平面天球図の規模でものごとを考える。同じイデオロギー的メカニズムが、彼らの好戦的な考え方を結びつけている。すなわち、自分たちの大国としての地位を正当化する明らかな使命感、自国の野心的な世界観である。それはときに世界の分割、代理戦争、さらには世界的紛争にまで至る。

一九世紀から二〇世紀初頭にかけて、探検家や軍人たち、地理学者や他の地政学者の諸団体が、競合関係の世界観を築く上で歴史的ともいえる中心的役割を担った。当時は、未知の世界（白人にとっての）を探求し、西欧文明の優位を説明づけ、植民地化を正当化することが問題だった。この時代の競合関係はいわば地理上のラリーであり、競合するミッション同士が戦争を引き起こすこともあった。たとえば、アフリカ・レースと称された当時の状況において、フランスと英国が一八九八年九月一八日にファショダで起こした衝突などがある。フランス当局の命令でマルシャン大佐が「撤退」すると、内政上の危機が生じ、現地の政府は「裏切り者」と非難され、「国の名誉」を嘲笑され、敵の手に落ちた。

欧米の帝国主義

世界的な支配を宿命とするナショナリズムの肯定が、一般的に帝国主義体制のイデオロギー的基礎である。アメリカ合衆国の「明白なる運命」、キップリングの「白人の責務」を担うヴィクトリア朝の帝国主義、フランス革命を継承し世界全体を植民地化しようとした、ジュール・フェリーのフランス人権主義と「文明化使命」など、いずれも現在では歴史の教科書で教えられているにすぎない。ソ連はよりモダンなバージョンの帝国主義を考案した。「プロレタリアートのインターナショナル主義」と「労働者の祖国」である。モスクワはそれを照らす灯台とされ、第三インターナショナルがそれを彫琢した。毛沢東の中国はそれを「民族間の友愛」というどぎつい彩色画に仕立てた。民を犠牲にして党を管理しようとするモスクワの統制経済を、そのような形で非難したのである。こうしたイデオロギーはいずれも既知のものであり、世界的な安全保障に関する戦略家の推論の大きな部分を今なおそれらが基礎づけていることを指摘するのでもない限り、それらを長々と取り上げるのは無益だろう。というのも、それらはみな「大国」概念を正当化するためのものだったのであり、それぞれが自国の野心の実現と他勢力の進展の阻止に向け、固有の概念を練り上げることになったからだ。帝国主義のイデオロギー的次元とは、したがって本質的な部分なのである。「帝国的に思考することを学べ！」と、英国の植民地担当大臣、ジョゼフ・チェンバレンは盛んに語っていた。

帝国への信奉は一九世紀の「地政学」、つまり「科学的」帝国主義の一大理論と、植民地化をもたらした。いわば地政学的ダーウィン主義だが、そこでは大国というものは、領土、港、資源と同一視される。ドイツの「地政学」の父であるフリードリヒ・ラッツェルは、地理学に転向した博物学者で、国家を一つの生き物として描いている。「国家はあらゆる生物と同じく影響を被る。大地に広がる人間の拠点が、その国家の広がりを定めるのである。（中略）国境は、有機的・無機的な運動の表現としてのみ画定すべきなのである」。民族の拡大は、より力の弱い国の領土を回収できるのでなくてはならない――あらゆる領土の併合を正当化するビジョンである。

カール・ハウスホーファー（一八六九～一九四六）は、「生命空間」の概念を練り上げ、世界が四つの区域に分割されることを予想している。アフリカと中東を含みドイツが支配する汎ヨーロッパ域、アメリカ合衆国が支配する汎アメリカ域、中央アジアと南アジアを含みロシアが支配する汎ロシア域、さらにドイツの同盟国である日本が支配する汎アジア域が加わる。これは極東（中国）、東南アジア、北大西洋地域を含み、アングロサクソンによる包囲に対抗するものだ。このビジョンは第三帝国に適用されることになる。同帝国においては、「偉大な民族」こそが、同盟関係に則り、また人種にもとづくヒエラルキーに従って、世界を分割すべきだとされていた。

マッキンダー（一八六一～一九四七）率いる英国の学派は、海軍力を重視した。地球は海域や大洋へと分割される

（一二分の九が海なのだから）。英国はマッキンダーが「ハートランド」と呼ぶ世界的な大陸のほか、戦略的重要性はやや薄い、「アウトライングス・アイランド」こと周辺の大型の島（オーストラリアなど）をも支配する。「ハートランド」は世界の地理的な真の要衝であり、中央ヨーロッパ平原からシベリア西部にまで、また地中海方面ならば中東地域から南アジアにまで広がる地域である。マッキンダーによれば、大英帝国は海を支配したが、世界的な大国であり続けるためには陸地に関してもしかるべき地位をしめることにこだわるべきで、鉄道を中心とする輸送手段を支配しなくてはならないという。

マハン（一八四〇～一九一四）を擁するアメリカの学派は、海軍力をも重視しつつ、技術と文明の発展にいっそうの関心を寄せていた。アメリカの偉大な軍事指導者たちは今もなお、世界を分割しては海洋から陸地を眺めている。かつてはラテンアメリカの西欧人、後にはソ連、今後は中国を対象とした、「封じ込め」政策こそがアメリカの戦略の基礎をなしている。モンロー主義［アメリカとヨーロッパの相互不干渉］の表明は、ほかの帝国には近づけない地理上の区画を、精密に画定するという結果をもたらした。「この半球（アメリカ大陸）のいかなる部分であれ、欧州がその体制を拡張しようというあらゆる試みは、わが国の平和と安全にとって危険であるとわれわれは考える」。モンローは一八二三年の演説において、明確にそう宣言した。やがて「封じ込め」論は「巻き返し」論に取って代わられた。九〇年代におけるロシアの後退を受けて合衆国は、ジョージア、ウクライナ、キルギスタンなどの有色革命の最中、人権擁護NGOの外見を纏い、多数の政党に資金を提供した。アメリカ学派はまた、大国の文化的な次元をもきわめて重視してきた。ハードパワー（軍事的手段）とソフトパワー（影響や文化、手短に言えばプロパガンダのこと）をめぐる近年の議論にも、その一端がうかがえる。帝国主義的な地政文化による世界分割のモダン・バージョンが、サミュエル・ハンチントンの『文明の衝突』にほかならない。

征服の道具としてのプロパガンダ

大国としての地位は、プロパガンダにまったく特殊な重要性を与える。後にアングロサクソン（より高貴ないい方だ）の用語で「ソフトパワー」と呼ばれるものである。敵対するそれぞれの当事者は、文明化のメッセージの担い手となり、政界関係者、知識人、芸術家などがその媒体となる。自分たちの価値体系の優位性を誇らしげに説き、脅威について肉付けするのだ。フランスの戦後復興のためにアメリカからの借款を認めた一九四六年のブルム・バーンズ協定（マーシャル計画よりも前）の枠組みでは、ワシントンがハリウッドのプロダクションへのフランス国内映画市場の開放を課している。当時は、南アメリカの大学の図書館がリーダーズ・ダイジェストの全冊セットを受け取り[69]、共産圏の図書館は人民出版社の廉価本で一杯になり、マルクス＝エンゲルスがあらゆる人々の手のとどくところにある時代だった。産声を上げたばかりのテレビで流れたアメリカのテレビドラマは、子供が二人いて一戸建てに住む、あたりをうろつく黒人など一人もいないかのような白人家庭のイメージを提供していた。ソ連映画やアジプロ［煽動と宣伝］も最盛期を迎えていたが、エイゼンシュテインに続くのは難しかった。しかも社会主義の英雄スタハノフにはとりわけユーモアが欠落している。共産主義の中国にはプロパガンダのノウハウがなかった。都市の道路に並ぶのは大型の彩色画ばかりだ。あらゆる人種の男女が渾然一体となった群衆が描かれ、広告的な笑みを浮かべ、誇らしげに胸を張って歩いていて、今にもポスターから飛び出してきそうだ。背景には光輪に囲まれた丸ぽちゃの毛沢東の顔があり、子供たちを親切めかして見守っている。実際には、中国社会の人種差別は、大学都市におけるアフリカ人学生の排斥運動という形でときおり爆発していた。

それぞれの応分で必然的に敵となる他者は、その潜在的な脅威と悪意を示す属性を与えられて作り上げられる。英国はフランスにとって、ファショダ事件［アフリカでの両国の衝突］以後「不実なアルビオン」になった。一九一一年のモロッコ事件の後、ドイツは「人食い鬼」になった。冷戦のプロパガンダは様々な戯画を惜しみなく繰り出した。底辺の共産主義者はナイフをくわえ、髪も整っておらず、一方の資本主義者は、肥満とニコチン中毒に悩まされている、と。

「同伴者」こと知識人やジャーナリスト、アーティストなどにもとくに触れておく必要がある。一箇所にとどまらず、陣営の価値を無批判的に褒め称える人々だ。彼らはソ連の十八番であり、多くの知識人やアーティストが「社会主義の楽園」を見いだすことになった。ときに現実的な良心のジレンマを感じても、一部の人々は口をつぐむのだ。(70)アメリカはいっそう扱いがうまい。ジャン・コー［ジャーナリスト］のような人物は反サルトル的知識人として紹介され、レイモン・カルティエ(71)［ジャーナリスト］には合衆国の「内情を説明する」とされる多くの著作があるが、アメリカ都市部のストリートに見られる黒人問題は決して取り上げようとはしないのだ。同じ頃、ジャズ演奏家のボリス・ヴィアンは、少数派の黒人の貧困状況について、匿名で強烈な著書を著している。(72)反帝国主義に関する知識人たちの言論が、ときに罪深い迷走をもたらすこともある。『ル・モンド』紙は、アルジェリアの独立戦争を完璧に分析したり、ベトナムでのアメリカの戦争を非難したりしていたにもかかわらず、クメール・ルージュの本質については完全に取り違えている。彼らはアメリカの帝国主義と戦っていたせいで、自由のために戦う者たちでしかありえなかった。一九七四年に同紙はこう見出しをつけた。「プノンペンにはためく抵抗の旗」。実際にはそのとき、大虐殺が始まっていたのだ。

レバノンの内戦では、「イスラム進歩主義」なる概念が考案された。サンジェルマン・デ・プレ［戦後のパリにおける文化活動の中心］流の反動的進歩主義の分析基準を、同国に重ねたものだ。何年か遡りさえすれば、人は夢想を信じられるようになるのである。ほかにもイデオロギー的な錯乱の時期はあり、文化大革命期の中国への団体ツアーから戻った多くの知識人たちは、「毛沢東思想」の悦楽に酔いしれた（とはいえパリでだが）。ダライ・ラマに面会した仏教徒のように、彼らはさながら神の恩寵の刻印を受けたかのようだった。今日では、経済の奇跡を目の当たりにした北京の指導者たちは、中国がモデルをなすという新たな感覚を抱き、また毛沢東主義から市場の効用理論へと転向した旧来の知識人たちのもとには、いくつかの引用の言葉と、寝返った愛人に対するかのような攻撃的態度が残っているのみだ。『私は自由を選んだ』を出版したヴィクトル・クラヴチェンコ(73)が、文芸紙『レットル・フランセーズ』を相手に起こした一九四九年の名誉毀損の裁判は、目撃者に対する知識人たちの集団的反応、つまり事実に対する純粋理論側の反応を示す興味深い事例になっている。

アーティストたちが担うこの新たな役割にとって、コインの裏側に相当したのが、彼らの危険な影響力を非難するキャンペーンだった。ソ連におけるジダーノフ、中国における百花運動、アメリカにおけるマッカーシーの裁判などである。

世界の分割線

世界をいくつかの従属する空間に分割することを正当化する帝国主義のグランド・セオリーは、いくつかの概念を産出したが、それらは今なお戦略思想の屋台骨になっている。植民地、保護領、勢力圏、緩衝国、防御帯、同盟国、属国ないし衛星国、フィンランド化（この用語はフィンランドの反発をまねく要件となった）など。これらの用語はいずれも、衛星国の「限定された主権」という多かれ少なかれ明示的な概念を言い換えたものである。ワルシャワ条約の加盟国に対してブレジネフが言おうが、ラテンアメリカ各国に対してアメリカのモンロー大統領が言おうが、アフリカの旧植民地の各国に対してドゴールが言おうが、どれも同じことだ。世界の「安全保障」への貢献が問題になっているのである。

大国同士のバランス・ゲームには、世界分割を協議する国際会議という大ミサがある。一九世紀末のベルリン会議では、アフリカを英国、フランス、ドイツで分割し、ベルギー国王の私有財産だったコンゴ（国王はそれを大手の民間企業に売り渡し、それが今度はベルギーの国家に売り渡した）、アフガニスタン、シャムなどの緩衝国を据えることが定められた。さながら、国境の画定をともなう集団的な図面おこしの演習である。一九一六年のサイクス・ピコ協定は、オスマン帝国敗退後の中東の分割を定めた。ヴェルサイユ条約、ポツダム会談、ヤルタ会談は、ヨーロッパの地図を塗り替えた。大国の赤鉛筆が、民族全体の未来を定め、国境を移しかえ、あるいは偏向させ、混成的な国を作り上げ、敵対する同士のどちらか一方が降参するまで問題を未来に先送りしていく。力による分割のフェルマータとなったのが国連である。その安全保障理事会は、常任理事国五ヵ国の拒否権を中心に構造化されている。つまりそれらの五ヵ国は、戦争を起こし、国連の関与を禁じることができる権利をもっているのである。

戦略分析は二元論的だ。あらゆる危機的状況は、二国間のプリズムを通して分析される。地元の当事国に固有の利害に即して分析されることはまったくない。それらの危機は、軍事大国同士の直接対決を避けるための代理戦争として使われる（ファショダ事件、フランスとドイツの代理戦争だった一九一一年のモロッコ事件、一九五三年の朝鮮戦争、一九六二年から七五年のベトナム戦争、八〇年のアンゴラとモザンビークの戦争、一九七九年のアフガニスタン戦争など）。紛争は地理学的なものであり、したがって危機がどのようなものであれ、その解読はつねに世界的なものにならざるをえない。戦略家たちの当時の分析は、地政学的な自明の理と競合する関係にあった。自明の理とは、たとえば「自由世界の未来をかけた○○戦争」「社会主義陣営に対する帝国主義側の攻勢」「傀儡政権」「不凍港獲得のための南下政策」などの言説である。繰り出される一連の地政学的分析は機械的なものだった。世界にあって失ったすべての一角は「阻止陣地」に、「主要な戦略的要衝」に、「どこそこへと向かう歩みの一段階」になった。たとえば、チャドでタブー視される遊牧民の運動、チャド国民解放戦線がある。同国の南部地域で略奪で生計を立てている彼らは、ソ連とリビアの支援を正当化すべく、一時期みずからを「チャドの労働者と農民の運動」と称していた。同国にはほとんど存在しないカテゴリーである。

シンクタンク内部では、主たる敵を扱う専門家、つまりソ連学者や中国学者は、地域的な危機の専門家に対して優位に立っている。だが、前者の地域的な危機の理解は十分ではない。すべてが二項対立的な分析にかけられてしまうからだ。かくして、モスクワと近しいものの議会民主制を取っているインドの外交政策を、ワシントンはよく理解していない。アメリカからすれば、あらゆる民主制はアメリカの陣営と同盟をなすべきなのだ。ユーゴスラビアのチトー主義の路線についてはモスクワも同様である。ソ連がアフガニスタンに侵攻した際、ソ連学者たちの議論は、コルネリウス・カストリアディスの著作にもとづき軍事産業複合体の潜在力に及び、ゆえにロシア赤軍がどれだけ迅速に勝利するかに及んだ。その失敗を予言していたのは、コーカサスと中央アジアの専門家、ベニングセンただ一人だった。ブッシュ政権で国務大臣を務めたコンドリーザ・ライスは、ソ連を専門とする大学人である。二〇〇〇年に政権入りした当時、ライスはロシアに対する「巻き返し」政策を支持していたが、イスラム主義については何一つ掌握していなかった。とはいえ、ソ連のアフガニスタン撤退がイスラム主義の兵士たちの勝利を意味し、彼らが世界的に最も強靱な軍隊を撤退させたことを誇りに思うということを、仮に同氏が理解していたとしても、ビン・ラディンのような人物がそれをもとに作り上げた議論には疑念を抱いたことだろう(74)。

軍事的・戦略的概念というものは、公式にはつねに防衛の諸形態の提案である。一九世紀の英国はみずからの「フォワード・ポリシー」［予防的拡張主義］を明確に掲げていたが、国民の眼からすると、他の帝国主義勢力の進出に対し、緩衝国の構築を正当化するものにほかならなかった。たとえば中央アジアへのロシアの進出に対抗するアフガニスタン、フランスの極東への進出に対抗するシャム王国、中央アフリカでのフランスやドイツのプレゼンスに対抗するベルギー領コンゴなどである。寄港地は帝国本体から離れて設置される。香港、シンガポール、ジブラルタルなどだ。冷戦時代には、アメリカとロシアの軍備の前哨基地が、世界全体を分封し、それぞれの勢力圏を監視下に置いていた。

大規模な同盟関係の成立（三つの条約が三つの同盟に対峙する。NATOとワルシャワ条約機構、バグダード条約、ANZUS条約［太平洋安全保障条約］）により、世界は戦争の準備に向けて組織化されうるようになった。世界の大まかな分割が合意されているのだとすれば、紛争は代理戦争として、地位が不確定な地域に生じることになる。各陣営は、陣営内の覇者同士または下っ端同士を戦わせ、大きな紛争のリスクを回避する（アフリカ危機、ベトナム対カンボジア、アンゴラとモザンビークへのキューバ派兵）。逆に体制が横滑りを起こすときには、世界大戦に至る。

イデオロギー的対立の構図では、新規の国があくまで「自発的に」同盟に加わっていることを証明できなくてはならない。軍人もしくは諜報機関による組織的なクーデターでは、それまで忠誠を尽くしてきた地元の政治的リーダーが権力の座につくことも可能になる。プロパガンダ的には、そればかりではない。たとえば一九四八年の「プラハ蜂起」は、共産党を権力の座に就かせている。チェコ共産党の書記長だったゴットヴァルトは、クーデターを準備すべく、公式の場で意味ありげな宣言を行った。「労働者の人民は、やがてくる反動のための準備をしなくてはならない」。一九五三年にCIAによってイランのモサデク首相が倒されたが、この人物は民主的に選挙で選ばれたナショナリストで、石油の国営化をなしたばかりだった。それに取って代わった国王は、勢いに乗じて油田の再配分を行い、英国に不利に、アメリカに有利に計らった。モスクワがカブールに据えたバブラク・カールマルは、アフガニスタンに「労働者と農民」の体制を設立すると宣言した。アメリカの一部の軍の学校の廊下には「独裁者の小径」が設けられている。一九七〇年代から八〇年代にかけての中南米での軍事クーデターで、後に独裁者となる人物たちのプロモーション写真が飾られているのだ。「自発的クーデター」のシナリオは、第二次大戦以降、二大超大国のいずれかの働きかけで七〇回以上実行されている。一九五一年、グアテマラのアレバロ大統領は辞任演説で、任期中に三二回もの軍事的陰謀を逃れたと発言した。大半がアメリカの支援によるものとされている。

フアン・ボッシュ大統領に対抗すべく、ドミニカ共和国サント・ドミンゴにアメリカが介入[75]したときには、それを正当化するために、ジョンソン大統領は一九六五年四月二八日、ほとんど弁解のような演説を行った。「ドミニカ共和国への介入命令を出すことに、抵抗感がなかったわけではない」。これは五九年も前のセオドア・ルーズベルトの次の言葉をもじっている。「その島に介入する第一歩を踏み出さざるを得なかったことに、きわめて大きな抵抗を感じていた」。要するに、いやいやながらも帝国主義に奉じたというのだ。あらゆる介入は「民主主義を守る」ために行われる。一九六八年のプラハへのソ連の介入が「社会主義を救う」ためだったのと同様だ。

二項対立的な戦略的解釈は、あらゆる行動の自由を可能にする。ソ連における階級の敵の概念やインターナショナル政策は、一九三九年のドイツとソ連の不可侵条約や、南アメリカの軍事独裁の認知を妨げることにはならなかった。民主主義各国は、世界最悪の政治体制や、きわめて重大なクーデターをも支援してきた。その筆頭はサウジアラビアの体制であり、おそらくそれはホメイニのイランよりもいっそうイスラム主義的である。政治体制がどのようであれ、従順な同盟国は「善」、敵側の同盟国は「悪」とされる。ただし同盟関係が覆る際には、カテゴリーが入れ替わってしまうかもしれない。かくしてソマリアの独裁者シアド・バーレは、つねに資金を求め、問題や必要に応じて、ときには合衆国と同盟し、またときにはソ連と同盟してきた。エジプトのナセルも、アスワン・ハイ・ダムを建造する際、まずはアメリカに支援を訴えた。これが拒否されたのは、戦略サークルの間で同氏が「ナイルのムッソリーニ」と称されていたからだ。ナセルは結局ソ連の支援を得ることになるが、だからといってエジプトの共産主義者を収監しなかったわけではない。ルワンダにおけるフランスの外交は、ハビャリマナの独裁政権を支援していた。だがそれは、英語圏の各国のプレゼンスに対抗するのが目的だった。というのも、英語圏の元植民地ウガンダに暮らす難民の子だったポール・カガメは、フランス語を解さなかったからだ。パリの公式な軍事専門家によれば、カガメはロンドンもしくはワシントンの支援を得るしかなかった。つまりフランスの外交は、ファショダ事件の再演だったのである。

このように、分析の道具は基本的に欧米で使われているものばかりだ。サダム・フセインは「アラブの近代的リーダー、世俗の擁護者」だったが、その後「悪の枢軸」国の一つとなる専制国家の長とされた。一九五四年、仏教国だった南ベトナムに登場したカトリックの国家元首ゴ・ディン・ジエムは、アメリカの介入主義の思想家たちから「東南アジアのチャーチル」などと称されていた。欧米指向を理由に与えられる「近代国家の長」という概念は、ベン・アリやホスニ・ムバラクの政権転覆とともに、突如として粉々に打ち砕かれた。ほかにもどれだけそうしたことが起きていくのだろうか?

軍拡競争

競合関係はすぐさま軍拡競争という軍事的な次元に至る。一九世紀末、世界的なプレゼンスの一大手段であった海軍は、大国の軍事的シンボルをなしていた(いわゆる「砲艦外交」だ)。帝国の地図もまずは寄港地から引かれていた。「制服の威厳」、すなわち子供にとって海軍の制服が流行のコスチュームだった時代である。やがて航空機が海軍の王位を奪う。二〇世紀になっても、赤の広場での大行進や、ハリウッドの軍事主義的なプロパガンダが、国民のコンセンサスの形成に与っていた。各国は軍の優位性をもとに国の安定を考えていた。競合する相手国の艦隊に制限をかけようとしていた英国のダブル・スタンダードもしかりである。

ソ連の末期、ペレストロイカの最中、ロシアの指導者たちは、自分たちが核弾頭をいくつ所有しているのか正確に知らないことを認めなくてはならなかった。モスクワも北京も、共産主義国では、戦略的考察は学術会議の権能だった。時代的に、当時はエンジニアや専門家が優遇されていた。ワシントンでは、同じ科学万能論によって、発展途上国の専門家でジョンソン大統領の国家安全保障担当特別補佐官となったウォルト・ロストウが、北ベトナムの工業施設への空爆を奨励することになった。産声を上げたばかりの産業を守るために、ベトナムはB52の波状攻撃に屈するだろうとこの人物は考えたのだ。ロストウは厳密に理論的な分析をしていたのであり、ベトナムそのものについての専門知識にもとづいていたのではなかった。ただ、同国には産業と呼べるものはなかったのである。軍拡競争に関与した学術関係者と軍事エンジニアたちは、技術分析を重視しがちだった。アメリカの優れたエンジニアは、ベトナム人に対して用いられたクラスター爆弾(76)に、決定的な欠陥があったことを見いだした。身体に深く入り込んだ鋼鉄の散弾は、X線で発見でき取り出すことができたのだ。そのエンジニアは、代わりに効果は同等で摘出不可能なプラスチック製の散弾を用いることを提案した。障害者は死者よりも共同体に大きな負債を残すのだ。

脅威の技術的な重大さを説明することによって、軍事的優位を確保する新たな計画を発することも可能になる。世界的規模の競合関係の特徴をなす軍拡競争では、軍事産業複合体の占める場所が徐々に大きくなっていく。それは社会学的な結合をなしており、そこではよりよい装備を手にしたい軍関係者と、公的支援によって新たな研究への投資を行いたい産業界、そして新規の技術を引き続き試したい兵器専門のエンジニアが混交する。第一次大戦以来、クルップ(ドイツの大砲メーカー)とシュナイダー(フランスのメーカー)の競争は熾烈だった。無用な兵器の大規模開発計画も数多くある。ほとんど使われることがなかった二〇世紀初頭の大型装甲車は多種に及んでいる。フランスの戦艦「リシュリュー」は、スクラップにされる以前、一発も砲弾を撃っていない。後には、核弾頭を搭載した戦略ミサイル「プルートン」が、ソ連の侵攻時に国土の存続を図るべく領土に配備されたものの、その射程距離は一五〇キロしかなかった。つまりそれは、ドイツまでしか届かないのだ。軍需産業複合体の比重が過度になっていることは、アイゼンハワー大統領の一九六一年六月一七日の演説で指摘された。だが、軍拡競争は止むことなく、次第により技術的で高価なものになっていった。スパイ活動も、相手側の軍拡の進捗状況に集中するようになった。

マーカーは多数存在する。経済的・社会的な力の大きな部分は、国防予算や不可避的な戦争によって構造化されているからだ。ソ連の軍需産業複合体の分析で有名なコルネリウス・カストリアディスは、党（すなわち秘密警察）による国家（軍も含まれる）の統制は、軍事社会による市民社会の統制へと変化したと考えている。ロシアには実際に二つの社会があったのかもしれない。秘密の軍事的領域と、まったく利益を享受することのない市民の領域だ。ロシアの市民社会の経済面での立ち後れと、軍拡で想定された優位性を理解するにはそう考えるしか方法がなかったのだ。カストリアディスはこう記している。「核戦争を『勝ち抜く』のは不可能だとの、アメリカ側の退廃的・反動的な考え方を共有するフルシチョフとは逆に、新戦略では明確に、軍の使命は『核戦争を起こし勝利すること』であり、そのために、（国も含めて）準備をすることだと宣言されている。その点において、この新戦略は、軍の基盤および存在意義とされるものに適合する。すなわち、戦争を起こし勝利することである。戦争と勝利の展望がない軍など、死者の復活を信じない神父のようなものだ。アメリカの軍の状況がまさにそうである」[77]。実際には、ソ連のアフガニスタンへの侵攻によって、赤軍が苦しんでいた想像しがたい欠陥が浮かび上がることになったのだった。

戦争はつねに切迫しているとされることから、敗北主義や「戦争離れ」の誹りは絶えず繰り返される。軍の体制が整っていない状態や装備の弱さは、予算縮小の際に反復されるテーマであり、司令官の辞任もときに辛辣なその現れとなる。要するに、来るべき戦争は例外なく敗北を約束されているのである。冷戦期、幸いにも核兵器によって慎重さが義務づけられた。そのため戦争は副次的な舞台においてなされることになった（韓国、ベトナム、インドネシア、マレーシア、アンゴラ、モザンビークなど）。ヨーロッパでは六〇年にもわたり、あらゆる事態に対処すべく、にらみ合いが続いた。作家ブッツァーティはそれをもとに『タタール人の砂漠』を書いた。

付随的に、またより目立たない形でだが、犯罪組織の支援が必要になる場合もありうる。たとえば、カストロがキューバで権力を握った際、その島はさながらアメリカのゲーム場、阿片の喫煙所、売春宿のようだった。農学者ルネ・デュモンによれば、一九五八年には労働者よりも売春婦のほうが多かったという。[78] 要するに、「ひげ面の男たち」が権力を握り、ゲームや麻薬、売春を禁じた際、損害を被ったアメリカの利権というのは、いわばマフィアの利権だけだったのである。ケネディは、失敗に終わったピッグス湾への上陸作戦を支持し、完全に利権の擁護に回ることになった。五〇年代のバティスタ政権下でハバナを仕切った、押しも押されもせぬマフィアのボス、マイヤー・ランスキーは、損害を被ったせいで遺産が五万七〇〇〇ドルしかないとぼやいていた。[79] フランスでは、犯罪組織の支援を請うのは、インドシナへの派兵部隊の乗船に反対していたマルセイユの港湾労働者のストライキを打破する場合に限られていた。これが、通貨ピアストルの密輸の始まり、さらには東南アジアの阿片をアメリカに輸出する七〇年代の「フレンチ・コネクション」の始まりでもあった。

　この双頭の世界では、ドゴールやチトー、ナセルなどの反逆的外交は、ほどなく所定の手段によっておぞましいものとされた。[80] 毛沢東主義下の中国の発展や、フィンランドの独立政策は、二極体制の文脈では理解できない変化の事例とされてきた。バンドン会議は非同盟国の誕生を知らしめたが、これは共産主義国の操作によるものと見なされた。ナセルが政権の座につき、スエズ運河が国有化されたことは、自由主義陣営に対する革命のように受け止められた。ネルソン・マンデラに付された呼称をどう考えればよいだろうか？　保守党に近い英国の学生連盟は、それをポスターに使って、声高にこう叫んでいたのだ。「ネルソン・マンデラとアフリカ民族会議のテロリストをすべて吊してしまえ！　奴らは人殺しだ！」

　悲劇的でなかったなら最も珍妙だった事例は、エリトリアの解放闘争だった。一八九〇年以来イタリアの植民地だった同国は、一九四一年には英国軍に制圧され、ロンドンが五二年まで統治した。その後国連は、同国の統治をエチオピアに委ねた。いわば認定ずみの併合であり、国連は当時まさにそういうことを行っていた。アディスアベバ

［エチオピアの首都］からの独立戦争は一九六一年から九一年までの三〇年間に及んだ。エリトリア解放戦線の幹部たちは、モスクワのルムンバ大学で学んだ人々だった。だが、赤軍の士官がアディスアベバで権力を握ると、ソ連は同盟関係を変更し、エチオピアの側についた。弾圧を受ける側にとっての祖国だったモスクワは、その元学生たちを見放し、彼らはワシントンなどに支援を求めたりした。もはや誰も当てにできないのだ。

ラテンアメリカも、「解放を謳う搾取」に従属してきた大陸の、もう一つの悲劇的事例をなしている。パブロ・ネルーダの詩『ユナイティド・フルーツ社』の最初の数行が、分析よりも雄弁にそのことを物語っている。

トランペットが鳴り響いたとき、
地上ではすべての準備が整っていた。
エホバは世界を分割し、
コカ・コーラ社、アナコンダ、
フォード自動車などに分け与えた。
フルーツ会社のユナイティド・フルーツ社は、最も良い土地を手に入れた。
わが国の中部沿岸地帯を。
アメリカの甘美な土地を。
同社はその地に新たな名を付けた。
「バナナ共和国」という名を

パブロ・ネルーダ『カント・ヘネラル』（一九五〇）

以上で分析してみた二極体制は、中国とアメリカの将来的な競合関係を理解すべく、両国に移し替えることもできる。その関係を示すサインはすでに存在する。真の不安定は移行期に生じるだろう。中国がしかるべき地位を要求し、アメリカの一方的な政治姿勢に異議をとなえるときだ。ヨーロッパ各国は、アメリカのネオコンの戦略家たちとは異なり、そうした移行を忌み嫌うよりもむしろ平和裡に促すことに関心を寄せている。

〈事例〉
ビクトリア朝時代の地政学

ボリビアのマリアーノ・メルガレホ大統領は、クーデターで政権に上り詰めた元軍曹だった。そのため彼は「ゴルピステ［クーデター］」と呼ばれている。一八七〇年、ラパスの英国大使が協定への調印を拒んだことにいらだちを募らせた同大統領は、大使にチョコレートを塗り、ラバの尻に逆向きに乗せて街中を引きずり回し、その後国外追放とした。

この事件がロンドンに伝えられると、権力の絶頂期にあったビクトリア女王は、その非道な行いは罰しないわけにいかないと判断し、ラパスに対して砲艦を派遣するよう命じた。

グラッドストン首相が、ラパスは海から五〇〇キロも離れていて、標高四〇〇〇メートルにあることを指摘すると、女王は地図をもってこさせ、その国がどこにあるのかを確認した後で、こういってその国をペンで消したのだった。「ボリビアは存在しません」。

以来、女王の統治期間が終わるまで、同国は英国の地図から消されたままだった。

〈事例〉

イランとの協議はなぜ合意にいたらないか

欧米諸国では、強制力をもった外交、さらにはイランの核開発プログラムとの戦い[81]の訴えが、メディアで盛んに喧伝されている。ブッシュ大統領が「悪の枢軸」について述べて有名になった二〇〇二年一月二九日の演説で言及された脅威が、戦略的な風景を決定的に定めてしまったかのようだ。

テロとの戦いという名目で、ブッシュは「核拡散国」とされる国々を定義づけている。それにより、二つの脅威の間に人為的な関連が作られた。核拡散は悪の枢軸の国のみの現実だというのだ。すなわちイラク、イラン、北朝鮮である。インド、パキスタン、イスラエルについては、今や「良き拡散国」と見ることが許されている。つまり拡散それ自体が悪なのではなく、合衆国政府が与える一方的な定義によって価値づけられるのである。悪の枢軸とされた三国も、核非拡散条約に署名しているのは事実である。

イランの弁護士で、ノーベル平和賞を受賞したシリン・エバディの表現によれば、イスラム主義のイランとは「フランケンシュタイン・シンドローム」、すなわちこの六〇年で欧米が生み出した怪物にほかならない。いくつかの事実を振り返っておこう。一九五三年、選挙で選ばれたモサデク政権に対して、石油の国有化（それは二〇年後にレザー・シャーの政権が成し遂げた）を阻止すべくＣＩＡが仕掛けたクーデターは、二五年にわたる独裁政権をもたらした。親欧米で湾岸の憲兵となった同政権は、きわめて有効な政治警察であるサヴァクを擁していたが、この情報機関は国外の反体制派の暗殺も手がけ、今日ではイラン革命の守護役ともなっている。独裁政権は、封建的な小王国を守るためにオマーンに介入し、国王は欧米のあらゆるハイテク兵器を受け取っている。欧州各国は、フランスのユーロディフ計画でもって、軍事転用可能な原子力産業の開発すら支援していた。この計画はイラン革命初期にホメイニ政権によって停止された。ホメイニはイスラム共和国にはほかに優先事項があると考え、その種のエネルギーは必要ないと見なした。フランスは、イラン革命で誕生した政権の正当性に異議を唱えつつも、一〇年以上かけて、国王が支払った資金をイランに返済した。[82]

一九七九年のイラン革命後、同国はただちにイラクによる攻撃を受けた。欧米各国が支援するなか行われた攻撃で、各国は国連憲章第七条の規定に完全に違反して、攻撃を受けた側への協力を拒み、禁輸措置まで講じた。逆に攻撃する側のイラクには、ありとあらゆる装備を提供した。民兵組織バシージの攻勢を押し戻すために、サダム・フセインは一九八二年、ハラブジャ地方で初めて化学兵器を使用したが、欧米各国は口をつぐんだ。その一方でイランの一部の負傷者らはフランスで治療を受けている。紛争によるイラン側の死者は五〇万人におよび、私たちにとって一九一四年から一八年の第一次大戦における元軍人の記憶がそうであるように、イランの集団的記憶に重い傷跡を残している。

テロリズムについていえば、テヘランの政権が示す分析は欧米各国のものとは異なっている。政府の要員の半数が亡くなった一九八一年のテロなど、ムジャヒディン・ハルクの組織的テロに苛まれなければならなかった政府は、なぜ欧米各国がパリのテロ［一九九五年］についてテヘランを非難するのか理解できないと述べていた。フランスは、テヘランでのテロの犯行声明をおおっぴらに告げているその勢力に、政治的庇護を与えていたのだ。

一九九一年のクウェート解放の後、国連査察団により、サダム・フセイン政権下での核開発計画、生物兵器・化学兵器の開発がかなり進んでいたことが明らかとなった。フセイン政権は広く欧米各国の支援を受けていた。核開発についてはフランスが、初期の化学兵器開発はアメリカ合衆国が支援していた。それら開発計画が明らかになった衝撃により、国の平和と独立を守る国際的な保証など十分に確固たるものではない、とテヘランが思うようになったのは確かだ。イランの核開発計画はこのとき、現在では「穏健派」と呼ばれる人々によって再開された。ラフサンジャニとその一派である。

いったいどのような指導者がいれば、同じ歴史を被ってもなお、イランは核兵器の検討を思いとどまることができるだろうか？　自国の核保有をこのようにして正当化してきたフランスは、当然ながらそういう立場にない。イスラム主義の政権がいかに受け入れがたいとしても、イランには、自国の安全保障を欧米諸国の保証に委ねるわけにはいかないいくつかの正統な理由があるのだ。欧米の保証は、様々な国の外務大臣が示しているが、たとえばフランスのドゥスト＝ブラジーなどは明らかに歴史を理解していなかった。イランは確かに国際法を遵守していない。同国が適用しているのは力の論理だが、それは日々他の国々によって、それだけが有効であることを証されているからだ。イランだけではない。副次的ではあるが、アメリカによるイラクへの侵攻も、国連憲章の完全な違反状態においてなされていることが指摘できるだろう。

理性の声に耳を貸すようアフマディネジャドを説得できる国があるとしたら、それは確実に欧米諸国ではない。ブラジルのルラ大統領とトルコのエルドアン首相が調停をもちかけたとき、数々の失策の責任を負う欧米各国の政府は、口をつぐむだけの品位をもつべきだったのかもしれない。

第三章　国内の敵——内戦

私は内戦だ。あたかも国を挙げての愚かな戦争のごとく、それらのばかどもが二手に分かれて対峙し、互いににらみ合っているのを目にするのはもううんざりだ。私は藪や原野での戦いではない。荒々しい広場での争い、刑務所や通りでの争い、隣人同士、敵対する同士、友人同士の争いなのだ。私は内戦だ。私は良き戦なのであり、なぜ殺すのか、誰を殺すのかよくわかっている戦なのだ。オオカミは子羊を食らうが、子羊を憎んでいるわけではない。一方でオオカミはオオカミを憎んでいる。私は民を再生し、民に活力を与える。国の戦争でなら死に絶えてしまった民もいよう。だが、内戦で死に絶えてしまった民などいない。

アンリ・ド・モンテルラン『内戦』（一九六五）

内戦においては、敵とは親しき者である。そのため、暴力を正当化する敵対者の区別のメカニズムは、ほかの紛争以上に鮮烈かつ根源的だ。暴力は平和に端を発して綿々と連なり、そこでの戦争は一つの発作でしかなく、勝利する側が行う弾圧によって、ときに紛争後も続いていく。事前の宣言もなされないこの戦争では、前衛と後衛の区別ももはやなくなり、虐殺は予測されうる反応として一般化する。内戦のアイデンティティ・マーカーは、軍やストラテジストよりも、むしろ家庭、知識階級、宗教団体などである。そこでは以前の殺戮劇の記憶が保たれるが、あたかもそれは、結晶化の長いプロセスを経ていきなり発火する、奥深い泥炭地の火災であるかのようだ。政治的危機が発火装置の役割を果たすのだ。

したがって内戦は、ある社会集団の一部分が他の部分に対して排他的にアイデンティティを主張し、その地理的・物理的な排斥を目的とするような、分裂的な浄化の作用をなしている。「通説とは裏腹に、最善の敵は差異の中から選ばれるのではない。それは相似と近接性の中から選ばれるのだ」。政治学者ミシェル・ヘイスティングスは『共同体紛争の想像領域』でそう述べている。

私の地所に踏み入る他者

実際のところ、内戦とは閉じた空間での「彼ら」と「われわれ」との紛争でしかない。そしてそのいずれの陣営とも、同じような人々なのだ。

内戦の心理学は、共有された歴史の悠久の時間に刻み込まれている。それは長いスパンで繰り返される相互の反乱、弾圧、虐殺、飢饉、追放、迫害に似ている。内戦とはまずもって社会的な戦争である。一九九四年にルワンダで起きた大量虐殺の前には、五九年、六三年、七二年、七三年の虐殺があった。規模がやや小さいものなら九二年と九三年にもあった。その都度、追放と土地の再分配がなされている。アイルランドの場合、当時世界最大の富を手にしていたヴィクトリア女王時代の英国政府は、現地の人々がじゃがいもの伝染病による「大飢饉」に見舞われるのを、ただひたすら静観していた。これなどは一種先駆的なホロドモル［飢饉による殲滅］である。一八四八年から五一年の間に、その飢饉は五〇万人から一〇〇万人もの死者を出し、およそ二〇〇万人の人々がアメリカへと流出した。アイルランド系アメリカ人の共同体が、なぜあれほどまでにアイルランド共和軍（ＩＲＡ）を支援してきたのかも理解できる。

チトー政権下のユーゴスラビアも同様だ。第二次大戦中、クロアチアの反乱分子ウスタシャとセルビアの抵抗勢力チェトニクとの間で殺戮が繰り広げられた後、チトーは一九四五年にオーストリアに逃れた難民を返すよう求めた。元民兵組織のメンバーを含む一万二〇〇〇人から一万五〇〇〇人のスロベニア人、七〇〇〇人のセルビア人、そして約四万人のウスタシャを含む、一五万人から二〇万人のクロアチア人が、連合軍によって国境を越えるよう強制された。「白い行進」という美しい名で呼ばれる四日間におよぶ強行軍では、一二万人が力尽きて、あるいは処刑されて絶命している。共産主義政権の最初の年には、実に七〇万人が亡くなっている。そのうち二六万人は迅速裁判での処刑による。大アルバニアを支持するゲリラ（ドイツ人に近い）が拠点としたコソボの一部の村は荒らされ、村人たちは虐殺されている。

アルジェリアもまた、内戦に先立つすべての条件を経験している。独立戦争の期間の長さ、アルキ［フランス側のイスラム兵］とムジャヒド［アルジェリア側のイスラム兵］の間での殺戮劇、フランス軍が進め、血なまぐさい粛正へと至った陽動作戦の数々、フランス軍が見捨て、独立時に裏切り者として殺害された一五万人ものアルキとその家族、社会主義的な集産化政策での不正の数々、所有権を伴わない乱暴な都市化とそれに続く強制退去、「行政権限」がもたらした住宅不足、エリートの贈収賄など、そうしたすべてが、国は豊かなのに民衆は貧しい国家にしてしまったのだ。若者は道徳的弾圧によってセクシャリティに与れず、教育制度の不備によって文化をも享受できず、住宅がないので結婚もできず、風土病のような失業のせいで仕事にもありつけない。民族解放戦線（ＦＬＮ）による権力の独占のせいで政治活動も行えない。彼らは「ヒッティスト」という失業者であり（文字通りには「壁の花」で、仕事のない若者を指す諧謔的な表現だ）、それが一九八八年の社会革命の、次いでイスラム主義の活動家の、そしてその後の内戦の炉床になってきたのだ。

南米の内戦についても同じような社会的暴力の性質が見いだせる。千日戦争（一八九九〜一九〇二）や、続くコロンビアの「ビオレンシア」（一九四六〜五七）では、農民の反乱、組合活動家の暗殺、大地主の民兵の虐殺などの形で、一〇万人から三〇万人が命を落としている。

そうした虐殺の生存者は、自分の子供たちに虐殺の物語を語って聞かせる。つまり将来の大人たちに、祖先の暗殺者に対して復讐を果たすよう精神的な負荷を与えるのだ。表面に出ない過去の虐殺の記憶は、アイデンティティ・マーカーたちのもとで温存される。親族、元戦闘員たち、教会などがそれにあたり、政権の統一的イデオロギーには関わりがない。チトー政権は四〇年以上もの間、ドイツの占領に対するレジスタンスで練り上げられたユーゴスラビア構想を強要していた。だがセルビア、クロアチア、スロベニアの民族的アイデンティティはなくならなかった。抵抗組織チェトニクやウスタシャのイメージはすぐに思い浮かべることができ、そのことからも、その記憶が息づいていること、必ずしも政権が流布するイコンに即したものではないことが証される。

執拗な敵意は学校にも宿っている。北アイルランドでは、九〇パーセントの子供はそれぞれ別個の宗教系学校に通っている。

国民のアイデンティティについての公式な定義は、危機の条件を和らげると同時に、それを作り出しもする。ユーゴスラビアのチトー主義はレジスタンスを通じて練り上げられ、共産主義のイデオロギーをもとに新たな体制を築いたほか、セルビアのナショナリズムを抑制しつつ民族のアイデンティティを考慮したとされる、諸国の切り分けをもたらした。ユーゴスラビア共産主義者同盟と政治警察が国のいわば強化セメントをなしていた。だが、権力の掌握はついぞなされなかった。セルビア人でもクロアチア人でもないとされる住民を特定すべく、ユーゴスラビアの国勢調査には「ムスリム」（頭文字のMが大文字になる）系市民なるものが登場したが、これはやがて勃発することになる民族・宗教紛争の端緒を示す指標の一つだった。アルジェリアは独立当時、自国民をアラブ系民族と定義していたが、あらゆるカテゴリーをまたいで最も優勢だったのは、ベルベル人が占める割合だっただろう。レバノンの場合、宗教的・部族的なアイデンティティを、定住者の人口を基礎として区別した。住民の定期的な人口調査は、それぞれ異なるアイデンティティの認識と、少数派民族の「マーキング」との間で継続的に迷走し、これ以上は実施しないと決定されるまでの間、紛争となりうる潜在的契機をなしていた。——温度計は壊してしまえばよいのだ。

国民のアイデンティティの定着は難しいが、複数のアイデンティティからなる全体の共存もなかなかうまくはいかない。スペインでは、内戦直前ともなれば、カタルーニャやバスク地方の自治が再び熱を帯びてくる。ルワンダでのフツ族とツチ族の区別は、ベルギーによる植民地化以前から存在していたものだが、身元証明書類には今後も長く存続することだろう。一七世紀のクロムウェルの征服は、カトリックのアイルランドと、プロテスタントの英国ならびに長老派のスコットランドの差異を定着させることになった。カトリックのクロアチアと正教のセルビアの分断は、西ローマ帝国と東ローマ帝国の分裂以来である。その後も一〇五四年のシスマ、次いでオーストリア・ハンガリー帝国とオスマン帝国との境界によって分断されてきたが、実は両者はどちらも同じ宗教を信仰し、文字だけは異なるものの、同じ言語を話す人々である。彼らが団結したのは、一九一九年にセルビア人とクロアチア人の初の王国が成立したときだけだったとはいえ、二〇世紀の終わりになって、彼らは無造作に互いを殺戮するに至った。

危機の管理においては「神話学者」の役割が重要である。知識人たちは、ときに旧体制や宗教組織その他に反逆する人々だったりもするが、分離のアプローチと暴力への訴えに際しては中心的な役割を担う。歴史はなによりもまず、民族もしくは社会のプリズムを通じて書き換えられる。それを行うのが知識人であり、過去の神話を現代によみがえらせるのである。かくして、極端なナショナリストたちによってセルビアに帰された被害者としての地位は、一六世紀にまで遡るのだ[83]。セルビア人作家のドブリツァ・チョシッチはチトー政権下での元反逆者で、後の科学芸術アカデミーの覚書の着想源となった人物だが、次の有名な一文を発したことでも知られている。「セルビア人はつねに戦争に勝利し、平和に敗北してきた」。ルワンダでは、虐殺を正当化するための恥知らずな人種差別文書であるバフツ宣言が、一九五七年にはすでに起草されていた（この後のコラムを参照）。フランコ政権の支持者たちによるスペイン内戦は、「十字軍とレコンキスタ」という旗印を掲げていた。あたかも、アラビア人とユダヤ人の追放の後、今度は労働者と貧者を追放しなくてはならなかったかのように。

虐殺的な他者

敵を作り上げる分裂的な言説において、虐殺への非難はじつにすばやく登場する。セルビア正教会は、コソボの同宗者たちの生活条件を示唆すべく、一九八七年に初めてそのやり方を用いた。セルビア人を「天上的民族」と呼んでいたミロシェビッチや、クロアチア人を「ヨーロッパで最も古く最も高貴な民」と呼んでいたトゥジマンは、自民族の物理的・政治的・法的な虐殺についてためらいもなく語っていた。将来の内戦のリーダーたちはこのように、チトー政権の国の枠組みにはもううんざりしていたのである。

知的権力の場（アカデミー、大学、公共テレビ）とメディアは、日常的に憎しみの言葉を流し、イデオロギーを結晶化する。ルワンダのラジオ局ミル・コリンは、ツチ族のことを「偽善者」「ゴキブリ」と呼んでいたし、ユーゴスラビアのナショナリスト向けの新聞は、民族主義団体ウスタシャとチェトニクの相互の非難合戦の舞台となっていた。メディアは近接する敵についての恐怖を巻き散らす。クロアチアのセルビア人は、「ほかの国」の市民であるかのように名指され、新しい国家であるクロアチアの敵とされていた。「人種の自滅」という神話(84)は、あらゆる現実を排して再登場してくる。民衆の様々な層が、出生率の高い少数の人々を脅威として恐れるのである。コソボでの少数派であるセルビア人は、コソボ人の出生率に不安を抱いている。レバノンは一九六〇年以来、国勢調査を止めているが、それはイスラム教徒が多数派になったという現状を浮き彫りにしたくないためだ。もしそれを認めると、憲法上の均衡が再度問題に付されるのである。

「国際的な謀略」もまた戦争の原因になる場合がある。内戦時のスペインの共和主義者たちは、フランコ政権支持者らの眼からすると「赤」にしか見えなかった。一九九二年にベオグラードで行われたミロシェビッチの選挙キャンペーンは、次のようなテーマを基礎としていた。「セルビアは戦争状態にはない。国際社会こそが、罰則を科してセルビアを攻撃しているのだ」。ミロシェビッチはその証拠として、国際社会がスロベニア人やクロアチア人を支持し、彼らの独立を認めていることを挙げていた。そのため同紛争は、セルビアでもクロアチアでも、それぞれ「祖国の防衛のための戦争」という名で呼ばれることになった。独立したクロアチアのトゥジマン大統領は、一九九三年一月一八日の新聞『フィガロ』でこう述べている。「クロアチア人は（中略）とりわけボスニア・ヘルツェゴビナのクロアチア人居住区を防衛した。今や彼らは、イスラム国家を樹立しようとするムスリムの熱意によって脅かされていると感じている（中略）。ムスリムの中には、パキスタンやイランなどのムジャヒディン系の志願兵がいる。イゼトベゴビッチ大統領（ボスニア人の指導者）はイスラム諸国の支援を当て込んでいる」。同氏はこのように、イスラム主義の恐ろしげな顔つきを訴え、国際的な謀略というテーマを今風に刷新している。

アイデンティティ・マーカーとしての高位聖職者は、社会の細分化に直接的に関与している。スペインでは、一九三六年九月三〇日付けのサラマンカ司教プラ・イ・デニエルの書簡が、フランコ将軍が用いた「十字軍」という用語を正当化した。次いでそのカトリックの高位聖職者は、カトリック信徒に宛てたみずからの書簡に色づけを施した。共和主義者を「神の法の侵害」だとして非難したのだ。チトーが没して間もない一九八二年、セルビア正教会は「コソボのセルビア人ならびにその聖地の保護の訴え」を発表じた。次いで八〇年代の終わりには、クロアチアの民族主義組織ウスタシャが四〇年も昔の第二次大戦中に犯した罪の赦しについて議論している。ウスタシャはカトリックの聖職者たちの支持を得ていたことから、キリスト教の二つの宗派間の、古くからの敵意が再燃することにもなった。

間接的にも、宗教家の立場の表明は危機の悪化に貢献する。キリスト教の高位聖職者は、出産抑制策に反対することなどを通じ、とりわけ信者の規模的拡大を目指そうとする。たとえそれが、ルワンダなどでのように(九〇年代の女性一人あたりの出生数は平均で七人だった)、危機の再発を招こうともお構いなしだ。彼らは、同じ宗教的母体を出自としていても、あえて差異化へと突き進む。ルワンダもそうだったし、ユーゴスラビアではカトリックと正教が分かれ、北アイルランドではカトリックの「教皇派」とプロテスタントが対立してきた。イラクやパキスタンではシーア派とスンニ派が対立している。また最近では、サウジのワッハーブ派による、バーレーンの反政府系シーア派への弾圧もある。セルビア正教会は、デイトン合意をも含む各種の和平案をことごとく非難していた。宗教的主題(それはいたるところに移しかえが利く)によって、「セルビア人忌避」「イスラム忌避」「反ユダヤ主義」などによる国際的謀略と、近代社会の痴呆化が批判されるのだ。この後者は、宗教的伝統に立ち返ることでしか歯止めをかけられないとされる。同じテーマはイスラム主義でも頻繁に見られ、アラブ社会主義の怠慢が非難されてはその「近代性」が糾弾されている。

過去の虐殺を逃れた犠牲者たちの子孫から成る、離散地の共同体の人々の動員は、犠牲者たちの記憶を担うことにもなり、国外の世論の注目を惹く。たとえばアメリカ合衆国のアイルランド系ディアスポラ［国外に住む離散者］が行ったような送金活動などをもたらす。また、巨額の軍事・財政支援が提供される場合もある。たとえば西コンゴには、ルワンダの虐殺を逃れた民兵組織インテラハムウェの民兵が暮らしている。彼らは戦争をそそのかし、亀裂の兆しが生じるとすぐさま分離を目論むのである。それはドイツやアメリカのクロアチア人団体が、九一年のクロアチア独立を認めさせるために圧力をかけたのと同様だ。彼らが民主国家に定住しているだけに、その政治的役割はいっそう大きなものになっている。

「他者」とは余計な存在であり、共通の地理的空間から排除されなくてはならないのだ。敵対関係の漸進的な硬化において「土地」は大きな役割を果たす。南米の大半の内戦と同様、スペインの内戦も、その根は、かつてなされたことのない規模の農地改革にあった。貴族やブルジョワジーが、貧しい農村の住民に比べ例外的な生活水準を保っていたのは、小作人を用いる広大な私有地の制度があったからである。ルワンダでは、新たな虐殺が生じるたびに農地の再配分が行われてきた。勝者の側が土地を占有し、敗者を追放するのだ。こうして次なる内戦の条件が出来上がる。追放された側は当然ながら、紛争の対象となった土地が自分たちの祖先のものだと主張する。ミロシェビッチは次のことを原則として掲げてみせた。「セルビア人が埋葬された土地はセルビア人のものだ」。その同じテーマが、ベルギーにおいても、フランス語圏であるブリュッセルの周辺地域の画定の形で見いだされる。ユーゴスラビアでは、この問題はチトーにより、州の連邦制をもって解決された。だがチトーの死後、各陣営の超国家主義者たちが、緩衝国だったボスニアの存在を否定した。トゥジマンは、第二次大戦中のアンテ・パヴェリッチが用いた主題系を蒸し返し、その「クロアチア性」を名目に同地域を要求した。ミロシェビッチはセルビアのナショナリズムを理由にその地を要求した。エルサレムはさながら空間をめぐる内戦の縮図のようだ。ユダヤ人地区がアラブ人地区を囲うように配置され、当局はアメリカのユダヤ系市民に、ほとんど住まわれていない住居を取得するよう促し、町の人口分布を変えようとする。アルメニアの聖職者たちは聖墳墓教会の構内で、燭台の位置が変えられたといっては正教の司祭と諍いを繰り返す。するとイスラエル警察が間に割って入るという次第だ。

差異化による他者の排斥は、目に見える形を取ることもある。共同体の地理的・行政的な分離がその典型である。北アイルランドの町におけるカトリック系住民のゲットーは、まさにそのような状態だ。ロンドンデリーでもベルファストでも、下町のスラム街には低家賃住宅が建ち並び、カトリック系住民が暮らしている。IRAの栄光を示す壁の落書きは英雄たちの犠牲を讃え、富裕層の地区と下町とを有刺鉄線が隔てるのである。

民族問題化は地を這うように広がり、まずはストリート名や地域の旗の選択、地域語の浄化など、シンボルの革命から始まる。民族的アイデンティティの誇示は、おのずと挑発的であろうとする。北アイルランドの場合、オレンジ派［新教徒］のデモ行進は、英国の警察にエスコートされて、カトリック系住民の地区を練り歩く。今日のベルギーでは、ヴォーンコードという住居規則や「自分の地域に住む」原則により、フラマン語話者ではない人に住居の賃貸を拒むことができるが、これは共同体を物理的に分けることを目的としている。カタルーニャでの排斥は、相手が誰であれカスティリャ語を話すことへの拒否で表される。二〇〇九年、バスク地方の公立校の教師たちのグループが、「言語的プロフィール」に関わる試験をパスできなかったとの理由で、雇用契約の延長を拒まれている。日常生活で繰り返される冷徹な民族の差異化である。「それらは、すぐさま弾圧されたと感じ、少しでも侮辱の疑いがあれば、即座に首元に襲いかかってくるような人々なのだ」と、フラマン語作家のクリスティエン・ヘマーレヒツは、自分の共同体のナショナリストについて語っている。

第二段階になると、異なる「民族」同士の地位について比較がなされ、不平等主義的な要求が生じてくる。「セルビア人は単一の国家に暮らし、セルビア人と平等に共生することを望む各民族は歓迎される」。一九九一年一月一六日、ミロシェビッチはそう宣言した(85)。このセルビア人をクルド人、フラマン人、イスラエル人に変えるだけで、中東やベルギー、現在のイスラエルの状況が再現できる。この立場はただちに、領土外に暮らす少数民族の問題を突きつけてくる。ベルギーのフラマン語圏に暮らすフランス語話者、クロアチアのクライナに暮らすセルビア人、セルビアに暮らすクロアチア人などである。ルーマニアのハンガリー人は、危機が暴力沙汰に発展すると最初の標的になったのだった。

政治的メカニズムはしばらく前から摩耗してしまっている。伝統的な土地所有者である貴族はいっさいの変化をブロックしている。そのため、パキスタンや南米の封建的大家族は、一族の内部で権力を世襲し、自分たちの優位を脅かしかねないあらゆる改革を避けている。ラテンアメリカでもスペインでも、「首長制」によって二大政党の政治活動は排他的に組織され、選挙のプロセスは無意味な営為へと縮小されている。南米における政治活動に区切りをもたらすのは、左派または右派の軍による介入である。アフリカのサハラ以南の地域では、氏族の多くのエリートたちが、自分たちの氏族を中心とし他を排除しながら、権力の行使を組織している。そこから可能な限り最大限の利益を引き出そうとし、また、内戦が切迫しているときにはフランスに支援を求めるのである。こうしてフランス政府は、四〇年も前から「チャド危機の解決」にひたすら取り組んでいるのだ。

政治的危機は内戦のきっかけとなる要因である。チトー後のユーゴスラビアでは、連邦の漸進的な解体によって、深刻な経済危機にあった国の機能は完全に麻痺した。独裁政権は武力による民族的アイデンティティの縮減を行ったが、民主化のプロセスがそれを解放した。同プロセスは旧来の臣民を、「権利」を要求する市民へと変えたのだが、それが紛争を目覚めさせてしまう。連邦の政党の危機は、一九七一年の「クロアチアの春」、カビルの春など、文化運動・民族運動として顕わになった。ソ連帝国がその周辺部において解体し始めると、隣接地域では、現在のキルギスのように、潜在的な紛争が再燃した。社会を構成する要素はそれぞれおのれの権利を主張するのだが、「自分の」土地についても独占権を主張する。宗教や言語といった特徴的な違いを伴う民族問題は、社会問題や階級問題に勝るのである。

新しい政党や政治団体は、他の共同体を犠牲にしてでも、自分たちの共同体の安寧を基礎づけようとする。九〇年代のユーゴスラビアでは、政治の解放が問題になっているときに、連邦の機構は民族的アイデンティティの結晶化の場となっていた。どの政党が認可を得るのだろうか？　民族系の政党だろうか、それとも全国的な政党だろうか？様々な種類の政党が産声を上げた。さしたる政策のない寄せ集め、ポピュリズムや人種差別に付きものの「独裁」を非難する以外なんでもありの政党もあった（その実例がミロシェビッチの党や、アルジェリアのイスラム救国戦線だ）。歴史的な政党が復活し、古い紛争を再び求める場合もある。ハンガリーの海軍提督ホルティと矢十字党を継承するヨッビクなどである。ときには環境・地域主義の政党も出てくる。コルシカ民族解放戦線（ＦＬＮＣ）や、ロンバルディアの北部同盟などだ。

そうした政治情勢の変化によって異議申し立てを突きつけられる従来の指導者たちは、ことさらに民族性を誇張する。レバノンがそうで、世襲の政治家は執拗な民族の分断によって権力を温存している。第三の少数民族が存在する場合、民族問題化のアプローチでは、その民族の同化を図ろうとする。かくして一九九一年三月二五日、クロアチアの指導者トゥジマンとセルビアの指導者ミロシェビッチは、ボスニアの分割を協議すべく会談した。この協議が失敗したのは、前者にとってボスニアのムスリムたちは改宗したクロアチア人にほかならず、後者にとっては改宗したセルビア人にほかならなかったからだ。正当性を求め、「民」との直接的な繋がりを求める新世代の政治家たちは、この民族問題の主題系を引き受け、その語り方を変えてみせる。コートジボワールのローラン・バグボは、とことん「イボワール人」を標榜してみせたし、イゼトベゴビッチは『イスラム主義の覚書』によって糾弾された。集団を隣人たちから区別しうる同一化の指標は、過大評価されてしまう（宗教的、身体的、言語的、象徴記号的、旗印的基準）。アイデンティティそのものは神話化されるのである。記念日もアイデンティティの象徴的な契機を形づくる。セルビア王国がオスマン帝国に敗れて終焉を迎えたコソボ平原の戦いは、一九八九年、ミロシェビッチにとって、コソボの少数派となっているセルビア人の状況を引き合いに出してセルビアの世論に訴えることを可能にし、また、コソボ人をオスマン帝国の侵入者の末裔として示す機会をもたらした。離散地に置かれた七〇〇〇人のセルビア人は、この機に移動を図ったことだろう。ミロシェビッチはそこで、みずからの政策綱領を発表した。「この民（セルビア人）を弾圧する権利は何人にもない！」。クロアチアのセルビア人居住区でも、この記念日は祝われていたが、逆にそれはクロアチアの当局からは忌み嫌われていた。

暴力の崇拝

平時にあっても、暴力的な公共のデモは、追憶と擬似弾圧の崇拝で育った若者にとって、ある種の通過儀礼になっている。一部の代替的な出来事が、戦争の手前の段階を結晶化させるのである。たとえばサポーター同士の争いがそうで、セルビアとクロアチアのサッカーの試合などでは、象徴的な抗争劇が繰り広げられる。「戦士」への支援のネットワークを通じて若者の関与は次第に大きくなっていくが、すると、隠し場所の提供や「かばん持ち」の活動などで、次第に暴力行為へと導かれていく。バスク地方では、バスク祖国と自由（ＥＴＡ）に近い急進派グループによる「カレ・ボロカ」（銀行窓口、都市部の動産、窓ガラスなどの破壊、ゴミ箱への放火といった都市部での暴力）は、若いＥＴＡメンバーにとっての儀式になっている。二〇〇九年一一月に提出された「未成年者への価値観の伝達(86)」に関する調査は、調停者のイニゴ・ラマルカが一二歳から一六歳の未成年者一八二九人を対象に行ったものだが、三〇パーセントほどの未成年者はテロの糾弾を拒否している。一五パーセントはそれを正当とみなし、一二パーセントはＥＴＡがバスク人にとってよい存在だと考えている。同報告書は、そうした文化を伝えているのは家族であり、父親よりも母親であることのほうが多いと指摘している。四〇年以上も前から、ＥＴＡの過激なナショナリズムの立場に関係したテロリズムという現象は、一〇〇〇人以上の死者と、七〇〇〇人近くの負傷者のほか、数知れぬ物的損害と市民の多大な苦しみをもたらしてきた。同地域がスペインで最も豊かな地域の一つで、自治を享受し、自前の警察や自前の言語を持っているというのに、である。

社会的暴力は徐々に戦争の暴力へと転じていく。中央の権力が国家として独占する武力は、やがて形骸化し民兵に取って代わられる。中央集権的な国家は万人からの異議申し立てを受けるのだ。ユーゴスラビアの国軍はスロベニアの独立後に解体した。レバノンでは、一九七一年にナセルが没した際のデモによって、多様な武器が出回っていることが意識されるようになり、キリスト教徒が武装した民兵として組織化を始めた。二年後にやっと始まることになる戦争を準備するためだ。ジョルジュ・コルム［元レバノンの財務大臣］の試算によれば、レバノンでは内戦よりも以前から、様々な民兵組織が約一万人（人口の〇・三パーセント）を動員していた。一方のレバノン軍は五〇〇〇人ほどしかいなかった。民兵たちは自分たちの民族を守ることを責務としていると主張する。「クロアチアのセルビア人は助けを求めている！」と、セルビア戦争中最悪の司令官の一人、アルカンは述べている。これは戦争へと向かう歩みの最も示唆的な指標である。それ以降、それぞれの戦略は、禁止、恐怖、「先手の」虐殺などによる民族浄化へと向かっていく。ルンペン・プロレタリアートは、身近な犠牲者に対するポピュリズムの言説に自己同一化を図るようになり、華々しい名前の民兵組織の突撃要員になっていく。アルカン・タイガー、セルビアのサソリ、ルワンダのインテラハムウェ（ともにある人々の意）、民兵組織ＭＡＳ（「監禁者に死を」）、コロンビアの準軍隊集団、コンゴのマイマイ、スーダンのジャンジャウィードなど。政局の変化で分裂した軍そのものも、民兵として再編されるのである。

民族浄化のための虐殺は、アイデンティティにとっての同化対象である「土地」を解放するための、先取りの暴力である。「われわれはそれを楽しんでなどいない。そうしたいとも思わなかった。だが、相手が女性や無垢な子供を殺害することは阻止しなければならなかったのだ」。南アフリカの真実和解委員会を前に、アパルトヘイト時代の黒人の殺害を釈明すべく、ある白人兵士はそう証言した(87)。暴力は、まずは隣人を殺害するという近隣関係の事象なのだ。その後には住民の移動が続き、正式な宣言もないまま戦争は規模を拡大していく。「われわれがファシズムの士官をどうできたと君は思うのかね？　いずれにせよ、内戦では捕虜なんてものは存在しないのだ」。スペイン内戦時、ある政治委員はそう述べていた[88]。

戦争は、現実もしくは想定上の殺人劇をきっかけに勃発する。一九八九年にダカール市内で起きたセネガルのムーア人虐殺は、フルーヴ地区でセネガル人の通行人が身体を切断されたとの噂がきっかけで起きている。ゲルニカやブコバルでの虐殺は、相手側の動きを阻止し、従属もしくは撤退させることを目的としたものだった。フランコ軍の部隊に一九三六年五月二五日に通達された、モラ将軍の第一優先指示書には次のように記されていた。「強力かつ組織的な敵をできる限り速やかに敗退させるため、作戦行動はきわめて暴力的でなければならない」。以前の虐殺の記憶は、「人種の自滅」のテーマに付加されて、「支配を終わらせる」必要についての言説に肉付けを与え、国内の敵が勝利する可能性を阻止するためとして虐殺を正当化する。問題は軍部であったり（ルワンダのツチ系のルワンダ愛国戦線（FRP））、人口であったり（カトリック系アイルランド人やコソボ人の出生率）、宗教であったり（レバノンのイスラム教徒）、民族であったりする（キルギスのウズベク人）。敵が勝利すれば虐殺を行うのではという猜疑心によって、各人は、心理学者が言うように、ある種の自己成就する預言のごとくに先読みをする。相手に対しては、単に敗走させるのみならず、国内において存在しなくなるまで、多大な損害を被らせるのだ。レイプや子供の殺害もまた、生みの親と子孫を通じてその「他者」を葬り（ルワンダ、ユーゴスラビア、コンゴ、シエラレオネ、リベリア、ボスニア）、将来の和解を阻止することを目的とする。民族浄化は、一九八〇年代のセルビア人に対するコソボ人のように、きわめて冷徹なものにもなりうるし、また、イスラエルの入植によって追われたパレスチナ人や、九〇年代の「蹄鉄」計画［ミロシェビッチによるアルバニア人追放計画］におけるコソボ人のように、きわめて粗暴なものにもなりうる。民族的に純粋な区域を設置できない場合には、紛争は国の人口構成の特徴や経済情勢に応じて断続的に起こるようになる（その良い例がルワンダ、コーカサス、キルギスなどだ)。

「裏切り者」、すなわち衝突と虐殺の論理を受け入れようとしない人々もまた、暴力の標的にされる。ルワンダでは、それらの人々は「イビヒンドゥゲンブ」、つまり「頭も尻尾もない存在」と呼ばれていた。クロアチアやセルビアでは、穏健派は平和裡に葬られていたし、ルワンダでは虐殺され、レバノンでは暴力が始まって以降、政治の世界から遠ざけられていた。スペインでは、内戦の最中、包囲されたマドリードにフランコ軍が配置していた支援者を指す言葉として、「第五列」というテーマが考案された。予防措置として逮捕や虐殺がなされたのだ。軍が進撃するたびに、裏切り者、富の独占者、敵側のラジオの聴衆、「スパイ」、嘘のニュースを流す宣伝者、投機家、悲観論者など(これだけにとどまらないが)、敵へのあらゆる協力者の虐殺が加速していった。

内戦は戦争ではない。戦争として宣言されることがいっさいなく、言葉の上では否定されるからだ。アルジェリアでは、イスラム主義者に対する戦争を示唆するのに「暗黒の時代」という言い方がなされる。セルビアでは一九九二年の時点でもなお、ミロシェビッチは「セルビアは戦争状態にはない」[89]と宣言していた。パキスタンでは二〇〇九年、イラクやアフガニスタンよりも多くの自爆テロを被り、また軍事政権の年数が文民統制よりも長くなったが、「公式には」国内の紛争で分裂状態になってなどいないとされていた。暴力は弾圧による勝利の後も継続する。「スペイン人よ、気をつけろ!　平和は快適な城塞ではないし、歴史に対して無力なものだ(中略)。スペインはつねに国内外のあらゆる敵に対して戦争前夜の状態にある」。これは一九三九年四月二日のラジオ・マドリードでの発表だ[90]。弾圧の段階というのは、いわば矯正と根絶の段階である。スペインでは、四三〇人の大学教授のうち、わずか一六〇人しかその職に残ることはできなかったし、六〇〇〇人の小学校教師が処刑され、七〇〇〇人が投獄された。「われわれの宗教の基本原理を身につけていなかった者には、いっさいの減刑が認められなかった」。刑務所を管理する局長は一九四一年一月にそう記している[91]。スペインの場合、内戦関連での最後の処刑は、内戦が終結してから三四年後の一九七四年に行われている。

内戦は今日、複数のタイプの地政学的空間に及んでいる。まずは隣接地帯が挙げられる。危機的状況にある帝国の国境地帯などでは、アクセスの難しい山岳地帯が、みずからの安全を自力で守ろうとする異質な住民の隠れ家になっていたりする。そうした場所において、武力で市民の平和を確保していた帝国は、次第にその影響力を弱めていった。そのような場所はいくつか特定できる。バルカン半島、コーカサス地方、レバノン山脈、アフガニスタン、旧ソ連領・中国領の中央アジア、アフリカ大湖沼などである。中央アジアの多くの国は、人民委員ヨシフ・スターリンが引いた国境線を保持しているが、スターリンの念頭には統制を図ること以外なかった。今日のキルギスのように、それら各国の紛争が突如として燃え上がる可能性もある。

アフリカの砂漠地帯は、植民地化によって国家に分割され、奴隷売買を行っていた遊牧民、そうした売買で糊口を凌いできた旧王国、奴隷の予備軍だったものの植民地化で解放された人々などがまとめられた。同地帯では慢性的に内戦が行われている。この四〇年来、フランスはチャドの危機を解決すると主張してきた。スーダンはときおり宗教間での虐殺へと突き進み、南北間で対立している。マリやニジェールは今や、イスラム・マグレブのアルカイダ（AQMI）の贔屓の一帯となっている。国家に現実的な正当性がないからだ。

内戦はまた、国民のアイデンティティが不確かな国、あるいは宗教的・民族的接触がある地域に潜在する。ナイジェリアやコートジボワールなどである。リベリアやシエラレオネのように、アメリカの黒人奴隷を帰国させるために人為的に作られた国では、やって来た新参者が土着の人々を搾取するようになって導かれた分断は、まったく乗り越えられていない。リベリアの司令官だったチャールズ・テーラーはアメリカ人の子孫である。それら二つの国で起きた内戦は、とりわけ多くの死者を出した。リベリアでは、三五〇万人の人口に対して死者は約二〇万人だった。シエラレオネでは、五〇〇万人の人口に対して死者は一五万人から二〇万人だったとされる。コンゴの内戦は第二次大戦以来最も死者数の多い紛争だったが、これはモブツによる一貫した略奪と、同国の人為性（二五〇もの民族、二一〇もの言語）の結果でもあり、またルワンダの虐殺に端を発する民族紛争の帰結でもある。いかなる「勢力」も、紛争の規模に見合った程度の手段を用いようとはしていない。

ラテンアメリカが民主化への移行段階を迎えて以来、同地での内戦は以前よりも制限されるようになった。目下行われている改革派の政策の成否は、同大陸の将来にとって重要な意味をもつ。長い間多くのクーデターを無条件で支援してきたアメリカが撤退し、軍事的「動乱」のシナリオは蓋然性が低いと考えられるようになったのだ。

コロンビアやベネズエラなど、南米の地峡の国々においては、国内の暴力は高い水準にとどまっている。麻薬、マラス（きわめて暴力的なギャング）、元民兵などによるものだ。今なお暴力の度合いがきわめて高い国というのは、これまで長く血なまぐさい内戦を経てきた国である。二〇〇九年の時点で、人口比あたりの殺人件数が世界で最も高かったのはエルサルバドルで、住民一〇万人に対し七二件の割合で殺人が起きている。続く二位は南アフリカで、六一件を数える。マラスの起こす事件は、まったく吸収しきれていない内戦と社会危機との執拗な残滓であり、また九〇年代にワシントンが行ってきた大規模な強制退去の結果でもある。二万人にも及ぶ若手のギャングは、知りもしない親の国に送り返された第二世代の移民なのだ。

パキスタンやイラクのような国は、慢性的な暴力の長いフェーズに入り、地域的な爆発のリスクが高まっている。パキスタンでは、独立以来ムハージルとパンジャブ人が潜在的な内戦状態にある。両者はスンニ派とシーア派でもあり、ときおり相互に示し合わせてキリスト教徒を攻撃したりもする。現行の体制が支持したアメリカの空爆のせいで、同国の破壊行為は倍増した。イラクのクルディスタンは独立に準じた状態で自治を敷いているが、三〇〇〇万人のクルド人を引き合いに出して同地域の不安定化を招く可能性もある。

多文化国家であっても平和的に暮らすことは可能だ。二言語併用のカナダや、連邦制を敷くスイスなどがその実例だ。カナダでは、七〇年代のフランス語話者によるアイデンティティの主張は、二つのコミュニティの対立を平和的に解消した一九八二年のミーチレイク合意で解決した。多文化国家の分割もまた平和裡に行うことが可能だ。たとえば一九九二年一二月三一日のチェコとスロバキアの分割、あるいはきわめて広範に平和裡になされたソ連の分裂などが挙げられる。逆にベルギーの危機は、ヨーロッパの域内ですらも、いまだ民主主義国の民族問題化はありうることを物語っている。ＥＴＡによるバスク地方の暴力、あるいはコルシカのＦＮＬＣが多少とも馬鹿げた様々な名称のもと〈カナル・イストリック、カナル「アビテュエル」など〉に行う暴力は、選挙で勝利できない状況が、現実を直視しないまま暴力を正当化する言説によって歪んでしまうことを示している。

内戦は極端な暴力に走ってしまう。だが、内戦が地政学的環境において捉えられることはほとんどなく、国際社会の関心を呼ぶのもいっそう難しい。共同体主義の発展こそが内戦の第一の基礎をなしており、レバノンの事例から示されるように、民主主義国であっても内戦に苦しむことはありうるのである。

〈事例〉

バフツ宣言の十戒

以下に示すのは、二〇〇九年四月一七日以来ブリュッセルで裁かれている、ルワンダの大学教授ヴィンセント・ンテジマナによる反ツチ族の人種差別宣言である。この文章は一九九〇年に、ルワンダの極右雑誌『カングラ』に掲載された。その表紙を飾ったのはフランスのミッテラン大統領で、見出しは「ルワンダの真の友」だった。

「一．全フツ族は、いかなる場所においてもウムツチカジ（ツチ族の女性――編集部注）はツチ族に雇われて労働していることを知らなくてはならない。結果として、次のようなフツ族はすべて裏切り者である。ツチ族の女を妻とする者、ツチ族の女と同棲する者、ツチ族の女を秘書にしたり庇護下においたりする者。

二．全フツ族は、われらが娘たちバフツカジ（フツ族――編集部注）が、女性としての役割、妻としての、また母としての役割によりふさわしく、より意欲的であることを知らなくてはならない。彼女たちは美しく、秘書としても善良で、より誠実ではないだろうか？

三．フツ族の女性は注意深くあり、夫や兄弟、息子たちに冷静さを取り戻させなくてはならない。

四．全フツ族は、全ツチ族が事業において不誠実であることを知らなくてはならない。彼らは自分たちの民族の優位のことしか念頭にない。結果として、次のようなフツ族はすべて裏切り者である。ツチ族と事業で同盟を結ぶ者、自分の資金もしくは国家の資金をツチ族の事業に投じる者、ツチ族と金銭の貸し借りを行う者、ツチ族に事業での便宜を図る者。

五．政治・行政・経済・軍事・治安の戦略的職務はフツ族に委ねられなくてはならない。

六．教育分野（児童、学生、教師）は大半がフツ族でなくてはならない。

七．ルワンダの軍隊はフツ族に限定されなくてはならない。一九九〇年一〇月の戦争経験から、われわれはそのことを学んでいる。軍人はツチ族の妻を迎えてはならない。

八．フツ族はツチ族に同情するのを止めなくてはならない。

九．フツ族はどこにいようとも結束し、連帯し、同胞の命運に関心を寄せなくてはならない。ルワンダ国内外のフツ族は、つねにフツの大義のために友人と同盟者とを求めなくてはならない。まずはバンツー族からである。ツチ族のプロパガンダをつねに阻まなくてはならない。フツ族は共通の敵であるツチ族に対して、ゆるぎない姿勢と警戒心をもたなくてはならない。

一〇．一九五九年の社会革命、一九六一年の国民投票、フツ族のイデオロギーは、万人に、またあらゆる段階で教えられなくてはならない。全フツ族は現行のイデオロギーを広く流布させなければならない。このイデオロギーを読み、広め、教えたことで同胞を迫害するすべてのフツ族は裏切り者である」。

第四章　野蛮人として描かれる被占領者

闘争の形を決定づけるのはつねに弾圧する側であって、される側ではない。弾圧する側が暴力を用いるなら、弾圧される側も暴力によって反撃する以外に選択の余地はない。

ネルソン・マンデラ『手記』

次のような警句から何を理解すればよいだろうか。みずからが「よく知っている」というウイグル問題について、『リベラシオン』紙の記者に質問された新疆ウイグル自治区の中国人はこう答えた。「新疆ウイグル自治区は自分たちのものだと彼らは言い、私たち中国人よりも自分たちは貧しいと訴える（中略）。けれども問題は、彼らが働こうとしない点にある（中略）。少数民族（新疆ウイグル自治区の）は教養もなく、生活の質も低く、汚れていて、路上で排泄し、けんかすることばかりを考える（中略）。再び戦争にしないための唯一の解決策は、できるかぎり持続的に彼らを押さえつけることだ。ウイグル語は二一世紀に適応していない」[92]。被占領民の性格を分析するこうした図式は、独裁的な社会に限ったものではない。まったく逆である。占領する側の民主国家が、支配や弾圧、暴力への風よけとしてそれを用いることも少なくない。ベルギー領コンゴはその好例だし、かつてはフランス領のアルジェリアもそうだった。一部の場所は「犬と中国人はお断り」だった、中国における西欧列強の租界、あるいは英国での北アイルランド、今日の例ならイスラエルに支配された入植地もそうだ[93]。イスラエルが逆説的なのは、民主主義国の市民であるイスラエル国籍をもったアラブ人が、同地域のどんなアラブ各国よりも、多くの権利に恵まれているということだ。ただし入植地のパレスチナ人にはそんな権利はない。現行の様々な危機において、同じ言説や方法が見いだされる。チベット族、東南アジアのシャン族、インドネシアのパプア族、チャパスの原住民、アパルトヘイトに苦しむ黒人、クルド人、バルーチ族など。

植民地支配の状況では、被占領民の人物像の構築は二つの特徴にもとづいている。支配者側は潜在的な戦争状態を感じ取り、自分の武力を継続的に示す必要があると考える。被支配者側から体制側への異議申し立ての暴力は、すべて文化的にテロやその他の反逆行為との烙印を押され、ただちに「平定」されてしまう。そういう前提があればこそ、他者の側に敵兵の地位を与えないまま軍事力の行使を正当化できるのだ。法的・国際的な制約をともなう開戦の宣言などいっさいなされない。占領者側の暴力はしたがって、平定するための弾圧にほかならない。

占領とは、まずもって歴史的・文化的な主張である。公式の歴史が教えられるのは、学校というるつぼにおいてだ。子供の頃からすでに、他者についてのビジョン[94]が形成される。占領者の側は、過去の経験もしくは築かれた富にもとづく正当性を名目に、駐留を正当化する。「われらが祖先ガリア人」と、フランスの植民地の学校では習う。次のことはまさに逆説的だ。中国によるチベットの植民地化は、帝政時代の過去、つまり共産主義体制がまさに転覆させた過去でもって正当化されるのである。歴史とは闘争だ。占領地のハマスの指導者たちは、国連パレスチナ難民救済事業機関が用いる学校教科書に、ホロコーストに当てた一章があるという事実に憤る。ハマスの指導者たちはホロコーストを、「パレスチナ占領を受け入れさせる」ために「シオニストが作った虚偽」と考えるのである。一方、イスラエルの教育相ギデオン・サールは、イスラエル国内のアラブ系児童向け教科書で、「ナクバ」に触れることをいっさい禁じている。ナクバとは一九四七年の「大災厄」、すなわちイスラエルの国家創設に先立つ大規模な追放劇(95)を言う。

土地、領地

土地とのつながりは恒常的だ。「それは私の土地だ。私の両親はそこで生まれたし、私もそこで生まれた」。黒人社会に対してアパルトヘイトを課す南アフリカの白人占領者はそう述べている。英国やフランスの植民者らが言っていたこととうり二つだ。イスラエルの占領地においては、聖書は近代的な意味での「国境」を定めてはいないが、宗教的過激派が要求する拡張主義の正当化に、聖書にもとづく正当性が用いられる。入植地の征服に際しては、占領者側の文明的な優位性が公然と宣言される。租界時代の上海の外灘に掲げられた有名な看板には、「犬と中国人はお断り」と記されていた。南アフリカのような奴隷擁護論の社会では、分断は制度化されていた。コミュニティ同士を接近させるようなこと、すなわち婚姻や人種間の交流などは、いっさい禁じられていた。コンゴのベルギー人入植者たちは、地元民の幹部を育てることを拒絶していた。「エリートなければ敵もなし」と言われていたのだ。北アイルランドでは、「ピース・ライン」によってベルファストやロンドンデリーは碁盤割りにされていたが、これは悲劇的な分離壁をなしていた。南アフリカのボーア人のアパルトヘイトや、ヨルダン川西岸にイスラエルが建設した壁にも比肩するものだった。壁の一方には裕福な人々が、もう一方には貧しい人々がいた。人種差別は潜在的で、必ずしも公然と発せられるわけではない。子供たちに最初に教えられる他者の言葉とは、侮辱の言葉なのだ。

占領者の不安は、人口の少なさと、自分たちの「歴史的権利」に対して国際社会の無理解が感じ取れることに起因している。多くの場合、支配を受け入れさせる手段がないとの考えから、治安維持部隊は暴力の度合いを増していき、やがては戦争に至る。被占領者があえて平和的に要求する基本的人権も、純粋に力で扱われるのでなければ一考にも付されない。一九七二年一一月三〇日の血の日曜日事件では、北アイルランドでの公民権を求めた三回目の平和的デモが、英国の落下傘部隊により血に染められた。部隊は平然と群衆に向けて発砲し、一四人の死者を出した。それは一九二〇年一一月二一日の別の血の日曜日事件に次ぐもので、そちらはクローク・パークでのゲーリック・フットボールの試合の際に、英国の装甲車がスタジアムに侵入し、群衆に向かって発砲して一四人が死亡、六五人が負傷した事件である。

強制入植は人口の均衡を変えようとする試みだ。多くの場合ルンペン・プロレタリアートを出自とする移民は、それを、貧困から抜け出し、先住民の下位の地位を利用してみずからの価値を高める機会だと捉える。新疆ウイグル地区やチベットの中国人がその一例だ。手当たり次第に行われる村単位での虐殺は、人々の流出を促す。事例としては、セルビアでクロアチア人を移動させるために行われた一九九一年一一月のブコバルの虐殺や、一九四八年四月九日にデイル・ヤシンで行われた虐殺(イスラエル軍の行為を残虐に見せるために、パレスチナの指導者らによって水増しされた)などがある。この後者は、シオニズムの軍事機関であるイルグーン団に囲まれ、二〇人ほどのパレスチナ人が容赦なく処刑された事件である。今日でもなお、イスラエルの入植者たちは財を破壊し、パレスチナ人の出国を促している。世界のほかの地域でなら、民族浄化と言われるような事態だ。国連人道問題調整事務所(OCHA)の二〇一〇年六月二八日付けの報告書は、たとえばパレスチナ人家族が所有していた八五ヘクタールの土地が、イッハルの入植者によって略奪された例を挙げている。オリーブやアーモンドの木が根こそぎにされ、収穫物も燃やされた。

占領者側から選ばれた代表のみが、被占領者の名のもとに語ることが許され、あらゆる変化への意思は阻止される。フランス領時代のアルジェリアの議員らは、地元のエリートになんらかの選挙権を与えることを目的とした一九三六年のブルム＝ヴィオレット法案のような、きわめて穏健な試みさえも無効にすることができた。被占領者の対話への意思は、ときに驚くべき議論の名のもとに斥けられる。一九六七年以来占領地に定住している入植者シモン・カルニエルがそのことを述べている。「アラブ人はユダヤ国家で平和に暮らせる。誰にとっても居場所があるのだから！」。ベンヤミン・ネタニヤフはヨルダン川西岸の入植放棄を拒み、二〇〇九年一一月一一日にワシントンで、「手をさしのべる」政策への拒絶についてこう説明した。「パレスチナ人は和平を望んでいない！」。おそらくは反抗心のなせる業なのだろう。同じ宣伝文句はアパルトヘイトの最中にも、プレトリアの権力者がバンツースタンを創設した際に用いられている。バンツースタンは先住民の一種の保護区で、先住民たちはそこでの暮らしで満足しなくてはならなかった。これで問題は決定的に解決するとされていたのだ。

こうして敵は占領者側のコミュニティの社会的紐帯となる。政治学者のアラン・ディエコフは、イスラエル社会について、「国民の武装というオプションが優先されたのは、祖国の防衛を全国民の問題に仕立てることで、同じ領土の集団の中で同じ運命を共有しているという感情が育まれるからだ」と述べている。(96) 新聞『ハアレツ』のダニエル・ベンシモンなど、ほかのコメンテーターは、イスラエルでは宗教家と世俗の者との間に「非武装の内戦」があると語っている。和平後のイスラエルはどうなっていくのだろうか。敵対関係を解消しようと試みる人々は、社会の他の成員たちから「裏切り者」と見なされる。アルジェリアでのアルベール・カミュや、アルジェの人民共和運動（MRP）の党首で、一九六一年一月二五日に秘密軍事組織ＯＡＳによって暗殺されたリベラル派の弁護士ピエール・ポピ、あるいはユダヤ教の過激派によって暗殺されたイツハク・ラビン、ムスリム同胞団によって暗殺されたサダトなどがそうだ。この最後の二人は、パレスチナ人と交渉したがために殺害されている。

弾圧は絶えずなされる。現代にあっても、コソボでのセルビア人に見られた冷徹さや、入植地においてイスラエル人が見せる、あるいはチベットや新疆ウイグルで漢族が見せる容赦のなさがその特徴だ。弾圧は、国際的な議論となることを回避するのが目的である。そうした議論は被占領者側が暴力に転じるときにしか生じない。外部世界のまなざしは告発者にもなりうるが、共犯者にもなりうる。アパルトヘイトは異口同音に糾弾されたが、そのほかの数多くの状況は許容されてきた。二〇世紀の最中に、しかも欧州内部で行われた北アイルランドのカトリック教徒の弾圧などである。その弾圧を、欧州の民主主義各国は一様に、英国の国内問題として受け止めていた。アイルランド危機は三五〇〇人以上の死者を出し、多数の不当逮捕や四〇年にもおよぶ不当拘留者を出している。

占領者は潜在的な戦争状態を生きている。「ある部族に対してわれわれが斧を振りかざさざるをえないのなら、その相手が根絶もしくは排除されるまで決してその斧を置いてはならない（中略）。戦争では、われわれのうちの何人かは殺されてしまうだろう。われわれはすべてを破壊しなければならないのだ」。アメリカ大統領のトーマス・ジェファーソンのこの言葉は、西の外れにあった入植地の力学をみごとに表している。領土の軍事的な囲い込みは、占領者に対して先住民が及ぼしてくるであろう危険によって正当化される。支配の定期的なデモンストレーションは、占領者の優位性を思い起こさせようとするものだ。征服の記念行事の強要、監視所において課せられる屈辱、国内でもパスポートや通行許可証の提示が義務とされることなどである。

相手を悪魔のように見なすこと、それは被占領者の政治的代表者たちを「過激派」扱いすることにほかならない。そうすることで彼らを、占領者側の権力のみが定義できる想像上の中心から放逐するのである。「過激派」は、ネルソン・マンデラがＡＮＣの指導者だった時分に、本人に対して用いられた言葉でもあり、また、アルジェリアの若きリーダー、フェルハット・アッバスに対して、あるいは北アイルランドのＩＲＡに対して用いられた言葉でもあった。

反乱の先取り的な出来事は、自分たちが低い地位に置かれたことに対するデモの形を取り、入植者たちやその財産への攻撃がなされる。一九四五年のセティフの蜂起や、二〇〇八年から〇九年にかけて複数回起きたラサの蜂起、最近の新疆ウイグル自治区などが例として挙げられる。それに続くのは、「財と身体の安全のため」になされる容赦ない弾圧だ。植民者みずからがなす場合もあれば、機動隊が行う場合もある。そこでは軍人か一般市民かの区別は消えてなくなる。「討伐（ラトナード）」という言葉は数多くの翻訳が可能だ。武装した部隊は、ふてぶてしい被占領者に「教訓」を与えなくてはならない。一九四七年のマダガスカルでの蜂起に対するフランスの弾圧、一九二〇年にイラクで起きた蜂起に対する英国軍の弾圧、ガザに対する「キャスト・レッド［鋳造された鉛］」作戦などに見られる通りである。実に多くの一般市民が命を落とすことが、悪の遍在の証しなのだ。二〇〇九年九月一五日に提出された、「キャスト・レッド」作戦に関するゴールドストーン報告書は、両陣営における人権侵害を明らかにしているが、テルアビブの政権はこれをけんもほろろに一蹴している。

いわゆる「平定」の作戦においては、被占領者側は戦争法で守られた敵ではなく、盗賊、反乱の徒、謀反人といった扱いを受け、ときには外国勢力に操られたとの誹りも受ける。けれども地元の人々は、「占領者側と平和に暮らす」ことだけを望んでいたりもする。占領者の軍に対する被占領者側の蜂起は、弱者が強者に挑む戦争である。昔なら「革命戦争」と呼ばれていたもので、それは私たちのもとにも非対称戦争という名で再来している。それは軍人や武装した市民に対するゲリラ活動であり、それらの軍はそこに、被占領者の獣性、残忍さ、卑劣さの証しを見てとる。テロリズムはこのように、画一的で合法的な暴力に、不定形の非合法的な暴力を対置する。歴史家エリ・バルナヴィは、著書『人殺しの宗教』でこう記している。「文明があるかと思えば野蛮な行為もある。両者のあいだでは対話はいっさい不可能だ（中略）。このテロリズムをわれわれは理解できない。それはわれわれにとって根源的に異質なものだからだ（中略）。できる限り多くの人々を殺害するという以外、彼らが何を望んでいるのかまったくわからないのだ[97]」。こうした種類の議論によって、一九四五年のセティフの虐殺、一九四七年のマダガスカルの虐殺、一万一〇〇〇人ものパレスチナ人の行政拘束[98]、そしてアブグレイブ刑務所で見られたような、反テロ闘争の手段としての拷問などが正当化されるのである。その一方で、軍の部隊による暴力は、アフガニスタンやパキスタン北部での米国の空爆がそうであったように、「正当」なものと見なされる。植民地時代の日本は、きわめて厳しい弾圧をその特徴としていた。一九〇五年の併合以降、朝鮮人の〇・五パーセント、台湾人の一・〇パーセントが行方不明になっている。

弾圧の文化主義的議論は、被占領者についての心理学的知見とされるものを根拠としている。すなわち、人命の軽視、武力の行使に限定される理解力、蛮行、とくに占領者側とは異なる死生観などの心理的・文化的特性、悪しき残忍な行動様式などである。人間の盾という斬新なテーマは、その新しいバージョンをなしている。一部の知識人は、それをもって市民における犠牲者数の大きさを正当化している。キャスト・レッド作戦について記された「なぜ殺されるイスラエル人は少ないか」という記事[99]で、ジョエル・メルギはこう説明してみせた。「軍事的な効率よりも人間生活に高い価値を見いだすというイスラエル国民の弱点を、パレスチナ人はあまりに知りすぎているからだ」。また、『ルモンド』掲載の「過剰な報復?」というアンドレ・グリュックスマンの記事ではこう説明されている。ハマスは「倫理的なためらいを覚えることなく、また相手側の外交上の要請に応えることなく、人間の盾を用いている」。キャスト・レッド作戦は、イスラエル側の死者一四人に対してパレスチナ側の死者一四〇〇人を出した。このように、歴史を書き換えるならば、たとえばセティフの蜂起の弾圧による死者をアルジェリア人の責任に帰したり、あるいは一九四三年四月にナチスの攻撃により亡くなった市民を、ワルシャワのゲットーでの蜂起に帰したりすることもできるだろう。蜂起する服従者には以後、弾圧による死者についての責任が帰されることになろう。こうして歴史をめぐる議論は終結してしまう。

占領者は、強制もしくは説得により協力者を徴用する。入院させると脅したり、労働許可を与えるともちかけたり、各種の禁止事項を一時的に解除すると言ったりする。[100] 戦時中のアルジェリアがそうだったし、アパルトヘイト時代の南アフリカもそうだった。イスラエルでは今日もなお行われている。被占領者には深い心の傷が残り、それが恐ろしいまでの残虐な暴力に至ることもある。反アパルトヘイトの戦いにおいては、「裏切り者」の首に、火の付いたタイヤをくくりつけたりもした。アルジェリアでは、「ブルイット〔青の陰謀〕[101]」の最中に、鼻や性器、耳などをそぎ落としたりした。独立後にアルキ〔アラブ民兵〕とその家族は文字通り消されたりもしている。処罰の残忍さはこのように、被占領者の獣のイメージを糾弾する上で役立つことになる。かくして占領者側の暴力は、平定を継続する文明化の行動と見なされてしまうのだ。

第五章　隠れた敵、または陰謀論

ムスリムは、ヨーロッパ人およびユダヤ人の側からの長きにわたる弾圧と支配の対象になっている（中略）。われわれは、若者たちが感情を爆発させ、殺害を行い、それによってわれわれの虐殺を引き起こすことを甘んじて受け入れなければならないのだろうか。別のやり方があってしかるべきだ。数百万人のユダヤ人が、一三億人のムスリムに勝利できるわけがない（中略）。ヨーロッパ人は、一二〇〇万人のユダヤ人のうち六〇〇万人を殺害した。だが今日、ユダヤ人は代理を通じて世界を支配している。ほかの民族をして、彼らのために戦わせ、死なせているのだ（中略）。彼らの力、その明らかな成功によって、彼らは今や尊大になっている。ところで尊大さとは、怒りとまったく同様に、誤りを導くものなのである。人は内省しなくなる。ユダヤ人はすでにしてその誤りを犯しつつある。彼らはさらに誤りを犯していくだろう。

この一節は、一部のモスクの出口で配られているイスラム原理主義のチラシから取ったものではない。二〇〇三年一〇月一八日にプトラジャヤで開かれたイスラム諸国会議機構（ＯＩＣ）第一〇回首脳会議の開会の演説で、マレーシアの首相だったマハティール・モハマドが述べた一節なのである。ここからわかるように、陰謀説は今なお健在であり、それは最も近代的な指導者においても変わらない。

陰謀説は反ユダヤ主義の狂乱の時代に最盛期を迎えたが、それで終わったわけではない。それは世界を解明する上で、また敵を作り上げるというつねに刷新されるプロセスにおいて、まさに真の鍵をなすものなのだ。陰謀説は、シーア派について語るときにはサウジアラビアでも用いられているし、一九九五年に東京の地下鉄でサリンによるテロを起こした日本のカルト教団オウム真理教においても用いられていた。今日の西欧でも、イスラム原理主義について語るときに用いられるし、アラブ・ムスリム圏では、ユダヤ人について語るときに、またルワンダではツチ族の大虐殺の前に用いられている。それは現行の宗教的過激思想の基礎にあり、やっと明らかになった陰謀として歴史を書き換えていくのである。過去にはそうした事例がひしめいている。イエズス会の陰謀、「第五列」の陰謀、フリーメーソンの陰謀、金権政治と二〇〇のファミリー、「モスクワの眼」、9・11の同時多発テロの説明としてのユダヤ陰謀説など。

活動的で適応可能なパラノイア

陰謀説の知的なメカニズムについては、歴史学者ラウル・ジラルデが『政治の神話と神話学』で見事な分析を行っている。その知的な仕組みはきわめて機械的だ。社会が体験した想像しえない出来事は、陰謀めいたことを考えさせるが、それはこの上なく単純なことなのだ。出来事には隠れた理由があり、それを明らかにしなければならない、というわけだ。次いで噂が発せられる。それは「火のないところに煙なし」(発煙筒の発明以来、愚かしくなってしまった俚諺だが)という古くからの原理によって糧を得る。陰謀論は、単純な推理を提供することで出来事を説明づけ、「隠れた」敵を恣意的かつ自在に検出できると主張する。その主な特徴は、困窮の状況や強いトラウマにおけるあらゆる問いかけに答え、唐突かつ単純にすべてを説明づけるミッシングリングを浮かび上がらせる点にある。一九四〇年、フランス軍の初期の敗北の際、「第五列（対敵協力者）」説が浮上し、敗退におよんで今度はユダヤ＝メーソンの陰謀が俎上にのぼり、人民戦線とその指導者レオン・ブルムが糾弾された。ブルムには、ユダヤ人であり社会主義者であるという、まさに格好の餌食となる要素があった。隠れた敵は、この上なく矛盾に満ちたありとあらゆる倒錯を身に纏わされる。かくしてユダヤ人は、ソ連の革命を扇動したとして、また恥も外聞もない資本主義者であるとして、同時に、あるいは継続的に非難されるのだ。

その深層においては、繰り返される二つのテーマが回帰する。一つには、触知できない脅威に対する散漫な不安がある。９・11はすぐさまハイパーテロリズムの時代のものと形容された。あえてつねに「国際的」たろうとする新世代のテロの専門家は、化学・核・微生物テロなどを巧みに使い分け、不安のさらなる高まりと秘密の増大を予測した。こうして、不安の市場が自発的に発展したのである（それは心理的なものであって、薬学的なものではない）。９・11からわずか一年で、フランスでは「テロ」の言葉を表題に含んだ書籍は六九点、「ビン・ラディン」を含んだ書籍は一二点も出ている。アメリカに関してはより印象的な調査結果が出ている。そのような書籍が実に一四〇点にも及んでいるのだ。フランス国内での著作だけに限れば、圧倒的多数の著書は秘密や陰謀を中心に巡っている。こうした傾向は、扱う題材がテロリストものか当局ものかに関係なく、かなり一般的だ。「秘密の戦争」「秘密のアーカイブ」「亡霊」「謎めいたイスラム主義」「ゾンビ」「見えざる敵」などなど。冷戦時代の古い語彙が「国際的なイスラム原理主義組織」でも再利用され、そしてそれは売れるのだ。政治的な権威筋は、ときにテロリストと良い勝負だったりもする。というのも、陰謀論は全世界を逆モーションで捕らえるからだ。出版において最も売れ行きが良かったのは、国防総省に突っ込んだ航空機は実はなかったとする、ティエリー・メイサン［ジャーナリスト］の『恐るべき詐欺』や『ペンタゴン』といった書籍だった。「暴露」という言葉が、警察当局よりも多くを知っている、あるいは警察当局がなにかを隠しているといった印象をもたらすのである。必ずしも明確な出所がわかっていなくても、秘密のデータが明らかになったなどとして、信頼のトーンをつり上げることこそルールなのである。精神的不安が一般化する中、二〇〇二年にワシントンで乱射事件を起こしたジョン・アレン・ムハンマドが、実はアルカイダに関係していたといった話まで出る始末だった。メディアもある種の媚びをもって、ときにこうしたゲームを仕掛けようとする。とくに日刊紙の論説がひっきりなしにそうした生産物を課してくる場合や、テレビスタジオを魅力的にし「スクープ」を請け合わなくてはならない場合などである。

第二のテーマとして、理解不可能なものが外国勢力の動きによって説明づけられることが挙げられる。陰謀論的パラノイアは、大きな集団的トラウマが生じたときに咲き乱れる。ボルシェビキ革命、一九二九年の大恐慌、9・11の同時多発テロ。無言の不安に反応しそれを流布しながら、陰謀論は、いついかなる場合でも触発されうる人々の怒りの爆発を、もとより正当化するのである。二〇〇九年のラマダンの時期に起きた、アルジェリアの中国系食料品店への襲撃、二〇一〇年のキルギスにおけるウイグル人の虐殺、ドイツのユダヤ人に対する「水晶の夜」。見えざる敵は、見えている敵よりもたちが悪い。腐敗した同盟国の裏で糸を引くのだから。見えざる敵は、つねに近くにいるとは限らない。それはときにはるか遠くにあるが、それでもなお遠くから影響を及ぼしてくる。国民の共同体に対して、見えざる敵と裏切りとを結びつけるのは「異邦人の手」である。イメージと意味の数々が想像領域に訴えかける。蛸、ネズミ、蜘蛛、第五インターナショナル(イスラム主義)、おぞましきものなど。

メディアと金銭の影響が、情報操作の説明として挙げられる。これらのテーマはとりわけ反ユダヤ主義において重宝されている。

アルジャジーラをアルカイダの広報メディアとして非難する際の、アメリカ当局の執拗さは、情報が自由に手に入る国においても、こうした主題系が再燃しうることの証しである。見えざる敵は最前線に姿を現すことは決してなく、ひたすら裏から糸を操る。それが敵の力なのだ。ギリシアの大佐から南米の将軍たちに至るまで、各種の軍事クーデターは、「共産主義の脅威」を、権力を手にして左派を根絶するために何度も援用してきた。ヴァレク委員会の報告書によれば、チリの独裁政権によって、一九七三年から八九年にかけて二万九〇〇〇人近くが犠牲になったとされる。そのうち三〇〇〇人は死亡もしくは行方不明となっている。これは共産党による犠牲者よりも大きな数字だ。南米のあらゆる独裁政権と同様に、アルゼンチンの軍事独裁でも共産主義陰謀説が多用されてきたが、同政権みずからも、三万人もの行方不明者と一万五〇〇〇人もの銃殺刑をもたらした。各国の入国禁止者のリストは、独裁者らによるプレヴェールの詩にも似たカタログをなしているが、守るべき当の社会の、侵入率の高さを糾弾するものとされている。

裏工作の古文書の存在は、『シオン賢者の議定書』のような創設文書によって「明らかにされる」。この有名な偽書は一九〇一年に、ロシアの秘密警察の依頼で作られたもので、ユダヤ人とフリーメーソンによる世界征服のシナリオとされ、陰謀のあらゆる主題系を取り入れている。今日でもアラブ・ムスリム世界の書店を通じて流布しており、神話というものがその制作者たちから独立した生を送ることを証している。陰謀論は立証責任を反転させ、告発される側の自己弁護が可能である場合には、そちらがみずからの無実を証明しなければならない。こうして9・11の後、アラブ諸国の街中では、ワールド・トレード・センターにいたユダヤ人全員が攻撃を事前に知らされていて難を逃れた、という話がさかんに人口に膾炙した。その絶対的証拠として、犠牲者の中にユダヤ人は一人もいなかったとされる。けれども、たとえばフランス人もまた犠牲者の中にはいなかった。そこからはどういう結論が導かれるのだろうか？

陰謀とは小説である

陰謀論が一定の成功を収めることを理解する上で、その叙事詩的な面は重要である。非専門家の貢献こそが覆いを破るとされるからだ。それはジャーナリストの役割だったり（メイサン）、独学者（ヒトラー）、危機に置かれた知識人（ガロディ）、心理学者（カラジッチ）の役割だったりする。そうしたテーマの上に築かれたダン・ブラウンの小説の成功は、陰謀論が指し示す小説的な原動力を証している。

陰謀論はときに自己発火したりもする。陰謀論に苛まれることも多かったイスラエルには、数年前から、世論に端を発する陰謀論の反転が見て取れる。テルアビブの政策に向けられるあらゆる批判に対して、反ユダヤ主義だとの指摘がなされているのだ。批判がユダヤ人思想家から発せられる場合、「自己嫌悪」の観念すら取り沙汰されている。批判を検証せずに済ますため、対話相手そのものを問題に付すという、アリストテレスの古い原則である。モスクワでの大型裁判の数々においても、同じ原則が採用されている。批判は敵に身売りする裏切り行為だというのだ。『ユダヤ人の起源』[102]のシュロモ・サンドは、著書を読みもしないフランスの批評家たちから攻撃されたが、二〇〇九年四月五日・六日付けの『ルモンド』紙でこう宣言している。「パリはテルアビブではない。フランスでは、矛盾する相手を黙らせることは、反ユダヤ主義だとか、あるいはさらに、ユダヤ人を十分に好んでいないとか当てこすることと同様に難しい」。シュロモ・サンドはテルアビブ大学の教授だ。

陰謀論は、冷戦時代の全知全能の諜報機関という映画的ビジョンによって、第二の生を見いだした。情報操作、二重スパイ、三重スパイ、通信衛星とその傍受、クーデター。これらが、世界を操る力という観念に再度肉付けを施したのだ。ビン・ラディンはＣＩＡの協力者だったとか、チェチェンの司令官シャミル・バサエフはＫＧＢのエージェントだったとか、アルジェリアのＧＩＡの司令官ジャメル・ジトゥニは、フランスの報道によれば治安軍によって操作されていたとか。

　するとあらゆることが可能になる。任意の事象と、その正反対の事象がともに可能になるのだ。一人の行動が、二人で行う、さらには三人の仲間で行うビリヤードの球のごとくに解釈されたりもする。原油価格の高騰をアメリカは望んでいたとされると、さらには原油高騰の余波や、相場の値崩れも望んでいたとされてしまう。アラブの街中では、いたるところで、イスラエルの秘密工作、アメリカのシオニストによるロビー活動の影響、あるいはワシントンやパリ（とくにマグレブ諸国において）の諜報活動が見られることになる。新聞の連載小説、スパイものの文学、共産主義を悪者扱いする同時代の映画などが、世界征服を企む秘密結社を発明したのである。幸いというべきか、９・11以降、イスラム主義インターナショナルが、陰謀論を生み出す仕組みに新たな潤滑油を注ぎ込んだ。インターネットなどの新しい情報技術は、陰謀論にとっての素晴らしい晴れ間をもたらした。世間の人々は今や、メールやフェースブックのおかげで、「とりとめのない政治談義[103]」の社会的機能を世界的規模で再生産できる。情報のウイルスはどこからともなく現れ、いわば地を這うように静かに拡散し、安直に秘密工作だと評価される。信じることと同様に、信じさせることも重要なのだ。コンピュータ・ワームと目されるスタックスネットは、イランの核施設のプログラムを狙ったものではないかとされ、それとともに現れた陰謀論では、したがってそのワームはＣＩＡもしくはモサドが作ったと考えられた。そこでは二つのテーゼが対立していた。それほどの効果をもったワームは大がかりなチームでなければ設計できない、したがって秘密の機関によるものだ、という人々がいるかと思えば、それほどの効果をもったワームは、あまりにも序列的・役人的な大かがりなチームでは設計できない、という人々もいたのだ。このように陰謀論では、まず望ましい結論を掲げ、それから議論を拡げていく必要がある。

共産主義のお家芸

陰謀論は独裁政権、とりわけ共産主義圏でとくに重用される。目下の困難や人民の日常的な問題の、責任の所在を特定できるからだ。共産主義社会は陰謀論をお家芸としてきた。敵は党の最高権威のところにまで入り込んでいるとされる。社会主義、トロツキー主義、ブハーリン主義、劉少奇主義などの敵、外国のあらゆるエージェント、CIAのスパイ（本当にそうならCIAはどんなにか嬉しいだろう）、「白衣」を着た反ソビエトの陰謀家、帝国主義のエージェントなど。権力の掌握を強化するために毛沢東が定期的に行った粛正策には、つねに美しい名前がついていた。百花斉放、プロレタリアートの文化大革命、反修正主義キャンペーン、右翼的偏向とその後の左翼的偏向など。それらはとりわけ知識人と党の「裏切り者」の指導者たちを標的としていた。彼らは「告発」キャンペーンの完璧な標的である。

外国勢力による占領、専制政治、積極的な対敵協力政権、噂が情報としての価値をもつ中でのメディアの検閲。そのようなものを経験した国は、同時にそれらの主体でもあり、現在を過去によって説明しようとし、また政治の当事者による駆け引きを外国勢力が動かす秘密の手によって説明しようとする。集団心理への痕跡は深く刻まれる。密告が強制されていた旧共産主義国では、後遺症は残り、人種差別的な極右が単純に回帰するのではないとしても、今なお怨恨が煽られている。

ハンナ・アーレントは、「全体主義のシステム」を分析し、こう指摘している。「現実を前にして大衆が逃走することとは、生きることを余儀なくされながらも存続しえないその世界を、大衆が糾弾することにほかならない。なぜなら、そこでは偶然が至上の法となり、人間は相対的に整合性の取れた図式のなかで、無秩序で偶発的な諸条件をたえず変化させる必要に迫られるからだ」。現在進んでいるグローバル化のプロセスが市民を意思決定の中心から遠ざけ、同時にインターネットによって世界の聴衆にメッセージを届ける手段が与えられる限り、陰謀論の今後はまだきわめて有望だ。それは間断なく敵を作ることを可能にする。その最新の萌芽を挙げておこう。アメリカの陰謀論系のサイトでは、ニューヨークのグラウンド・ゼロの現場近くにモスクを建設する計画が持ち上がったとき、オバマ大統領が隠れムスリムだとして糾弾されている。その種のやり方は成功を収めており、最近の世論調査では、アメリカ人回答者の一六パーセントが、オバマはムスリムだと確信している。どおりで、ビン・ラディンの死が新たな陰謀論の素材をもたらさないわけだ。

陰謀論は、偏執的な粛正を生み出す割合は戦争よりも少ない。その一例を次のコラムに挙げておく。

〈事例〉

「ヒズブ・フランサ」——アルジェリア版フランス党

一九八八年一〇月の数日間、アルジェリアはハンガーストの蜂起に揺れた。軍の発砲により八〇〇人が死亡した。当時の説明が、次のアルジェリアのサイトに示されている。マグレブ研究センターのアブドレハミド・ブラヒミによる「アルジェリアの悲劇の原因——ヒズブ・フランサに関する証言」(www.algeria-watch)である。

「最高指導者たちはその『フランス党』を名指しで非難した。近年の出来事の背景には、フランスの手が関与しているというのだ。その証拠に、同作戦はアルジェリアの共和国大統領が、アルジェリアの学校施設をフランスの監督下に置いていた時代を過去のものにすると決断した後で生じている(中略)。フランスは、アルジェリア政府とシャドリ・ベンジェディド大統領を放逐する必要があると判断した(中略)。なぜなら、アルジェリアはフランス語話者が最も多い国だからだ（中略）。その出来事の最中、植民地時代を懐かしむ一部の裏切り者の分子らがデモ隊の中に紛れ込み、「フランス万歳」とのスローガンを叫んでアルジェリアの国旗を燃やしたのだ」。

一九八八年一〇月一二日付けの『アル・シャアブ』紙はこう記している。「一〇月の破壊的な出来事は、フランスのメディアにとって黄金の機会だった。彼らは自分たちの流儀でそれらを煽った（中略）。AFP通信は、事件が生じる一時間も前にそのニュースを流した（中略）。こちらに来ているフランス人ジャーナリストたちもその蛮行に加担したのだろうか、と問う声もある。もちろん加担はしていない。ただ私たちは、「公平で客観的」とされるフランスの報道機関が、諜報機関と連携して動いていると言うのみであり、当然ながら私たちの誰もが、誰が背後にいるのか知っているのである。おそらくは、アルジェリア国民の自覚を打ち砕こうとする確たる意思が存在するのだろう（中略）。内務省のエージェントを通じてだ。彼らはアルジェリア国民を飢えさせようとし、国内に緊張状態を蔓延させせようとしている」。セリム・カララ［ジャーナリスト］は一一月二四日の『アル・シャアブ』でこう記している。「フランス党とは何者なのだろう？　アルジェリア人、共産主義者、自由主義者など……。アルジェリアの子孫たちは、自分たちの宗教、言語、個性、文明への帰属を擁護している。フランスの子孫たちは、あらゆる場所でフランス語を、西欧の政治経済モデルを擁護している（中略）。それはとりもなおさず、西欧の方法論に従って、革命と反動の亀裂を、あるいは真性の子と他人の子との区別を適用することにほかならない。マグレブの啓発という観点は、アルジェリアの市場を保護している法的な施錠を迂回する手段をもたらしうる（中略）。すなわち、フランス資本の企業がモロッコにできれば、それがアルジェリアに投資することもありうるだろうが、その収益はフランスないしアメリカの親会社のものになってしまうのだ。ほかの喫緊の案件も考慮に入れなくてはならない。アルジェリアにはそうした大規模プロジェクトを立ち上げるだけの資金的な当てがない。このようにアルジェリア市場は開かれてはいるのだが、最も良い条件をもちかけることのできる相手に対してのみである。逆説的ながら、このような状況では、あらゆる点で反目し合う二つの流れが、アルジェリアにおいて客観的に合流することになってしまう。一つは『ナショナリスト』、すなわち外国勢力に対して均衡の取れた立場をなんとしてでも死守しようとするパルチザンの流れ、もう一つは『フランス党』の人々の流れだ。フランスはこのように、そうした一切を擁護しようとしてきた。ゆえに、国内の共犯者たちとともに数々の問題を引き起こしてきたのは、ほかならぬパリなのだと言えないだろうか?」

「一連の出来事は、国際的に四つの直接かつ即時の影響をもたらした。リビアとの統合手続きの延期、マグレブ諸国間の接近の減速、西サハラの紛争の縮小、国連安保理決議二四二号を承認したパレスチナ国民評議会のアルジェでの開催である。シャドリ・ベンジェディド大統領は、『アルジェリアと大リビア社会主義人民ジャマヒリヤ国との統合』に関する『国民的議論』を、九月二〇日に始める予定だと発表した。二国間の『全面的統合』の実現、『アラブ全体の統一の核として』のアラブ・マグレブ連合の実現、社会主義にもとづく民主的・民衆的な社会の樹立のためである。あらゆる種類の搾取を禁じ、憲法の規定を受け入れるすべてのアラブ諸国に開かれた社会である」。

（そうした連合に）誰が反対しようとするだろうか? 幾度となく、アメリカの指導者たちは、アルジェリアとリビアの「接近」に対して懸念を表明してきた。八八年二月、『ワシントン・ポスト』紙はシャドリ大統領の発言を歪曲までしてみせた。マグレブ連合へのリビアの統合は、同国がソ連の支配下に置かれないようにするためである、と述べたことにされているのだ。マグレブ連合の樹立を視野に二国間で形成された地域圏は、ドイツとフランスがヨーロッパに向けて示しているような牽引力を構成するかもしれず、また、将来のマグレブ諸国全体に、明確な反帝国主義的方向性を与えるかもしれない。合理的かつ西欧指向のマグレブ連合を求めていた人々にとって、そのことは危険視されていたのだろうか？　アルジェリアとリビアの連合は、すでにアルジェリアの支援を得、それ以上にリビアの支援をも得ているポリサリオ戦線の、新たな切り札をなすかもしれない。外部からの操作というテーゼを採用する場合、では、明らかに相互のつながりがないような、もしあったとしたらまさに蜘蛛の巣のような一連の事実を組み合わせて、それほどの規模の計画を実行できるのは一体誰なのだろうか？一九八五年末、「価格戦争」を引き起こしたサウジアラビアの行動によって原油価格が下落し、アルジェリアはその影響をもろに被った。状況は悪化し、八八年末には事実上の支払い停止状態に陥った。だがそれにもかかわらず、アルジェリアは独立した政治的立場を維持していた。それどころか、八七年四月にはPLOの再統合に寄与することにもなった。その結果、入植地で生じたのがインティファーダだった。アルジェリアは八八年六月に、アメリカからの圧力をものともせず、パレスチナ問題だけを協議する臨時のアラブ諸国首脳会議を開催した。その合間に、一〇月八日の出来事（蜂起）が生じたのだ。一ヵ月後、パレスチナ民族評議会はアルジェで、パレスチナ国家の樹立を宣言した。もし一〇月の出来事に外部からの干渉があったのだとしたら、一体誰のためにそれは実現したというのだろうか？　食料品を届けるために、モロッコとの国境を冷蔵トラックの車列が通っているとAFP通信は伝えている。では誰が費用を負担したというのだろう？

注意：以上は、アルジェ市内の通りで起きた、一〇月八日、九日、一〇日のハンガーストを説明するための文章である。

第六章　絶対的な敵、または悪に対するコズミックな戦い

そのとき空が開き、嵐が猛威をふるい、そして大いなる力を備えたキリストが降臨するだろう。きらめく炎と無数の天使の群れが、それに先だって現れるだろう。異教徒の集団は全滅し、流れる血は波打つであろう（中略）。平和が訪れ、悪は消え去り、正義と勝利の神は生きる者と死せる者を情け容赦のない裁判にかけ、すべての異教の民を隷属させ、生き残る正しき者のくびきに繋ぐ。死せる正しき者には永遠の生を与え、神は彼らとともにみずからこの地上に君臨し、聖なる国を築くだろう。そしてその王国では、正義が一〇〇〇年も続くだろう（中略）。地上には朝に晩に、祝福のごとくに雨が降り注ぎ、大地は人の労働の助けを借りることなくあらゆる果実を生み出すだろう。岩という岩から蜜が豊富にしたたり、乳と葡萄酒もその源からほとばしるだろう。

これまで誰も見たことのないような『怒りの日』がやって来るだろう。欧州の産業全体がだめになり、すべての市場が混乱し、持てる者のすべての階級が壊滅状態となり、ブルジョワジーは完全に破綻を来たし、戦争と凋落とがあらゆる場所に広がるだろう。

これらの文章は、乳と蜜を与えて自爆テロの志願者を徴用しようとするイスラム指導者が書いたものではない。前者は四世紀の著者であるラクタンティウスが、ディオクレティアヌスの迫害に対して応えたものだ。後者は、エンゲルスからマルクスに宛てた一八五六年九月二六日の書簡である。さらにここに、狂信的イスラム教徒に転向した社会主義の楽園の専門家、カルロス・ラミレス・サンチェスの分析を加えれば、宗教戦争と全体主義的イデオロギー諸派の戦争との近接性がよりよく理解できるかもしれない。

文明に迫り来る脅威を前に、今日では一つの回答が存在している。すなわちイスラム革命だ。真理、正義、友愛といった基本的価値への全面的信仰で武装した人間のみが、戦闘を遂行し人類を虚偽の帝国から解き放つことができるのである。(104)

宗教家と政治家

そこにはイデオロギー戦争のすべての要素が詰まっている。イデオクラシーの導き手やエリート、ある種の前衛政党、信仰、兵士・戦士・殉教者、最終的な世界規模の戦いの正当性、滅ぼすべき悪の帝国などである。終末論を狂信的に信じる人々は、地上の楽園を狂信的に信じる人々と同じ本性を抱いている。イデオクラシー闘争、すなわち絶対的悪を体現する敵との戦争は、恒久的に刷新を繰り返すキリスト再臨のユートピアのような、広範なビジョンにおいて捉えなくてはならない。そのユートピアは、メシアを伴うか否かは別にして、地上の楽園の回帰を予告する。こうなると、戦争は一つの悪魔払いとなる。

そうした戦争が生まれるのは、信仰から、カリスマ的指導者への服従から、あるいは一冊の聖典に集約される活動家の教育から、さらには悪魔と同一視される敵からである。中国共産党のチベット問題担当の書記は近年、共産党の中央委員会こそが「チベット民族にとっての真の仏陀である」と宣言し、ループを閉ざしてみせた。不愉快な比較になるかもしれないが、次のような主張もある。ムスリム同胞団の神学者で、イスラム学者のラマダン兄弟の祖父にあたるサイード・クトゥブはこう述べていた。「唯一神とは宇宙全体の神である、という意味は、どのような権力であれ人間に付与することに反対する、全体的な革命ということである」。権力を神のイデオロギーの解釈者に委ねるというわけだが、それは、社会主義の楽園への歩みにおける労働階級の前衛的な役割を説明するときの、共産主義者以上のことを述べてはいない。モスクワや北京は、ときに「共産主義者のメッカ」とも称されるが、おのれの都市で燃えさかるたいまつの火を、いつの日か別筋の戦闘員に手渡すことになろうとは思ってもみなかっただろう。

世俗の全体主義的イデオロギーは、共産主義とともに潰えた。今日では、イデオロギー戦争は宗教戦争のかたちを取る。近代化の危機から生じた新たな宗教戦争は、徐々にいっそう伝統主義的な色合いを身につけ、神学の根っこをなす伝説を参照しては暴力を正当化する。

アラブ・イスラム世界では、現行の独裁政権への不信は、近代の価値観（民主制、女性の立場、同性愛をめぐる議論、政権分離など）をも奪い去ってしまっている。宗教の公式の階級制度は、望むと望まぬにかかわらず、政権の支持に回り信用を失った。公式の組織以外の場では、異説を唱えるイスラム教が花盛りだ。政治的なイスラム主義はイラン革命とともに日の目を見たにせよ、イスラム主義という現象はそうした部分的なビジョンには限定しえない。旧共産圏の各国では、長期におよぶ暴力的な政教分離と独裁体制を経て、宗教家は異論の担い手となり、そのことがポーランド、ルーマニア、ユーゴスラビアなどのアイデンティティの特徴をなしている。今日のイスラエルでは、入植の継続は急進派ユダヤ人が担っている。アメリカ合衆国では、クリスチャン・アイデンティティの勢力、新福音主義のキリスト教徒[105]、またさらに広義には宗教的保守派の人々が、ジョージ・W・ブッシュの当選とともに権力へのアクセスを得、保守系の右派として永続するようになった。インドにすら、インド人民党（BJP）や民族義勇団（RSS）があり、また中国にも法輪功があり、こうした宗教的な激高の影響下にある。

宗教は世界の多くの場所で、政治に代わる原理にもなっている。アメリカでもアラブ世界でも、キリスト教の再来でもイスラム教の再来でもよいが、その「生まれ変わり」とそれらセクトの新たな信者たちが、その宗旨の光でもって世界の全体を再解釈している。権力奪取の政治戦略は、多くの場合似通ってくる、次のような継起する改宗のプロセスを踏むからだ。まずは「ボトムアップ型」（日常的実践、社会的議論、あらゆる種類の団体活動、新改宗者への個別の勧誘）、次いで「トップダウン型」である。そちらは失意の知識人や政治家、活動家、司法官から人員を補充し、過激派政党もしくは宗教系の政党などへの潜入工作を実践したりもする。そうした姿勢はインドのBJPにも見られるし、ホメイニ体制のイランでは急進的イスラム主義者やジハード主義者に、またアメリカならネオコンに、イスラエルならユダヤ神学校メルカズ・ハラブの学生たちやグッシュ・エムニム［入植者団体］のメンバーらに見られる。

メシアとその書物

信仰。それはマルクス＝レーニン主義、毛沢東主義、スターリン主義などの思想がそうありたいと望み、今日では、イスラム主義、あるいはより広範に、あらゆることへの回答が与えられるとの確信を一様に示す宗教的原理主義がそうあるところのものである。聖典は軍旗のごとくに振りかざされる。毛沢東語録、コーラン、トーラー、聖書など。それらは俗悪な彩色画の光で照らされたグルによって書かれたり解釈されたりする。ペシャワルの市場で竜を退治する聖ゲオルギオスとして描かれるビン・ラディンのポスターは、毛沢東語録を手に、難破船から人々をすくい上げる毛沢東のポスターと価値は変わらない。「民主化したカンプチア人民共和国に世界の眼が向いている。クメールの革命は最も美しく最も純粋な革命だからである。世界史上例を見ない革命だ。それは都市と農村部との永続的矛盾を解消した。それはレーニンをさらに発展させ、毛沢東の先にまで進めている」。メシアに凌駕される預言者という古典的なテーマを取り上げながら、ポルポトはそう宣言した。[106] 指導者とは超人、あるいは半神なのだ。レーニン、スターリン、毛沢東は、準神格化するべくミイラ化された。「第三帝国では、総統の言葉には法としての力があった」と、アイヒマンは裁判で述べている。「私たちの愛、私たちの忠信、私たちの力、私たちの心、私たちの英雄崇拝、私たちの生、そのすべてをあなた、偉大なるスターリンに捧げます。あなたはすべてを手にしておられます。祖国の指導者として子たちに命じてください。彼らは空中でも地中でも、水中でも成層圏でも赴きます。あらゆる時代の人間が、あなたの名が最も輝かしく、最も強力で、最も賢く、最も美しいと証言するでしょう（中略）。わが愛する妻が子をなすなら、その子に最初に教える言葉、それはスターリンとなりましょう」。これは当時の『レニングラード共産党新聞』の一節だ。暗い眼をした背の低い褐色のヒトラーは、ナチス信仰によって曇った人々の眼を通じて、青い眼で背の大きな人種の導き手として通用するようになった。スンニ派や新福音主義のプロテスタントのように、階級をもたない宗教においては、指導者となるのは地区のイマームだったり、プロテスタントのテレビ説教師だったり、あるいは、聖典の穢れなき純粋な解釈によって神との直接的な交感を得たとひけらかす、原理主義のラビだったりする。こうした自発的な動きによって異議を唱えられる政治指導者や高位聖職者は、ときにそうした相手側の指導者の神格化に抵抗を示す。イランの信徒はホメイニの絶頂期に、彼を一二番目のイマーム、すなわちシーア派一二イマーム派のメシアにしようとした。だがそのホメイニの側近たちは、断固たる反対を示したのだった。

イデオロギーとは閉じた信仰のことである。活動家兼戦士たちは、聖典を読むことだけに教育を制限し、他者との接触を避けなくてはならない。パキスタンのマドラサ［学校］の教育内容は、中国、北朝鮮、ロシアなどの共産党の枠組みでの学校と大差ない。ユダヤ教原理主義のタルムードの学校もしかりだ。知識は「暗記」するものとされ、一六世紀にラブレーが揶揄したスコラ学が行っていたように、それによって聖典を前からも後ろからも暗唱できるようになる。学ぶのは唯一の、正しいとされる書だ。まさに本来の学校の危機である。唯一の聖典を引用して、任意の事象とその反対物を証明できるということが、信者の基本的な確信だからだ。

毛沢東主義にかぶれた知識人にとって、ある時代のカルティエ・ラタンでは、マルクスや毛沢東のテクストを引用できることが枠であるとされた。「一者は二者に分割される」「二つが合わされば一つになる」など。イスラム教では、女性のベールをめぐり、髪だけ隠せばよいと考える人々と、手も隠すべきだとする人々、見せてよいのは眼だけだという人々、女性は幽霊のごとくでなければならないとする人々に分かれている。しかもそれぞれに言い分がある。キリスト教では、イエスのメッセージを聖職者の結婚の禁止と読む人々もいれば、そうした類の禁止はないが結婚した女性はイスラム主義の女性のようでなければならないと考える人々もいるし、そうした細部にこだわらないプロテスタントの人々もいる。イデオロギーは科学の支えを求めることさえ躊躇しない。かくして、科学的社会主義の後には、ナチスの優生学や、ルイセンコ流の社会主義的遺伝学、そして今では新特殊創造説まである。アルジェリアにはまだ誕生して間もない、科学的サラフィー主義もある。

「セクト」がその犠牲になっていると称する、メディアによる情報の遮断は、カウンター・カルチャーのモデルの発展と、信者の隔絶をもたらす。かくして活動家は、反真理をこの上なく確信的に擁護できるのだ。世界中の共産主義者にとって、カティンはナチスが犯した虐殺だったし、極右にとってゲルニカの爆撃は共産主義者の仕業だった。イスラム主義者にとっては、ダイナマイトを巻いたベルトを爆発させても、自爆テロ犯の身体はそのまま温存されて天国へと赴き、約束された栄光に与るのである。テロ実行犯が、体が真ん中から二つに切断されていることで特定されることを考えれば、これは驚くべき信仰である。隠された真実を知っているという感覚は、「選ばれた」集団に属しているという確信をもたらし、新たな形の人種差別を正当化する。フランスにおける宗教間の連携を、団体活動を通じて作ろうとしてきた組織のある責任者は、私に対して次のように語ってくれた。「宗教が異教徒との食事を禁じていることを理由に、宗教家の一人が同席を拒むのであれば、それは宗教の尊重だとされる。ところが私がそれを拒むと、それは人種差別だと言われてしまう」。

信徒たちはひたすら、悪すなわち敵を名指すシンプルな言葉を繰り返す。活動家の日常生活は、逸脱を回避するべくその細部にいたるまで規制されている。インターネット上のイスラム主義のサイトは、あきれるほど天真爛漫に、コーランにはあらゆることへの回答があり、とくに異教徒と雑多に生活を共にする場合に従うべきルールについて記されていると主張する。[107]

暴力の神学

規制を課す社会的イデオロギーとしての宗教は、いずれも非暴力的な調和と平穏な行動を命じているが、いくつかの条件下では、暴力を奨励することもありうる。神学的に定義された諸条件において（聖戦、十字軍など）、宗教は暴力の奨励を正常かつ不可欠なものとして発する。攻撃に対して「真の信仰」を救い、道徳的な価値を擁護することが必要だとされるのだ。宗教が保持してきたとされ、アメリカでも、社会主義のアラブ諸国でも、労働党のイスラエルでもよいが、世俗の近代国家が一様に侵害してきたとされる価値である。一般に非暴力を原理として連合しているとされる仏教ですら、暴力的な行動を正当化することがある。[108] 神学的に受け入れられうる諸条件は長々と続く。「市民の共同体を守る」と主張し、「他者」への空爆を正当化する言説は、ヨルダン川西岸地区のユダヤ人入植地でも、またアイルランドのプロテスタント系指導者、イアン・ペイズリーにも見られた。さらにはビン・ラディンにも、あるいはアメリカ至上主義者で、一九九八年四月一九日のオクラホマ・シティのテロの首謀者だったティモシー・マクベイにも見られた。ソビエト連邦においても、アメリカの帝国主義者の攻撃から「革命を守る」ことが、国内の弾圧と軍事介入（一九五六年のハンガリー、六八年のプラハ、七九年のカブール）を正当化する際の万能キーをなしていた。

二〇年ほどで、テロの暴力はあらゆる地域に広がった。一九八〇年時点でのアメリカ国務省のテロ組織のリストには、宗教的な性質をもった組織はまったく載っていなかった。ところが一九九八年になると、最も危険な三〇のグループのうち半数は宗教がらみとなった。二〇〇四年には三分の二を占め、二〇〇八年でも四五のグループのうち二六を数えている。しかもそのリストは、ＦＢＩの管轄となるアメリカ国内のグループは排除しているのだ。だがそれら国内のグループは、中絶を実施している病院への暴力行為や、人種差別・反ユダヤ的攻撃、さらには一九九五年のオクラホマ・シティ事件（一六八人が亡くなり、うち一九人は子供だった）や、九六年のアトランタ五輪でのテロなどを行っているのだ。

アメリカの社会学者マーク・ユルゲンスマイヤーはこう指摘する。[109]「敵という概念は、社会の結集がもたらす帰結なのである（中略）。『世界的規模での戦争』というシナリオの役割は、それを信じる者に力や希望の感覚を与えることだが、その点を考慮するならば、敵というものの形象が絶対的に必要になってくることは明らかである」。聖書やコーランが語る物語、あるいはマルクス主義での階級闘争や生産様式といった、端的に神話的な物語[110]が、暴力を正当化しながら、イデオロギー的・歴史的に定着するのには長い時間を要する。それは世界が一〇〇〇年にもおよぶ戦争の最終局面を迎え、「再生」が進行中であること、そしてメシアの待望が告げられていることを説明しようとする。ビン・ラディンは、ムスリムの迫害は一九二四年に、アタテュルクが行ったカリフ制の廃止から始まったとした。クリスチャン・アイデンティティのイデオローグの一人であるリチャード・バトラーは、「六〇〇〇年もの昔から熾烈を極めている、カインの末裔たちと神の末裔たちとの戦い」について語ってみせる。暴力への訴えは、より大きな暴力を避けようとする意志によっても正当化される。アメリカの教会、キリスト教系のシオニストたちは、メシアの復活を準備しテロを防ぐために、パレスチナ人の強制連行を呼びかけている。

歴史は、神から送られた徴を探る、ひたすら宗教的な再読を引き起こす。イスラエルでは、第三次中東戦争の勝利によって「メシア主義的シオニズム」が誕生し、「大イスラエル」のビジョンを担うとともに、エルサレムのほか、グッシュ・エムニムの活動家らが占拠する領土の、強制的な入植を求めている。それに対して急進派のイスラム教徒においては、一九六七年の敗北は、アラブの世俗の体制ではシオニズムの一体性に対して戦うことができず、ただ宗教への回帰のみが征服を可能にすることを示した、神の徴であると見なされてきた。アメリカの福音主義のキリスト教徒においては、ベトナム戦争の敗北とイラン革命の衝撃、一九七九年九月一一日（すでにしてだが）のテヘランの大使館人質事件、そして共産主義の様々な地政学的隆盛がトラウマをなし、「聖書にもとづく愛国主義」を成立させたのだった。そして「リボーン・クリスチャン」を宣言したG・W・ブッシュがその伝令官となった。ホワイト・アーミー・レジスタンスやスオード&アーム・オブ・ザ・ロード、さらにはホワイト・アーミー・バスティオンなどのアメリカの義勇軍が、他の組織とつながっていることに疑いの余地はない。

人種差別的偏向

「他者」は政治的に定義されるのではない。そうではなく、次のような包括的な用語によって定義づけられるのである。「十字軍従軍者」「偽善者」「ユダヤ人」「教皇派」「アメリカ」など。人種差別的偏向には、言葉を単純化し、あらゆる同類扱いを許容して到達可能な対象を名指すというメリットがある。(11) ワールド・トレード・センターへの最初のテロを教唆したシェイク・オマール・アブドゥル・ラフマンは、観光について語りこう述べていた。「ムスリムの地が、あらゆる人種、あらゆる肌の色の人々にとっての遊蕩の場になるなど、言語道断だ」。敵の形象は動物的なものになる。ラビのメイル・カハネは、アラブ人のことを「犬」あるいは殺すべき「ハエ」のごとくに語り、そのために核兵器の開発を画策した。ハマスの指導者であるシェイク・ヤシンの一九八七年の説教では、ユダヤ人を「猿の子孫[112]」と述べていた（こうして人間についてのダーウィン的理解に舞い戻っているのだが、他方でそれはあらゆる原理主義が非難するものでもある）。

紛争の地政学では、信仰が勝利した土地（「イスラムの家」、聖書にもとづく大イスラエル、あるいは労働者の祖国ソビエト連邦）と、征服すべき世界とが分けられている。イスラムの地ないしアフリカにおけるアメリカのネオ福音主義、異教徒が住むダール・アルハルブ［戦いの地］において真の宗教の勝利を得なくてはならないイスラム教徒、キリスト教系のシオニストたち、メルカズ・ハラブのタルムード学校のユダヤ教過激派など、あらゆる者がそのようにして戦闘の「前線」を定義している。信者兼活動家の相互の連帯は非地理化し、脱領土化している。というのも、最終的な目標は世界全体だからである。戦士、活動家、支援者の境は、イデオクラシー的な戦争においてはほかよりも定義が難しくなる。二〇〇一年九月一一日以来、西欧において発覚したイスラム主義者のテロの試みは、基本的に若い入信者たちによって計画・実行されており、アフガン人やイラク人によってではない。スペイン内戦時、フランコ支持者らに脅かされた共和制を救うべく動員された、あらゆる国の兵士から成る多国籍軍は、イスラム教を信奉し郊外地区に住み、アフガニスタンやイラクに向けて出国しようとする青年たちと、アプローチが異なっていただろうか？

戦争は戦闘とイコールではない。それは世界的規模で目論む悪魔払いである。歴史上最初期の虐殺の一つは宗教的なものだった。「やつらを皆殺しにせよ。神はおのれの民を認めるだろう」。これは一二九〇年のアルビジョワ大虐殺を正当化するために、教皇使節でシトー会の大修道院長だった人物が発した有名な一節である。もちろん信仰に篤いキリスト教徒だが、悪魔との戦いを信じ込んでしまっている。敵への非難は、全面的かつ一方的になされ、過度に単純化された地政学にもとづいている。ジハード主義者にとってそれは「世界におけるイスラム教徒の迫害」であり、イスラエル、チェチェン、フィリピン、そしてフランスにおけるスカーフに関する法律などが一緒くたにされる。ビン・ラディンは厳密にムスリムの国家を目指していたのではなく、ただカリフ制の再建、ウンマの統合を目指していたにすぎなかった。今日、インドネシアやサウジアラビア、アフリカ東部などで自爆するテロ犯の若い世代は、もはや地政学的な参照元をもたない。敵は悪魔的だとされる。それはイラン革命にとっての「大サタン」(アメリカ合衆国)「小サタン」(イスラエル)であり、アイルランドのオレンジ党にとっての教皇派である。イスラム主義者にとっては、アメリカこそが夢想されたコズミックな敵、絶対的勢力、悪と近代のあらゆる価値を担う存在なのだ。メディアと諜報機関の力によってあらゆる場所に遍在できるとされる同国は、聖典にある悪魔の軍団の記述に完全に一致する。地上世界の手段で打ち負かすことはできないが、暴力行為(自爆テロ)でなら、道徳の領域で打ち破ることができる。信者ならば受け入れる準備のできている、命を犠牲にすることによってだ。逆にネオコンにとっては、イスラムは一大勢力として四方八方に広がった、絶対的悪の象徴である。アメリカのテレビ説教師パット・ロバートソンは、「イスラムは宗教ではない」と訴える。著名な説教師ビリー・グレアムの息子、フランクリン・グレアムは、それを「悪魔的宗教」と呼ぶにとどめている。

虚偽すらも正当であるとされる。というのは、神の意志がそれを許すからだ。シーア派の「タキーヤ」[警戒し信仰を隠すこと]や、G・W・ブッシュ政権の閣僚がイラク戦争のために発した嘘、ユダヤ教急進派が言う、パレスチナ人を追放することの聖書にもとづく正当性など。そうした参照元は、正式な高位聖職者たちを困惑させる。暴力の糾弾や数少ない公式の謝罪において、彼らが曖昧な態度を取るのはそのせいだ。

下層の活動家はルンペン・プロレタリアートの出身だったりするが、彼らにとってイデオロギーは、現行の階級制度の転覆と、暴力の正当化をもたらすものだ。同様に、資格をもった青年たちが、急進思想の言説のもつ斬新さに惹かれて活動家になる場合もある。中国の赤軍は文化大革命の際に党の階級制度に抗して発足したが、それはアルジェリアのGIAの部隊が正式なイマームに抗して発足したことや、イラクのスンニ派の自爆テロ犯が今日のシーア派の礼拝所に抗して組織されていることなどと同様である。殉教者の死はその信仰の証しとされる。若いイスラム主義者のビデオは、彼らの死を正当化するための判決宣言なのだ。オスロ合意に署名したとの理由でイスラエルの首相を暗殺したイガール・アミルは、みずからの有罪判決を喜んでいた。赤軍の鬼才（今では忘れられているが）雷鋒は中国の子供たちにとってのモデル的存在で、英雄的に死んだとされている。オクラホマ・シティのテロを実行したティモシー・マクベイは、死刑判決後の上告を放棄している。そうしたすべての人物は、みずからを犠牲にする意志を物語っている。

大義に対して向けられる批判を失効させることも、彼らの役割である。かくして「ごく初歩的な反共主義」を非難するのはまっとうなやり方だとされた（もっとも、ではより進んだ反共産主義がどんなものか、誰も知ることはなかったのだが）。今日、しかじかの批判が表明されると、「イスラム嫌い」だとか「反ユダヤ主義」だとか非難されるのも同様だ。

確かだが遠い勝利

宗教的過激派は、自分たちを復讐の徒として示すがゆえに、いわば鏡として機能する。イスラエルの一部の同宗者たちから「ユダヤのアヤトラ」とあだ名されるラビのカハネは、パレスチナ人の根絶を説いていた。この人物は一九九〇年一一月五日、エジプトからの移民エル・サイード・ノサイルによってニューヨークで暗殺された。この暗殺者が属していたイスラム主義のグループは、ワールド・トレード・センターへの最初の攻撃（一九九三年）の際、ノサイルの釈放を要求した。同じくユダヤ系テロリストのバルーフ・ゴールドシュテインは、カハネの暗殺に乗じて、族長の墓で祈りを捧げる信者への攻撃（一九九四年）を正当化した。もう一方の過激派であるハマスは同じ年、最初期の自爆テロによってこれに応酬した。最終的な勝利は人間のレベルにはないが、それは確実とされ、そこから集団的な贖罪がもたらされるとされる。そのために個人の犠牲が必要とされるのである。ユダヤ教原理主義からすると、交渉は政治的な過ちではなく、罪だとされる。ハマスの急進派にとっても同様だ。ユダヤの厳格主義者はパレスチナ人に対してあらゆる形での譲歩を拒み（リクードによるシャロンの和平案の拒否、ナチスの制服を着たラビの戯画を掲げた入植者たちのデモなど）、服従しないようにと兵士らに呼びかける。

再臨による世の終わりによって、用いられる手段は正当化される。それには無差別のテロ行為も含まれる。なぜなら、他者の側には無垢な者などいないからだ。オーストラリア人が滞在していたバリの観光ホテルを標的とした二〇〇二年一〇月一二日のテロ（死者二〇二人、負傷者三五〇人）などは、異教徒に対する集団的な処罰をなしていた。自爆テロ犯も観光客も、世界的なイスラム教徒の弾圧とはいっさい関係がなかった。

敵イコール裏切り者、偏向分子、異端再転向者

敵とは、悪魔や外国勢力によって操られた異端者のことでもある。戦いの最終目標は完全かつ世界的に社会を作り直すことにある。すなわち新たな人類が目指されているのだ。その目標を達成するには、その野を浄化しなくてはならない。ビン・ラディンはたびたび「偽善者たち」を引き合いに出していた（悪しきイスラム教徒のことだ。さもなくば地上にはもはや誰もいなくなってしまう）。レーニンが「党は粛正によって強化される。われわれの最悪の敵はわれわれの中にいる」と述べ、ゲペウ［KGBの前身］の到来を告げていたのと同様である。異議を唱える可能性のある知

識人はとりわけ狙われる。民主化したカンプチアでは、知識人は「めがねをかけた連中」だった。イスラム原理主義では、アーティストがそうである。エジプトのノーベル文学賞受賞者ナギーブ・マフフーズは、文字の読めない若いイスラム主義者による暗殺の犠牲となった。

敵はいたるところにいる。なぜならあらゆる人々が有罪だからだ。こうして粛正は自己虐殺にもなりうる。ドイツ国民を犠牲にしようとした戦争末期のヒトラーの供犠的狂気は、そのような考え方から生じている。アルジェリアのGIAは、選挙のボイコットの指令に人々が従わなかったことから、不敬虔な民衆を粛正することを決め、いくつかの村をまるごと虐殺したのだった。クメール政権下のカンボジアでは、そうしたアプローチをはるか先にまで進め、大量の暗殺の後にみずからの陣営まで粛正を図った。クメール・ルージュの「一の同志」だったポルポトは、パリで和平合意を結び、次いで弾圧政策の責任者だった「二の同志」のソンセンを有罪とした。プノンペンの法廷で裁かれたドッチは、拷問施設S21を率いていたが、そこでは一万四〇〇〇人近くが命を落としている。統計学を好むこの人物は、自身の裁判で、収容所の犠牲者の七八パーセントは、裏切り者として捉えられた体制側の幹部であると説明している。

こうした大規模なイデオクラシーは、いずれも排除と弾圧のメカニズムを考案してきた。フィトナ〔罰〕、偏向主義、異端審問、悪の弾圧と徳のプロパガンダのための特殊部隊、その他のムタワ〔教育的指導をする組織〕、すなわちワッハーブ派の宗教警察などである。ゲペウ、KGB、ゲシュタポには共通の鋳型がある。非難の対象となるものは誰にでも必ずやあり、真の信仰へと邁進するための正しいやり方（自己批判、告白、悪魔払い）を誰もが見いださなくてはならない、という考え方だ。背教は絶対的な悪であり、その処刑は信仰を証す行為となる。ロンドンに政治亡命した説教師のアブ・ハムザは、一九九五年に、背教者の家族を処刑せよとのファトワ〔宗教令〕を出している。異教を作り出し、次いでその殲滅を図るのは、繰り返される粛正のプロセスにほかならない。それにより、体制はその権力の野望の途上でたえず出くわす困難から解放されるのである。共産主義陣営内でのチトー主義者やトロツキストは、スンニ派のジハード主義者から「半ユダヤ」と考えられているシーア派を想わせる。一九九五年のパリでのテロに関与したカレド・ケルカルは、事件の少し前にドイツの社会学者ディートマー・ロッホが行ったインタビューで、「シーア派というのは、ユダヤ人がイスラムを分割するために考え出したものだ」と述べていた。今日のイラクでは、スンニ派のグループが実行する自動車爆弾テロの一部は、シーア派の巡礼者を狙い、聖地のすぐそばで行われている。二〇〇四年三月二日、シーア派の聖地カルバラで、アシュラの巡礼の最中に起きたテロは、一八五人の死者と五五六人の負傷者を出した。イスラエルでは、二〇万人ほどの超正統派が、祭儀挙行禁止となった同宗者たちと競い合っている。二〇〇九年七月には、エルサレムの超正統派の地区が蜂起の日を迎えた。きっかけは、見るからに心の病を抱えていた正統派ユダヤ教徒の母親が、三歳の子供を故意に、かつ危険なまでに飢えさせたとの容疑で警察に逮捕されたことだった。宗教的理由で子供のケアを拒むのは、エホバの証人の事件を強く思い起こさせる。これ以上に明白な事例はない。

挑発としての戦闘的態度

挑発は集団的信仰の示威行為の形を取る。体制批判のデモに関連して内戦が始まる前、アルジェリアの通りでは集団礼拝が行われていた。アリエル・シャロンはエルサレム市内のモスク広場で挑発的発言を行った。ロンドンデリーではオレンジ党が行進した。ホメイニ時代のメッカではシーア派のデモがあり、聖地の協同管理を求めた。他者への暴力は粛正の行為にもなる。北アイルランドでは匿名の個人に対して半ば儀礼的な殺害行為が行われている（磔刑、子供も含む混在家庭の殺戮）。アルジェリアでは、村人の集団虐殺のほか、ＧＩＡによる禁止のファトワ［宗教令］を無視して登校した罪で、幼い子供の殺害が行われたりしている。アメリカでは、中絶手術を行った医者が暗殺されているが、クリスチャン・アイデンティティの活動家らはこれを「子供の殺害者の暗殺」として正当化している。

宗教的暴力の目的は戦争ではなく象徴的なものである。テロ行為が賭けとしているのは、戦闘員の霊的な優位性、そして相手側に恐怖を拡散することによる心理的な優位性を示すための、精神的な領域なのだ。被害者の資質を完全に蔑むことによって他者の存在を否定するとともに、テロリストを殉教の英雄に仕立て[113]、楽園の約束によって信仰の真理を確約することにより、戦闘員としての活動家の優位性を示そうとするのである。自爆テロという現象の累乗的な増加は、まさにその現れだ。二〇〇〇年四月の調査では、現象が登場した一九八二年以来、二七五件の自爆テロが記録された。これが二〇〇〇年から〇三年になると、それだけで二六七件を数えた。イラクとアフガニスタンでの戦争、およびパキスタンやヨーロッパへのその影響によって、自爆テロの件数は爆発的に増えた。その暴力はサクリファイス（語源的には「聖別された」ということだ）に身を投じた戦闘員の殉教者名簿を増やしていく。民間人と軍人の区別は問題にならない。敵または犠牲者に対しては、いかなる人間的な価値も否定されるのだから。自爆テロはイスラム主義者の専売特許ではない。タミル・イーラム解放の虎も、スリランカの正規軍に対して、自爆テロを戦略の一つに組み込んでいた。

殉教は崇拝の対象をなす。バルーフ・ゴールドシュテインの墓をめぐる崇拝は、結局テルアビブの政府によって禁じられることになった。大衆の終末論的なテロリズムは、世論の一部を動かすために判読可能性を第一の特徴として保持し続ける政治的なテロリズムの対極にある。「テロ行為の象徴的な性格は、ある意味、宗教的儀礼の猿まねである[114]」。一九九五年四月一九日当時、オクラホマ・シティの建物には連邦の行政サービスが入っており、基本的には社会サービスの事務所だったが、託児所やその他の事務所もあった。

輝かしき未来

複数の多宗教国家において宗教的過激主義が台頭したことは、今や国際関係論の中心的な与件になっている。レバノン、ユーゴスラビア、インド、ナイジェリア、カメルーン、スーダン、コートジボワール、スリランカ、インドネシア、コーカサスの国々など。宗教的暴力はまた、同じ一神教を奉じている共同体の数々にも及んでいる。パキスタン、サウジアラビア、イランなどのスンニ派とシーア派、あるいは北アイルランドのカトリックとプロテスタントなどだ。こうした現象に、アラブ・イスラム諸国のほぼすべてに見られる、国内での暴力的な宗教対立を加えなくてはならない。シリア、サウジアラビア、アルジェリア、チュニジア、モロッコ、エジプト、トルコ、アフガニスタンなど。これまで記してきた様々な形をもつ宗教的紛争は、今日の地上世界における深刻な危機の一つをなしている。東京の地下鉄で、オウム真理教が初のサリン・ガスによるテロを起こしたのは、「終末」の到来を早めるためだった。EU内部で最も長く続いている危機とは、北アイルランドの危機であり、それは一九六八年以来、四〇年にもわたってカトリックとプロテスタントを対立させている。とはいえ、協議中の和平協定は多少の希望を抱かせはする。このことを指摘しているのは、ほかの地域の宗教戦争しか見ないことがないよう諭すためである。

民主主義各国は大きな政治的矛盾を突きつけられている。それらの国は宗教の自由を理由に、憎しみの言葉を広める過激派の説教師たちに政治的な庇護を与えているのだ。ロンドニスタン［英国内の過激派］の有名な人物であるアブ・カタダやアブ・ハムザは、英国で政治難民としての地位を得ていた。ヨルダンはテロ行為を理由に、前者の引き渡しを求めていた。後者は四人の観光客を殺害した容疑でイエメンで訴追されていた。いずれも、強制送還されれば死刑の可能性もありえたが、引き渡されずに済んでいた。こうして彼らが日曜にハイドパークで行っていた、民主主義に対する暴力的な非難は、二〇〇五年六月七日のロンドンのテロが起きるまで、表現の自由に属するものと受け止められていた。第二世代の若いイスラム教徒によって引き起こされたそのテロによって、英国の人々は、宗教の自由は不可侵の原理ではないことを思い起こしたのだ。結局彼らは強制送還された。英国の司法の対応は、ラシド・ラムダについてはやや進展が見られた。フランスの司法が、一九九五年にフランスで起きた一連のテロの首謀者と見なす容疑者である。三度にわたるフランスからの要請にもかかわらず、ロンドンの司法当局が予告していた引き渡しには一〇年を要することになった。三度目の拒否の理由は「拷問の可能性」で、同容疑者がパリの警察署で拷問を受ける可能性があるというものだった。最終的に二〇〇五年末に、同容疑者は引き渡された。ちなみにその間、ロンドンは二度のテロを被り、五六人の死者と七〇〇人の負傷者を出している。

アフガニスタンと、とりわけイラクへの欧米の軍事介入は、アメリカ政府は賞賛しているものの、アラブ・イスラム世界の全体からは、宗教に対する重大な侵害として受け止められている。一方でその同じ欧米各国の政府は、ユダヤ人の占領地への入植を止めることができずにいる。あるときは軍事遠征を行い、またあるときは言葉を駆使するのみだ。若いイスラム教徒が宗教的に過激化する例は、ユダヤ教の急進派勢力やアメリカの新福音主義と同様だ。

イスラム主義の台頭を恐れるあまり、欧米諸国の外交は、許容限度を超えて、終身の大統領や古くからの君主を擁護し支えるようになった。二〇一〇年冬のアラブの春、そしてリビアへのＮＡＴＯ軍の介入から、やがて何がもたらされるのかはわからない。複数政党制の民主主義だろうか、それともイスラム主義の勝利だろうか？　そのとき、人は投票の結果を尊重するのだろうか？

〈事例〉
内部の敵を検出する方法としての宗教的禁忌

悪を糾弾する際の宗教的原理主義の創造性は尽きるところを知らないが、そのような悪の称号をどちらか一方にのみ付すわけにもいかない。私たちとしてはむしろその「アンソロジー」を編むほうが望ましいと思われた。

タリバンは、絶対的なイスラム主義の社会を実現する、もっともありそうな候補だが、ここでは弾圧の実行を許容するいくつかの禁忌を取り上げておこう。

出典はイスラム法のアムル・ビル・マルーフ〔徳のための命令〕とナイ・アズ・ムンカル〔罪による禁忌〕の一般規則命令（アーメド・ラーシドが『タリバンの闇』[115]に引用した一九九六年一二月の宗教規律）である。

・男性はひげそりをしてはならない（ひげが生えるまで収監するものとする）。鳩の飼育、凧上げも禁止する。
・自動車、店、ホテルにおいて絵画や肖像画を撤去する義務を有する（偶像崇拝と戦うため）。
・英国風、米国風の髪型、バッテリーの使用やより広範に音楽を禁じる（礼拝を妨げるものであるから）。
・スタジアムでは、観客は「アラー・アクバル〔神は偉大なり〕」と叫んでチームを応援してはならない。

第一の敵と第二の敵。アメリカの新福音主義において最も興味深い一派は、復活派と呼ばれるキリスト教系シオニストの一派である。それは、入植の企図と社会に宗教法を課そうとする意志との間でなしうる、最悪の統合をなしてきた。その主たる企図は、パレスチナの領土の併合とパレスチナ人の「移送」にある。最初のアメリカ入植者の継承者たらんとするこの原理主義の一派にとって、大西洋の横断はモーセによる紅海の横断に匹敵し、アメリカ先住民に対する国としての制圧は、ヨシュアによる制圧を再現したものとされる。これらの原理主義者たちは反ユダヤ主義者でありながら、アラブ人は悪（アルマゲドン）を体現するのでイスラエルから放逐すべきだと考えている。時の終わりを信じているこの至福千年説の一派にとって、ユダヤ人は結局、真の信仰へと改宗しなければならず、そうでない場合には消滅するしかない存在なのだ。ヨルダン川西岸の宗教的入植地の主な出資者の一部は、このように紛れもない反ユダヤ主義者なのだ。

ヨルダン川西岸の入植地では、超正統派は禁忌をめぐって同宗者たちと競い合っている。彼らの最新の創案が、最高裁判所の命令に反対するデモである。裁判所が出したのは、ヨルダン川西岸のインマヌエル入植地のユダヤ教学校において、アシュケナージとセファラドの子供たちの差別を禁じた命令だ。アシュケナージ（中・東欧出身のユダヤ人）の親は、自分たちの子がセファラド（オリエント系のユダヤ人）の女子と同じクラスになることを拒み、娘たちを学校に行かせなくなったのだ。

第七章　概念上の敵

世界において一方的外交政策の事例はこれまで一つしかない。すなわち、二〇〇〇年から二〇〇八年までのG・W・ブッシュ政権である。アメリカの一方的政策とは、比類なき超大国の対外的行動が世界規模で行われることを意味し、それは同国の特殊性を、一種の「神聖化された排他主義」もしくは「急進的民主主義によるメシア待望論」[116]として正当化する。一方的政策は概念上の敵[117]を生み出した。同国に釣り合った唯一の敵を。

神聖化されたナショナリズム

アメリカのナショナリズムに見られる政治・宗教的な性格は、同国に宣教的な使命を与えている。一九九七年以降、G・W・ブッシュとともに権力の座にアクセスできるようになり、ネオコンのバイブル的存在となったシンクタンク「アメリカ新世紀プロジェクト」（PNAC）は、二一世紀の基本原理として、アメリカのリーダーシップは世界にとって善いことなのだ、とぶち上げている。アメリカ的例外の伝統により、合衆国は分析の対象外に置かれ、善悪や正義・不正義の判断を唯一担うことができるというのだ。ブルッキングス研究所の研究部長で、ジョージ・ブッシュ（父）の特別顧問でもあったリチャード・ハースは、著書『気乗りしない保安官』で、アメリカは湾岸戦争の教訓から、世界的な保安官、従うべきモデルになったのだと示唆している。同氏によれば、ワシントンがそうした仕事に着手するのは、不従順な勢力、隠語でなら「ならず者国家」、言い換えるなら、課せられた秩序を受け入れようとしない地域や集団に対して、空爆を組織する必要があるときに限定されているという。そのとき保安官は、西部劇における警官隊よろしく、「有志連合国」による分遣隊を組織して秩序の回復の支援にあたる。合衆国内の広いコンセンサスを得ているこうした理解（ブルッキングス研究所は一般に「中道派」と受け止められている）においては、外交政策など国の軍隊の動員以上のなにものでもなくなってしまう。

偉大な先人とされるロナルド・レーガンは、一九八三年三月一六日の福音主義の説教師の会議においてすでに、ソ連を「悪の帝国」と称し、きわめてシンプルに「アメリカの生活様式に議論の余地はない[118]」と主張していた。G・W・ブッシュの広報官は、京都議定書の拒否についてコメントし、やはり次のように宣言している。「エネルギーの大量消費は私たちの生活様式の一部であり、しかもアメリカの生活様式は神聖なものなのだ」。政治的ドグマが半ば宗教的な語彙に訴えている。9・11の同時多発テロは、一部の新福音主義者たちによって、贖罪を呼びかける天からの徴として解釈されている。有名な伝道師であるフランクリン・グレアムはこう主張する。「これは一つの訓戒だ。なぜならアメリカでは、物質主義こそが神に祭り上げられたからだ。神はバビロンの人々を見放したように、すべてを見放した。イスラエルが灰の中からよみがえるよう、ホロコーストを許したように」。こうした特定主義［キリストの死を特定の者のためとする説］の感情を無意識に抱えつつ、ジャーナリストのトーマス・フリードマンは『インターナショナル・ヘラルド・トリビューン』紙のコラムでイスラム世界について語り、こう問いかけている。「9・11の後、アメリカ人はこう自問した。なぜ彼らは私たちを憎んでいるのだろうか、と」。イラク戦争の後、問いかけはこう変わった。「なぜあらゆる人々が私たちを憎むのだろうか[119]」。議論は政治的領域というより、情動的な領域へと置き直されている。そして答えは、倫理的な言葉で示されている。「なぜなら、私たちが善で、彼らが悪だからだ」。

アメリカの外交政策はこのように、西欧的価値の不可侵性と普遍性を第一原則とし、文化的相対主義を排除するコンセンサスに立脚している。武力を使ってでも使命を果たすべきだ、と確信しているのだ。[120] ヒトラーは一〇〇〇年先までの王国を見据えていた。より控えめなウォルフォウィッツは、二世代先までを見据えることでよしとしていた。

侮辱のトラウマと、合衆国の力の喪失という感情は、ネオコンの政治・宗教的勢力圏の動力源をなしてきた。ベトナム戦争の敗北、テヘランでのイスラム革命、アフガニスタンへのソ連の侵攻、一九七九年のイランでの人質事件による屈辱、アンゴラやモザンビークへのキューバ軍の駐留などは、アメリカの後退を表し、それに対する反動が必須とされた。その動きは、アメリカ新世紀プロジェクトを立ち上げた知識人たちによって始められたのだ。

帝国（主義）的思考

九〇年代のアメリカの各種ベストセラーを見ると、サミュエル・ハンチントン、フランシス・フクヤマ、ジョセフ・S・ナイ、ポール・ケネディ、ズビグネフ・ブレジンスキー、トーマス・バーネット、ロバート・ケーガンなど、どれも紛争的な世界観を示している。ハンチントンは『文明の衝突』の中で、西欧とイスラム世界との避けがたい紛争を予想している。一九九四年二月、ロバート・D・カプランは『アトランティック・マンスリー』誌に、「迫り来る無政府状態」というタイトルの、激しい論争を呼ぶことになるエッセイを発表した。人口増加、都市化、天然資源の枯渇などによって、南側の各国政府は弱体化し、無政府状態の温床になるというのだ。一部の地域はある種の恒常的な戦争状態になり、世界にとっての脅威をなすだろうというのである。カプランはこう述べる。「西アフリカは世界的危機のシンボルになっている。人口、環境、社会の危機であり、その中でとくに戦略上の真の脅威と思われるのは、犯罪を招く無政府状態である」。ポール・ブラッケンは一九九九年に『炎上する東洋』を刊行したが、その中で彼はある地図を描いてみせた。著者によるとそれは、将来の紛争の火種となりうる「空間的危機」を表しているという。黄禍論の新たな転移だろうか？　バーネットは、危険地帯とはグローバル化のプロセスから排除された地域のことだとし、アメリカ軍の基地のネットワークは、そのような危険地帯を取り囲まなくてはならないと述べている。

ズビグネフ・ブレジンスキーの『ザ・グランド・チェスボード[121]〔原題〕』は、アメリカの指導者たちが抱く冷戦後の一方的政策観のあんちょこになっている。重要なのはもはや敵ではなく、自国の優位を維持することなのである。「合衆国の前例なき力もやがて衰退する運命にある以上、アメリカの優位を脅かすような新たな世界的勢力の出現を管理することこそ優先事項なのである」。「ヨーロッパがさらに広域に拡大すれば、アメリカの勢力圏も増大しうる（中略）。西ヨーロッパは広い意味でアメリカの保護領となり、その各国は、旧帝国の臣下および属国がかつてどういうものだったかを思い起こすことになるだろう」。「グレーゾーン」や法を逃れる「栄光を失った国々」は、それらを揺さぶる危機がアメリカの安全にまで直接影響を及ぼさない限り、憂慮せずともよいとされる。

ひとたび支配権の原則が確立されれば、議論は目的よりもむしろ方法をめぐるものとなる。ジョセフ・ナイ[122]は、影響力の必要性を強調し、非強制的な手段を通じて当事者の行動に間接的に影響を及ぼす能力を「ソフト・パワー」と称している。合衆国がほぼすべての「ソフト・パワー」の手段（映画やテレビ番組の制作、シンクタンクなど）を掌握しているだけに、その方法はいっそう納得いくものになっている。

「グローバルかつ概念的」な戦争（対テロ・核拡散防止の戦争）は、敵の特定に必須となる単一の世界的パラダイムを再建する。超大国は他国に適用される国際ルールを免れることができる。たとえそれが、あらゆる国際条約、あるいはほぼ全部の国際条約に従うことを拒み、冷戦時代から受け継いだ安全保障体制を解体することになろうとも。「一国の安全保障は、いかなる外的な制約にも依存してはならない」。ブッシュ政権下で国家安全保障問題担当補佐官を務めたコンドリーザ・ライスは、しばしば公式見解でそう繰り返していた。支配的な大国こそが、単独で議題を決め、重要とされる危機を選別し、ダブル・スタンダードの外交戦術で敵を名指しするのである。ブッシュ政権の閣僚たちは「大中東」構想で世界地図を描き直すことをみずからに許し、「レジーム・チェンジ」の概念で政治体制の性格を一変させることをみずからの任務としていた。

超大国は、みずからがこれぞ「国際安全保障」と考える自国の利権の数々について、それらを侵害しうる危機を恣意的に決定することができる。かくしてパキスタンは、「善良な」核拡散国、「善良な」テロ国家と見なされる。なぜかといえば、同盟国だからだ。合衆国は多岐にわたる軍事的手段を司る唯一の存在であり、単独で行動できる。「無意味な世界」[123]とされるものは、選択的に注意を受けるにしか値しない。ソマリアで一七人のアメリカ陸軍兵士（ＧＩ）が亡くなっても、もはや介入を正当化することはなく、そのため数年後にルワンダでの虐殺が起きた際にも、それを食い止めるためのＧＩはいなかったのだ。

超大国の国際的な行動は、恐怖をまき散らす殺人兵器、テロリスト集団、独裁政権などの処理を目的とした予防的性格[124]をもっている。だが、それはあくまで対症療法だ。あるアメリカの将軍もこう語っている。「テロや核拡散防止のための戦争を行うのは、言ってみれば第二次大戦中に潜水艦だけで戦うことに決めるのと同じくらい愚かしいことだ」。国務省が二〇〇二年から示している八五のテロ集団の長大なリストは、アメリカ政府が根絶治療の行動を取ろうとしていることを証している。

武力への訴え

自国の領土で戦争による破壊行為を受けたことがない合衆国は、武器の使用についてヨーロッパとは異なる理解を示している。9・11以前にアメリカ新世紀プロジェクトのメンバーが編纂した『アメリカの防衛体制を再構築する』は、先制攻撃と、超小型核爆弾（ミニニューク）による核兵器使用の正当性を原理として掲げている。彼らによれば、支配的大国は、敵を特定する自国の組織が危険の切迫を認定した場合、正当に「先制攻撃」を仕掛けることができる。ほかのいかなる国も、国際的な抗議の嵐を引き起こさずにそのような考え方を発することはできなかっただろう。そうした概念はやがてイラクへの侵攻を正当化することになるのだが、欧州連合も約半数の国がそれに従うことになる。

切迫する危機とは、超大国のみが評価できるものであり続けている。二〇〇三年二月、コリン・パウエルが国連で演説したが、まさにそうした評価が目的だった。彼はそれらしい容器を挙げその写真を振りかざしながら、サダム・フセインが大量破壊兵器を所有していることを証明しようとした。それらに入っていたのは、9・11以後米国で盛んに取りざたされ、後に国防省の軍事研究施設から持ち出されたものだったと知ることになる炭疽菌だったのだろうか、それとも単なる小麦粉だったのだろうか。

プロパガンダは、ハリウッドの映画やテレビドラマに見られるような戦争の価値観とその勇ましさの美徳とを流布させる。映画やテレビではアメリカの軍人、スパイ、警官がヒーローだ。一方でケネディやルーサー・キングの殺害に関わったとされる人々はいまなお大手を振って歩き、CIAは限界を露呈し、イラクやアフガニスタンではGIは身動きできずにいる。まさに夢の世界とうり二つだ。帝国の軍事介入のための分遣隊だった元海兵隊を価値づける神話。そんなものは合衆国以外では考えられない。フランスのテレビが、アフガニスタンに侵攻したソ連の精鋭部隊スペツナズや、アルジェリア戦争でのパラシュート部隊を描くテレビドラマシリーズを放映するなど、果たして想像できるだろうか。

全能感に苛まれる合衆国は、9・11の同時多発テロに対して最も危険なやり方で反応した。二年間で三つの戦争を起こしたのである。二つは国家に対する戦争（二〇〇一年のアフガニスタン、二〇〇三年のイラク）、一つはテロに対する戦争である。それはまさに、アルジャジーラが二〇〇一年一〇月二一日に放映したインタビューでウサマ・ビン・ラディンが目的として語ったことの一つにほかならない。[125]マサチューセッツ工科大学のジョン・パラチニが言うように、「巡航ミサイルでの攻撃ははるかに容易だ」というのは本当である。二〇〇一年の同時多発テロの少し後に、ユルゲン・ハーバーマスはこう警鐘を鳴らしていた。「リスクの境界を定めることはできない。それでは脅かされた国民が難しい立場に置かれてしまう。不確定なリスクに対応する上で、国民には、国家の枠内で組織された武力しかなくなってしまい、国民はこうして過剰反応へと導かれてしまいうる（中略）。各国は、自前の手段が不適格な性質のものであることを証し、笑いものになるリスクを冒す。法治国家を危険にさらしてまで安全保障対策を駆使するならば、国内に対してそうならざるをえないし、不相応で効果もないと思われる、あまりに強大な武力による空爆を実行するならば、対外的にもそうなってしまう」。

敵、ライバル、競合相手

敵は見えない存在だ。それはテロリストであり、敵という地位を人は認めない。それでもなお、世界のいたる場所で、あらゆる手段で戦いは行われていく。アブグレイブとグアンタナモ、CIAによる容疑者の身柄拘束、同盟国にあるCIAの秘密の刑務所、拷問の合法的な使用など。ほんのわずかな時間で、合衆国は世界のその他の国々に追いつき、テロに直面する民主主義国の一つになった。ブッシュ政権の責任に帰される各種の人権侵害によって、外国人が享受できていたであろう司法上の保証はいきなり吹き飛んでしまった。逆に、二〇〇二年にアフガニスタンで捕まったアメリカ人のタリバンのメンバー、ジョン・ウォーカー・リンドのように、「さまよえる」アメリカ市民には合衆国で裁判を受ける権利があった。共和党政権の司法上の唯一の懸念は、アメリカ市民と外国人との扱いの差を法の観点から正当化することにあった。

敵の存在を越えて、一般的な戦略もまた競合相手の台頭を食い止めようとする傾向にある。それゆえにネオコンたちは、中国やロシアを非難する言説を弄するのである。敵、ライバル、競合相手、競争相手の区別はときに理解し難い。フランスや英国のような従来からの軍事同盟国も、商業上はライバルなのであり、それらに対しても、通信傍受システム「エシュロン」を駆使することは正当とされるのだ。なにしろそれは経済「戦争」なのだから。視点の異なる同盟国は蔑まれ、さらには中傷キャンペーンまで行って遠ざけられる。デイヴィッド・フラム［ブッシュのスピーチ・ライター］とリチャード・パールの共著『悪の最期』は、なぜフランスやサウジアラビアを敵と見なさなくてはならないか説明づけている。「フレンチ・バッシング」は二〇〇三年、パリがベルリン、モスクワ、北京と連携し、国連の場でイラク侵攻の承認を拒否した際、合衆国で激しく吹き荒れた。コンドリーザ・ライスはこう述べている。「私たちは動こうとしないそれら各国に対して、フランスを罰し、ドイツを無視し、ロシアを許すだろう」。ドナルド・ラムズフェルドはフランスとドイツを「古いヨーロッパ」と称し、アメリカの立場を支持した東欧各国を「新しいヨーロッパ」と持ち上げた。後に大統領候補となるジョン・マケインは、二〇〇三年二月一四日付けの『ニューヨーク・タイムズ』紙で、性差別的な発言をしている。「フランスは一九四〇年代の往年の女優のようなもので、自分のルックスでもって夕食に招かれようとするのだが、もはや頭の中は空っぽだ」。これはあくまでアメリカの高官らの立ち位置を示す発言にすぎない。このように、集団ヒステリーの波は、偉大な民主主義国すらをも席巻してしまいうるのだ。

現在のアメリカ型の超大国に歴史上匹敵するものは、ローマ帝国しかない。同帝国は文化的統合モデルと軍隊とをかざして支配し、はるか遠方の辺境の地にいた異国人たちに対して要塞線を張り巡らしていた。

ヨーロッパ各国は、自国の安全保障と民主主義体制の安全保障を、みずから考察し始めなくてはならないだろう。ロシアとの関係、中国との関係、多極的な安全保障の構築、NATOの戦略概念についての独自の省察などである。アメリカの考え方に全面的に依存している限り、各国はさしあたり合衆国との関係強化の手段ばかりを追い求めるしかない。フランスのエドゥアール・バラデュール元首相は、著書『ユーロ・アジアの同盟のために』の中で、日本やオーストラリア、韓国、インドなどに一度も言及しないまま、「民主主義陣営」について語り、まさにそのことから、ワシントンに対して多くの最上位のエリートたちが温存し続ける盲従的な依存体質を証してみせた。「ティー・パーティー」の運動を通じて現在のアメリカが示す政治的力学からしても、おそらくその一方的政策は、G・W・ブッシュとともに完全に消えたわけではないと思われる。ではヨーロッパ諸国は今後どうすればよいのだろうか？

〈事例〉

デイヴィッド・フラム——核拡散による拡散防止の戦い

二〇〇一年から二〇〇二年にかけてアメリカの政権に関わったデイヴィッド・フラムは、G・W・ブッシュの「悪の枢軸」演説の起草者の一人である。二〇〇六年一〇月一〇日に『ニューヨーク・タイムズ』紙に掲載された「相互に保証された断絶」という記事の著者でもある。以下にその抜粋を掲載する。大量破壊兵器の拡散に対して、なんと拡散で戦うというのがその主旨だ。

「北朝鮮の核実験（中略）は、十数年にわたるアメリカの外交努力の失敗を物語っている。新しいアプローチは必須であり、アメリカは三つの目標を掲げるべきだ。

一つめは、直接脅かされる同盟国の安全保障を強化することである（中略）。二つめは北朝鮮が核開発で支払うべき代価を正確に試算することだ。その代価は、同じようなアプローチを試みようとするイランやその他のならず者国家を踏みとどまらせるべく、十分に大きなものでなくてはならない（中略）。最後の三つめは、中国を罰することだ。中国なくして平壌は、その開発計画を完成にまで進めることはできなかっただろう。食料もエネルギーも備蓄が底をついているからだ。見るからに北京は、北朝鮮がもたらす不安定性になにがしかの利点を見いだしている。仮に中国が動機もなくそういう行動ができるのなら、モスクワが今後イランやパキスタンを支援するのを、一体誰が思いとどまらせることができるだろうか？ あるいはアラブ世界やエジプトの核開発の支援を（中略）？ そうした目標を達成するには、米国は四つの迅速な対応をなす必要がある。

一．まずはミサイル防衛計画の継続だ。これは、攻撃的だけれども脆弱な、北朝鮮のような国の存続をより面倒なものにすればよく、全面的に効果的である必要はない。より精度の高いミサイル迎撃システムを配備すれば、別の目標を達成できるようにもなる。すなわち中国の間接的な処罰だ。同国は、台湾に圧力をかけるために用いている自国のミサイルの効果が減じていくのを目の当たりにするだろう。

二．人道支援に終止符を打ち、韓国もそうするよう説得すれば（中略）、北朝鮮ばかりか中国に対しても、支払うべき真の代価が課されることになる。中国の指導者たちは、隣国が経済的・人道的な惨事に見舞われれば、中国に大量の難民が流入すると説明している。だがこれはブラフにすぎない。仮にそうしたリスクを北京が本気で恐れているとしても、ではなぜ米国と韓国が、中国がそのリスクに対処できるよう支援しなければならないのだろうか？ 自国の顧客への支援なのだから、その真の代価は中国に支払わせればよい。

三．日本、韓国、オーストラリア、ニュージーランドに、ＮＡＴＯに加わるよう促す。台湾にもオブザーバーの派遣を呼びかける（中略）。

四．おそらく中国と北朝鮮は、最近の核実験により、太平洋地域は自分たちに有利になるよう戦略的バランスが変化したと考えているのだろう（中略）。日本に核不拡散条約を断念するよう仕向け、自前の核による抑止力をもたせれば、第二次大戦の真の終結が示されるだろう（中略）。日本の核武装は中国や北朝鮮が最も恐れる事態だ（中略）。おそらくはイランもそれを教訓にするだろう（中略）。それと平行して、当然ながらイスラエルを支援し、その核開発計画を改善させ、標的設定の精度を高めるのである。

北朝鮮やイランのような国が自前の核兵器を配備しようとするのは、それにより自国の安全保障が約束されると考えているからだ。それらの国を抑え込む方法は、そうではないことを思い知らせる以外にない（中略）。北朝鮮の場合もそうだし、また現在のイラクもそうだが、交渉が失敗に終わった場合、ならず者国家は、自前の核という危険な野心の、正確な代価を見積もらなくてはならなくなるだろう」。

第八章　メディアが作る敵

二〇一一年三月二四日付け『ル・ポワン』誌に掲載された記事が、リビアにおけるフランス外交政策の誕生を跡づけている。

外交はときに、ラファエル宮のロココ調の部屋から電話をかけるように単純なものだったりする。ベルナール＝アンリ・レヴィ（以下BHL）はこう訊く。「明日リビアに出かけるので電話した。役立ってくれそうとか、状況を教えてくれそうとか、現地で興味深い相手と連絡が取れたら、向こうから電話してもよいかな?」ニコラ・サルコジは答える。「もちろんだよ。遠慮は要らない」。二月二七日日曜、この哲学者は電話を終えると、荷物を鞄に詰め始めた（中略）。国民評議会（CNT）は、植民地時代の屋敷で開催された。カダフィが町を支配していた当時の公邸だった場所である。BHLは委員会の八人のメンバーを前にこう切り出した。「ニコラ・サルコジと連絡を取っている。私は大統領の政党に所属しているわけではないが、あなたたちを大統領に会わせることはできる」。CNTのメンバーは全会一致で提案を受け入れた（中略）。二時間後、BHLはやっとサルコジとの連絡を取りつけた。リビアの混乱状況について大統領に告げ、同じく希望や、CNTの会議についても報告する。「ジャン＝ダヴィッド・ルヴィット［外交顧問］と連絡を取ってほしい。私も君の友人なら喜んで会うよ」と大統領は返答した。「彼らはリビアのマスードだ。会ってくれるなら、それは政治的に大きな意味があるよ」[126]。

この抜粋は、現代の危機にあってメディアに登場する知識人が担う、新たな役割を示してくれている。というのも、もはや世界大戦の危機、あるいは民主主義の存在を脅かすような戦略的危機は存在しないからだ。今日、核拡散やテロが、ソ連という軍事と産業の複合体がかつてそうであったような、大規模な脅威をなすとはまったく考えられない。世界がいっそう安全になったというわけではない。単に危険が少なくなったのだ。とはいえ、『反逆する世界』[127]が調査した反逆と、アメリカの戦略国際問題研究所（ＣＳＩＳ）の『進行中の紛争』の間で、今後はどのように選択すればよいのだろうか。何が大衆の不安を煽るのだろうか？　誰が被害者と加害者を名指しするのだろうか？　なぜ欧米諸国は、ティモールやハイチ、リビアに軍事介入するのだろうか？　「生き神」ことダライ・ラマが神権政治という最も太古の体制を代表しているというのに、なぜ共産主義の中国に占領されたチベットのために、人々がこれほどの運動を起こしているのだろうか？　政教分離の国の首都であるパリは、なぜダライ・ラマを名誉市民として讃えているのだろうか？

私たちは今や、現代に固有のカテゴリー、すなわちメディアが作る敵の時代に突入したのだ。

戦略的争点のない危機を「国際化」すること。それは理解しようと試みるべき一つのノウハウなのである。ここで言う「国際化」とは、紛争が拡大するリスクのことではなく、欧米の共同体が紛争に際して示す利害関係の広がりのことだ。最も典型的な事例としては、一九九二年のソマリア危機に対する国際世論の盛り上がりが挙げられる。司令官らが人道支援物資を略奪していたのだが、パキスタンの国連平和維持部隊は無力で、略奪を阻止する気もほとんどなく、国際社会に対する挑戦という感覚を助長していた。メディアが騒いだことで、一九九二年末、首都モガディシュでの停戦合意を守らせるべく、また国連の人材、施設、物資を保護すべく、アメリカが陣頭指揮を執り、多国籍軍による「希望の修復」作戦が行われた。多国籍軍はまた、人道支援物資を配給センターまでエスコートする役割も担うことになった。顔を黒く塗ったGIたちは、夜間に這うようにしてソマリアの海岸に上陸し、その様子をアメリカのテレビ局の撮影隊が投光機で照らし、生中継で放映した。当時フランスの人道支援活動担当閣外相だったベルナール・クシュネールは、報道カメラマンの前で、米の入った袋を担ぎポーズを決めていた。フランスの第一チャンネルのニュース・キャスターは、モガディシュから番組を生中継で伝えた。ソマリアの司令官たちは、それとは別の決着を示していた。軍事衝突で一八人のアメリカ人兵士が死亡し、その遺体が車両の後ろにトロフィーのように並べられ、多国籍軍は敗退したと伝えたのだ。

今なおソマリアはほとんど同じような状況にあり、ソマリア国民は相変わらず苦しんでいる。だが、もはや世論を動かすには至っていない。危機の人道的な面だけではもはや十分ではないのだ。海賊行為の報道がそれを凌駕してしまっている。では、危機には善いものと悪いものとがあるということなのだろうか？　世論を作り上げる側には、そうした区分けをしがちな者もいる。

いかに作り上げるのか

一九九一年の湾岸戦争では、史上初めてCNNによる生中継が行われた。冷戦後のイデオロギー的・戦略的空隙のなか、以後、メディアによる報道こそが出来事を作り上げるようになる。国連平和維持軍の司令官、カナダのロメオ・ダレール将軍は、ルワンダでのツチ族の虐殺になす術もなく、ただそれについて証言した人物でもあるが、あるとき「一人の報道特派員は現場の大隊一つにも相当する」と述べていた。映像と情感は分析に勝るのであり、世論における不安という内的要因は、対外政策のきわめて重要な決定因になっている。それぞれの危機の、現実の戦略的争点をも凌駕するほどだ。だが、いわば情動の真の温度計でもあるテレビ・ニュースの知的空間は制限されている。同じニュース番組内で、二つの重大な危機を取り上げるのは技術的に不可能だからだ。「メディアが作る敵」とは、晩のニュースにおいてメディアが選択し指定し、次いで週刊誌や日刊紙において同様の扱いを受ける敵のことなのである。ノーム・チョムスキーはベトナム戦争におけるこの現象を、著書の中で取り上げ、深く掘り下げている。[128] 逆に、アラブの世論をなす視聴者の大半はアルジャジーラを見るが、そこではティエリー・メイサン〔陰謀論を説くジャーナリスト〕のインタビューがいくつも流されていた。彼らは、9・11のテロはユダヤ人とアメリカ人が煽ったものだとのテーゼを信じている。

危機が国際化するには、今後はメディアの規範に従わなくてはならない。その規範とはどういうものだろうか？映像と血と犠牲者である。ミャンマー（旧ビルマ）では、弾圧の噂は聞こえてくるものの、映像はほとんどない。それでは熱を上げるのは難しい。南スーダンでは、犠牲者の姿は見えるものの、危機はあまりに複雑で、攻撃する側が犠牲者に見えてしまうほどだ。いかなる危機も、長期にわたる映像の不在を耐え抜くことはできない。現在のシリアでは、携帯電話の利用によって映像の転送が可能になっているが、そのクオリティの低さが映像の活用を難しくしている。映像が欠落しているとしても、弾圧の事実が証明されるのであれば代用品もありうる。ネパール警察によって弾圧される仏教僧のデモの写真を、ドイツの大衆紙はラサでの中国の弾圧を示すために使用した。フレーミングだけの問題なのである。フランスのテレビ局も過ちを犯したことがある。アフマディネジャド大統領の選出に反対しイラン警察によって弾圧されたデモを伝えようとして、ホンジュラスで撮影された映像を用いてしまったのだ。[129] けれども、誰もテヘランやラサの弾圧について議論したりはしないのだ。いうまでもなく。

撮影対象となる犠牲者こそが重要なのだ。たとえ分析がおざなりになろうとも。パキスタン北部の部族地域はジャーナリストに対して閉ざされており、アメリカの空爆による犠牲者の映像が出回ることはない。逆にテレビには、ペシャワルやカラチのテロによる犠牲者の映像が溢れかえる。テロの暴力がよりはっきり見えると、同盟軍による空爆という軍事的暴力よりも、そちらがいっそう非難の対象になるように思われる。逆にアメリカの法律は、アメリカ人犠牲者がそれとわかる映像を流すことを禁じている。9・11のテロでバラバラになったり焼かれたりした遺体は、撮影されることがなかった。その一方でアメリカのメディアは、アメリカ人以外のテロ犠牲者ならば映像を流すことができる。アラブの通りにアメリカ人犠牲者はいたためしがない。陰謀のサブリミナルな証しである。

情感は、可能であれば数字化するのが望ましい。ソマリアへの支援物資は「八〇パーセント」が略奪された。この、誰も出典を知らない数字だけで、人々の感情を高ぶらせるには十分だった。イラク軍は「世界第四位の軍隊」（第三位はどこだったのかわからずじまいだ）とされた。メディアの操作によって情感が揺さぶられる最も顕著な例は、一九九一年の侵攻の際に、サダム・フセインの部隊によって行われた、クウェートの産院における保育器略奪の話だった。中継が入った下院での事情聴取の際に、若い女性が涙ながらに語ったその話は、アメリカの視聴者にサダムの恥ずべき行為を確信させ、結果的に大義の正当化に大きく貢献した。その後、この話は完全に嘘であることが判明した。国外に逃れていたクウェート政府がアメリカの広告会社の支援を受けて作り上げたもので、話をした若い女性も、在米クウェート大使の娘だったのだ。つまり彼女は、感情を込めて語ったその事件の現場を一度も見ていないのだ。これと平行して、イラクに対する一〇年以上もの禁輸措置のせいで起きた冷酷な虐殺は、とくに子供を中心とするイラク市民数十万人を死に追いやったが、映像がないせいでほとんど世論を動かすことがなかった。

反乱軍の指導者はメディア受けする人物でなければならない。イゼトベゴビッチのベレー帽、マスードの司令官としての面構え、パンジシール山地のタジキスタン人のかぶりもの、アウン・サン・スー・チーの屈強な女性としての顔つき。いずれも、たとえばコソボの平和主義のリーダー、イブラヒム・ルゴヴァよりもメディア向きだ。ルゴヴァは母親が編んだセーターと、首に下げた時代遅れの学生風なスカーフがトレードマークだった。「私たちにはダライ・

ラマが必要だ！」ウイグル族の戦いの立役者だったラビア・カーディルは二〇一〇年にそう叫んでいた。逆に、露出したがらない指導者は、たとえそれが正当なものでも、危機のメディア報道にとっては厄介だ。タミル・イーラム解放の虎のプラバラカン議長は、写真撮影を決して許さなかったし、インタビューにも応じなかった。とはいえ、仮面をかぶった指導者も一定の期間はうまくいく。メキシコのマルコス副司令官は、その目出帽とパイプをトレードマークとし、サパティスタの原住民の大義を知らしめた。

エキゾティシズムも、ある種のロマンティシズムに資するのでなくてはならない。「自由の戦士」ことアフガニスタンの誇り高きムジャヒディン、ロシアの蛮行と戦う強硬なチェチェンの兵士たち、中国の警察に追われる、サフラン色の衣装を纏ったチベットの僧侶たち。ウイグル族はさらなる放送枠を見いださなくてはならない。通りでのデモだけではもはや十分ではない。近代性に取り込まれた善良なる野蛮さがわずかに加味されれば、それはいつでも信用に値するのだ。ダライ・ラマ（語源的には「知恵の海」で、現在の人物はその一四代目であり、地上の活ける神とされる）に代表されるチベットは、亡命チベット人代表議会よりもメディア受けはしそうだが、一方で私たちの政治規範にいっそう近い存在でもある。その政治綱領もポリティカリー・コレクトなテーマに帰されなくてはならず、そのため再構成されるであろう神権政治体制の位置づけは取り上げられなかった。ダライ・ラマが欧州議会で行った演説は、環境の尊重と非暴力、さらには平和主義を強調し、中国が撤退した場合にダライ・ラマは、政教分離の中心地として公共の場での宗教的な徴の着用を禁じる各種の法律を採択した、パリ市の名誉市民となったのだ。

メディアで取り上げられるためには、日程的な制約にも細心の注意が必要になる。オリンピックやサッカー・ワールドカップなど、世界的なスポーツイベントの期間中には、虐殺を発表したりしてはならないし、大義を人口に膾炙させようとしてもならない。先に触れたように、メディアは二つの重大事象を同時に扱うことはできないのだ。調整を行わなくてはならないのである。

シンプルで、そのうえ単純化したシナリオを用いれば、善悪いずれの側の役割も特定でき、物語をつむぐことができるようになる。広報において必須の「ストーリーテリング」の技法である。[130] 第二次大戦以降で最も死者数の多い戦争となったコンゴ紛争など、あまりに複雑な危機はなかなか関心を引けない。非正規の戦闘員、汚職まみれの指導者たち・司令官たち、無差別の暴力、集団レイプ、少年兵たち。犠牲者は純粋で悪者は不純だという、二極的な大義が示されなくてはならないのだ。「一〇年にわたり赤軍がアフガニスタンを破壊し、その廃墟にギャングが、次いでタリバンが生まれ、やがてビン・ラディンが登場し、結果的にツイン・タワーに至った」と、グルックスマンが見事な要約を記している。[131] まさにもっともな話である。なぜもっと早くにそう考えていなかったのだろうか？

完璧な悪とされるのが中国人、イラン人、ロシア人などだ。サパティスタの危機についてメキシコ政府を非難したり、息子を自分の後継者に指名しようとしたムバラク大統領の欧米寄りの政権を非難したりするのは、よりいっそう難しい。

罪があってはならない。犠牲者に悪しき行動があっては、メディアの支持や人道支援を取り付けるのは難しい。弾圧されるイスラム教徒の運命が欧米の世論を動かさないのは、「テロ行為」のせいで彼らの大義が暗に信用を失っているからだ。一九八八年のアルメニアの地震は連帯の波を引き起こしたが、その数ヵ月前にイランで起きた地震はそうした動きを呼び起こさなかった。北オセチアのベスランの小学校占拠事件では、一八九人の児童を含む三六五人が犠牲になったほか、七〇〇人近くが負傷し、「誇り高きチェチェンの戦闘員」のイメージはいきなり汚されることになった。欧米人の人質を取るのは、ときに諸刃の剣になりかねない。今や人質は一つの産業になり（二〇〇八年の時点で、世界での誘拐事件は一万四〇〇〇件に及んでいる）、メディアからすれば、コロンビアで行われていたような卑劣な誘拐や、捕虜の交換のための政治目的の人質事件（イスラエル人兵士シャリートは、一〇〇〇人ものパレスチナ人捕虜と交換された）を、CIAの各部署が実行する誘拐から区別するのは難しくなっている。

現代の紛争の当事国は、広報の重要さを理解している。ユーゴスラビアの内戦では、三つの陣営それぞれが独自の戦略を採用していた。セルビアはユーゴスラビア流に報道を検閲し、ジャーナリズムは言えと命じられたことを言わなくてはならなかった。セルビア人は広報の戦いに敗れている。クロアチアは軍事力では劣っていたが、速やかに「開かれた」ジャーナリズムを採用した。ガイド付きの訪問を組織し、状況の不正さとセルビア側による民族浄化の暴力を示そうとした。セルビア分離派が占拠していたクラジナ地方では、政界関係者や欧米ジャーナリスト向けに何度もツアーが組織された。だがクロアチア軍が武力でその地域を制圧すると、アクセスはいきなり閉じられ、今度は彼らの側がセルビア系住民の民族浄化を行っていった。ボスニア人はというと、犠牲者として振る舞う戦略の利点をいち早く見抜いた。サラエボの人道的・軍事的状況を、意図的に実際より悪く描くという戦略だ。ＡＦＰ通信の現地特派員によれば、空爆のたびに犠牲者数は膨れあがり、包囲された町の墓地に掘られる新しい墓の数にはまったく合致していなかった。アルジェリアの内戦では、犠牲者数の算定単位は人口一〇〇〇人に対して何人かでしかなかった。「強度の弱い」紛争だからといって、とうてい理解できない現象である。

メディア的な諸条件が満たされると、副次的な問いが掲げられる。すなわち、誰が大義を担っているのか、誰がメディア空間にアクセスし、広報担当官として援護射撃をするのかである。こうして、メディアの領域には新たな担い手が登場する。その者は、危機の階層化や敵の指定などに、新たな「敵のマーカー」として貢献する。メディア的な知識人、ディアスポラの人々［他国に住む離散者］、そしてある種の条件下では人道支援団体がその役割を担う。だが、メディアが作る敵はこれまでのカテゴリーとは違い、軍事行動を必ずしも正当化するとは限らない。そのような敵は、単に合意にもとづく非難の対象にとどまる可能性もある。

私は（私も）糾弾する

ドレフュス大尉の有罪判決に対して一八九八年にゾラが発表した有名な公開状の題名［「私は糾弾する」］は、共産党という怪物が消えてからというもの、知識人にとって、国際的な大義を探るための必須の実践となった[132]。

フランスのメディアに登場する知識人は、現代版の博学者のカテゴリーであり、目下の問題を熟知しているということよりも、価値の擁護者（コンセプトの担い手といわれる）という立場、あるいは危機に対する個人的見解によって有名になっている。そのため彼らは「タブーの破り手」「一般常識の批判者」[133]という立ち位置を取る。一九七〇年代には世代間のギャップが顕在化し、知識人も嘆願者の世代からメディア人の世代へと移行した[134]。まさしくフランス独自のカテゴリーである「聡明な精神」をなす彼らは、あらゆることに意見を述べる。メディアにアクセスできる彼らの能力は、いくつかの大義を「浮上」させる。大学人のポール・ギャルドは、現代ユーゴスラビアをよく知る人物なのだが、一九八九年から九〇年にかけて生じつつあった危機についての記事を、なかなか取り上げてもらえなかった。ところがＢＨＬやその他の知識人が動いて、状況は一変した。

この世代のオリジナリティをなすものとは何だろうか？　どちらかといえば平和主義だった前の世代とは異なり、彼らは介入主義者だ。一九九四年五月の欧州議会選挙の候補者リスト「欧州はサラエボから始まる」の世代である。ベルナール＝アンリ・レヴィ、パスカル・ブリュックネール、アンドレ・グリュックスマンなどが名を連ねたそのリストは、世論に対して警鐘を鳴らすためのものだったが、彼らはみずから進んで介入主義を標榜した。後にアメリカの知識人が、イラク戦争を支持して示したのと同様である。六〇人（アメリカの知識人）による共同声明は「なぜわれわれは戦うのか」と題し、二〇〇二年二月に発表された。ホワイトハウスが決定した戦争への支持を表明し、正義の戦争の伝統的な変項にテロとの戦いを書き入れた。同声明は、二〇〇一年九月一一日に被った攻撃への報復をなす合衆国の権利を謳っている。その権利自体については誰も実際に疑いを差し挟んではいないが、一方でそれは、アメリカの報復が突きつけた問題への答えにもなってはいない。すなわち敵とは誰か、アフガニスタンを越えて合衆国がなそうとしている戦闘行動の許容限界はどこか、といった問題である。

世界の不幸を渡り歩くメディア系知識人たちは、パスカル・ブリュックネールによれば「抵抗主義」を標榜している。彼らは悪しき思想家たちを糾弾することも辞さない。「私は中国の現政権を非難する！」と、ギ・ソルマン[135]は述べ、「ビザを求める中国びいきの者（中略）、契約を取り付けようとする利権屋（中略）、媚びへつらおうとする政治家（中略）、ためらいすら感じない人々」を糾弾している。

彼らは現場の人であろうとし、どこか戦地に対する憧れを身に纏っている。「誰もがおのれのスペイン内戦を生きている」とベルナール・クシュネールは一九九六年に述べている[136]。BHLは、数機の戦闘機があればサラエボは解放されていた、と主張していた[137]。一九九八年一月八日から九日にかけて『ル・モンド』紙に掲載された、「アルジェリアから見た事態」という地味なタイトルのルポルタージュで、BHLは、暗黒時代でもアルジェリアの中心部では普通の生活が営まれていたと解説した。それだけのことを述べるために、わざわざ現地に移動する必要はなかった。エジプト革命最中のタハリール広場への訪問時に記した記事の数々、リビアから帰国した後の二〇一一年三月六日の『ル・ジュルナル・ド・ディマンシュ』紙掲載記事など、このような事例は数多く見いだせる。「イスラエル側から見た戦争」と題した、ガザへの空爆についてのルポルタージュを後ほど挙げておこう。BHLはそこでも同じ論証のプロセスを用いている。つまり、現場を訪れて、民家を撃たなくてはならなかった戦車の大砲の悲劇について解説するというわけだ。旅に出る頻度が低いほかの知識人は、知的技巧を駆使し、遠隔地に居ながらにして議論をする。かくしてアレクサンドル・アドレールは、様々な危機について手当たり次第に書いている[138]。複雑なパズルの想像上のピースを、巧みな名人芸ではめ込んでいくのだ。こうして五月三日火曜日の番組『C・ダン・レール』では、CIAとパキスタンの諜報機関の込み入った関係について、アドレールだけが解説できた。どちらの側も公式な声明を出す習慣がなく、決して否定することがないことを確信した上で。

世論の動員を目的とした宣伝文句はかなり繰り返し出てくる。欧米の政治家たちの「ミュンヘン協定の精神」、「自宅の戸口でなされる蛮行」、知識人の「実体験にもとづく証言」などなど。複数契約の場合もあれば（BHLはアフガニスタン、ボスニア、リビア、エジプト、パキスタン、イスラエル、アルジェリアなどを担当し、それらの地から「戦争の手記」を持ち帰るのだ）、特定地域を専門とする者もいる（グリュックスマンはロシアとそれに付随する地域を担当している）。専門性や分析の質などは、本の売上げほどには重要ではない。BHLはアメリカを叙情的に描き、こう記している。「アメリカはコントラストの国だ。偉大さと狂気、大食漢とつましさ、物質主義の陶酔と宗教性の陶酔、清貧と過剰、未来へのまなざしと過去への執着(139)」。

伝統的な手法である陳情は時代遅れになった（とはいえそれは、あまり詳しくない大義についての、より距離を置いた支援様式ではあり続けている。イラン国内で数十件ものテロを行ってきた政治・宗教的セクトであるムジャヒディン・ハルクの組織は、ミッテラン夫人、ガイヨ司法官、ジョゼ・ボヴェ［反グローバリズムの活動家］などの陳情による支援を得てきた）。陳情は今や、大手メディアやテレビ番組の時評に取って代わられている。BHLは『ル・ポワン』誌で担当する時評欄で、アフガニスタン危機を二度にわたり解決してみせた。最初は二〇〇九年九月二四日、二度目は一一月五日で、なにゆえに、またいかにしてタリバンは敗退するかを論じている。アフガニスタン危機を解決できたのは彼だけではない。二〇〇九年八月二一日の『ル・フィガロ』紙では、ギ・ソルマンがアフガニスタン版マーシャル・プランを提案している。「エネルギー生産、農業、機械工業、繊維などに大規模な投資を行うのだ」。アメリカにスーパー・ヒーローがいるように、フランスにはスーパー・インテリがいる。アフガニスタン問題の解決には、BHLとスタローンのペアを想像してもよかっただろう。

派生的な副産物もある。ＢＨＬは「ロマンケット（小説的探索）」なる新たな探索のカテゴリーを考案した。これはダニエル・パール暗殺事件［パキスタンで米国人ジャーナリストが殺害された事件］で用いられ、それによりＢＨＬは、証拠も調査もなしに事件について断定することができるようになった。パール夫人のほか、タリバンをはるかに良く知るパキスタンのジャーナリスト、アフメドラシッドがこれに激しく異を唱えた。確かに、ＢＨＬがペシャワルの街中で調査をしている姿を想像するのには難がある。だが彼の成功は、メディアへのアクセスによって保証されているのだ。ティエリー・アルディソン［テレビ・キャスター、プロデューサー］の番組はときに説教くさいが、スターの売り出しにはもってこいだ。情報番組と娯楽番組が融合したその「インフォテインメント」は、アルディソンが視聴覚高等評議会（ＣＳＡ）の懲罰に付される以前、ティエリー・メイサン［陰謀説を唱えるジャーナリスト］の成功の一端を支えていた。

メディアに登場する知識人は、「君主の顧問」でありたいと願い、ときになんらかの影響力をもちたいと望む。二〇〇二年二月、フランス共和国大統領と外相は、ＢＨＬにアフガニスタンについての報告書を委託した。その中でＢＨＬは、いかにその戦争に勝算があるかを説明している。彼に司令官のポストを委ねなかったのが残念なほどだ（そうなっていれば、残念ながら彼はパリから遠ざけられていただろうが）。

欧米の世論では、危機の争点はもはや戦略にはなく、政治・メディア的な面にある。フランスの知識人の動きを専門に研究するアメリカの歴史学者トニー・ジャットは、次のように指摘している。[140]「大半の著者がとりたてて新しい知見をもっていないものの、自分たちが指摘したということにしたいせいで、ボスニアについての本を書くという行為は、どこか芝居がかって見えてくる」。ボスニア戦争についてのこの分析は、現行の数多くの危機に敷衍可能だ。

私の虐殺に触れるなかれ

ディアスポラ［民族離散］は、多様性においても組織としても、継続的に増加している現象である。地政学者のイヴ・ラコストは、その用語を、個人におけるよりよい生活条件の探求によらず、あくまで暴力的な制約によって触発された大量流出を特徴とするコミュニティに限定している。苦しみの記憶が、祖国を離れた人々のアイデンティティの維持と、たとえ遅れてでも公正さを求めようとする意志の維持に貢献するというわけだ。なぜディアスポラのこうした定義のみを保持するのだろうか。私たちからすると、多くのコミュニティが採択するアプローチが、新たな敵を名指す上で役立つからである。そこでの争点はもはや戦争ではなく、政治的な可視性となる。

ディアスポラはアイデンティティを二重に振りかざすが、それは一つにはみずからの地位を認めさせるため、もう一つには受け入れ国の外交に影響を及ぼすためである。合衆国の場合、ユダヤ人[141]やキューバ人、アルメニア人、アイルランド人、さらに一般に混血系のアメリカ人、たとえばイタリア系、アフリカ系、ヒスパニア系などがそれにあたる。英国の場合なら、パキスタン人やアンティル諸島の人々である。ドイツなら、クロアチア人や一九四五年に追放されたズデーテン地方のドイツ人の子孫などだ。フランスならば、ユダヤ人、アルメニア人、アンティル諸島の人々、アルジェリア人など。オーストラリアならアボリジニーやクロアチア人、カナダなら原住民の子孫と、一九三二年から三三年にかけてのスターリン政権下で組織された大飢饉「ホロドモル」を、虐殺として認めさせたいウクライナ人などである。

ディアスポラは、国際的な威信のある民主主義国の枠内で活動するほど、いっそう影響力をもつことになる。

犠牲を倫理的に裁く側は、ある種の重みと新たな責任を課している。ツヴェタン・トドロフ[142]が指摘するように、ショアーと非植民地化戦争以後、戦争観は変化を遂げた。同氏によれば、集団的記憶のうちにも変化が生じているという。今日、最大限の注目と引き合いの対象になっているのは、かつての英雄というよりもむしろ犠牲者のほうなのだ。トドロフによれば、第二次大戦の直後、人々は最大限の賛辞をもって政治的な流刑者、かつてのレジスタンスの闘士たちについて語っていた。彼らは果敢に行動し、よって祖国からの追認に値するとされた。一方、「人種的な」被強制連行者たち、つまりユダヤ人の存在は、ときに付言されないままになってきた。彼らは何かをしたわけではなく、語る理由もなかったのだ。それから三〇年を経て、状況は逆転した。「なぜなら、反ユダヤ的な迫害の犠牲者、極限的な犯罪である人道に対する罪の対象へと注目が移っていったからだ。それらの犠牲者は行動したわけではないが、彼らが被った悪はそれだけいっそう大きなものだった。英雄譚の代わりに、被害者の物語が象徴的階級の最上位へと聖別されたのは、間接的に正義の観念が強化されたことを物語っている。仮に苦しみが認知され、賠償を得る望みがあったならば、彼らは犠牲者としての位置づけを要求していただろう」。

この指摘は、よりメディア的なもう一つの指摘で裏打ちされなくてはならない。虐殺の非難がもたらす政治資本に結びついた指摘だ。今日では多くのディアスポラがそうした非難を要求している。アルメニア人、アンティル諸島の黒人、ウクライナ人、ズデーテン州のドイツ人。ショアーに関しては、全世界に実に九〇もの記念館を数え(143)、うち二五は合衆国に、四つはカナダにある。アジアには一つだけ(日本)で、ラテンアメリカには三つである。ヨーロッパ人によるユダヤ人虐殺は唯一無二のものであったにもかかわらず、ジェノサイドは普遍的な価値を伴っていないのだ。このことを欧米人は理解できない。ワシントンDCには原住民の文化を扱う博物館があるが、奴隷制度を扱う博物館はない。ニューヨークには、欧米人に責任が帰されたホロコーストの博物館があるが、アメリカ固有の虐殺だった原住民の殺戮を記念するものはまったく存在しない。他国の虐殺は教訓になるが、自国の虐殺はもっと話が複雑だ、というわけだ。

幸い、そうした現象はそれほど頻度は高くない。けれども、そこには派生的な副産物がある。ユダヤ人が殺害されるとそれは「ジュディオサイド」と呼ばれ、生態系の破壊は「エコサイド」、女性の弾圧を非難する際には「フェミニサイド」、図書館の破壊には「リブリサイド」、さらには「カルチュリサイド」［文化破壊］「エスノサイド」［民族破壊］などとも言われる。挙げていけばきりがない。より広範な情報が必要なら、ジャック・セムランの『浄化と破壊』[144]という著書を参照してほしい。

「被害者化」はディアスポラの一貫性を保つ上で重要な要素をなす。この戦略は三段階に分割される。まずはもとの殺戮劇を、人道に対する罪もしくは虐殺として法的に評価する。次いで、歴史教育のプログラムにそれを含める。最後に、もし可能なら、司法の場で抗弁するのだ。

今や法律さえあれば、議論や歴史研究の処罰すら可能になっている。刑法においては通常認められない遡及性をもとに、人道に対する罪という時効の制約を受けない事案、たとえば奴隷制について、もし歴史家がなんらかの資料に異議申し立てをすれば、六世紀近くも前になされた罪に対してすら刑法上の訴えを起こすことができるのだ。フランスの場合、現行の六本の法律（一九九〇年七月一三日付けのゲソー法、奴隷制を扱った二〇〇一年五月二一日付けのいわゆるトービラ法、二〇〇一年一月二九日付けのアルメニア虐殺についての法、二〇〇五年二月二三日付けのフランス海外県に関する法など）に加えて、歴史学者ピエール・ノラ[145]によれば、国民議会の財務担当理事執務室には、約二〇もの記憶にまつわる各種法案が控えているとされる。「記憶にまつわる法のリストは、それらの採択がもともとどのような配慮によってなされたかを示してくれる。基本的にそれは選挙のための配慮であり、軽蔑すべきものではないにせよ、理性というよりもむしろ感情のほうに属している」。歴史家のルネ・レモンはそう指摘していた。国際機関に働きかけることができるならば、その仕掛けは爆発的に作動する。メディア的な成果もいっそう確実なものとなる。ダーバン会議［反人種主義・差別撤廃会議］の最終文書、項目第一五〇が、「被害者学」の最新の記録をなしている。想像してみていただきたい。同会議は「あらゆるかたちの人種差別に反対するよう、また世界各地での反ユダヤ主義、反アラブ主義、イスラム教嫌いに反対する必要性を認知するよう、各国に求めている」。この仕掛けが作動すれば、いたるところにジェノサイドが見いだせるだろう。たとえば人種差別を謳うインドのナショナリスト政党、インド人民党（BJP）の結党の憲章は、「イスラム教徒が［インド人に］強いたホロコースト」[146]に言及している。

学校教育における位置づけ、すなわち「規約通りの」被害者視点から見た歴史の書き換えは、重要な一歩となる。フランスでは奇妙な類似関係によって、二つの法律が近接している。トービラ法の第二条はこう規定する。「歴史学および人文科学における学校教育プログラム、ならびに研究プログラムは、黒人売買ならびに奴隷制度について、首尾一貫したしかるべき位置づけを与えるものとする。欧州において利用可能な文書資料を、アフリカ、アメリカ、カリブ海地域、その他奴隷制を経験したあらゆる地域において蓄えられた口頭での原資料、および考古学的知識と関連づけることを可能にする協力関係を、奨励するとともに優遇するものとする」。一方、フランスの海外でのプレゼンスに関する法律の第四条第二項には次のようにある。「学校教育プログラムは、とくに北アフリカなど、フランスの海外でのプレゼンスが果たす肯定的な役割を認め、それらの地域出身でフランス軍の戦闘員になった人々の歴史と犠牲に、しかるべき高い位置づけを与えなくてはならない」。なにやら、歴史研究ではなく法律に属する、ア・ラ・カルトの歴史というものが考案されているかのようだ。

さらに、公的な議論におけるディアスポラの社会的な影響力は、ロビー活動というかたちで、重要な政治の場へのアクセスが認められている。アメリカ・イスラエル共同事業は自社サイトにおいて、上院議員一〇〇人中一四人と、下院議員四三五人中三一人に直接的な影響力をもっている（ユダヤ人の人口がアメリカ国民全体の二パーセントにすぎないというのに）ことを公表している。

ディアスポラの指導者たちが一部の議論を禁じようとする場合もある。クラチェンコ裁判の際、ソ連の強制収容所とラーフェンスブリュックの生存者だったドイツ共産党の女性指導者マルガレーテ・ブーバー＝ノイマンは、ソ連の収容所について証言したが、フランスの共産主義者たちからは「背教者の妻」扱いされた。また、二〇〇五年五月二七日、ヴェルサイユの控訴院で、世界的に著名な社会学者エドガール・モラン、元欧州議員のサミ・ナイール、大学人で作家でもあるダニエル・サルナーヴに出された有罪判決は、イスラエルを批判することとイコール人種差別であると言うにも等しいものだった。

司法への訴えは、個人的か集団的かを問わず、メディアを惹きつけることができる。コレクティフドム[147]は、『黒人奴隷貿易[148]』の著者オリヴィエ・ペトル゠グルヌイオーを訴えたが、その際の議論は興味深いものだった。「奴隷貿易は一三〇〇年にわたり五つの大陸で行われてきたとするペトル゠グルヌイオー氏は、大西洋を跨いだ売買の特殊な性格を明らかにしたい意向を示し、扱う時代と地理に関して、法律が適用される範囲を越えた広範な領域を暗に示した」。フランスの黒人コミュニティがこの歴史家の研究を非難したのは、アフリカを直撃した三つの形態の奴隷制度（三角貿易、アフリカ東部のアラブ世界との売買、アフリカ大陸内での売買）は、いずれも人口学的には同じ影響を及ぼした、と同氏が論じているからなのである。これでは欧米人が行った売買の影響が目立たなくなってしまう。けれども、欧米人の売買は民主主義国における政治資本をなしたのに対し、ほかの二つの売買にはそれは見られなかった、というのである。

司法への訴えはまた、そこからつねに議論を引き出せるような、普遍的かつ恒久的な責任の所在を打ち立てることをも目的としている。かくしてアメリカの「クラス・アクション」（集団訴訟）は、ドイツの占領軍と結託してフランスのユダヤ人を強制連行したとして、フランス国鉄をも訴えていた。個人的な運試しに訴訟を起こすこともできる。緑の党の議員、アラン・リピエッツがそうで、親族が連行されたとして同じくフランス国鉄を相手に訴訟を起こしている。

離散した人々を受入れる国が、虐殺を働いた国と遠い関係にしかない場合、敵を名指すこととの関係はどのようなものになるだろうか。その場合、受け入れ国には三つのレベルの行動がありうるだろう。すなわち、平和を乱すか、反乱を支援するか、和解を妨げるかである。

被害者の地位は、戦争の英雄の地位よりも社会的にいっそう重要になっている。ショアーが、民族をまるごと殲滅するという明確な意志によって特殊な性質を帯びているとするなら、ほかの殺戮やジェノサイド的な姿勢も注目に値する。だがそれらについて議論したり、歴史家に分析作業を任せたりするのは難しい。フランスのアルメニア人コミュニティは、トルコとアルメニア政府が決定した、歴史家から成る委員会の結成に反対していた[149]。ズデーテン地方のドイツ人は、連邦共和国政府に対して、プラハがEU加盟の候補となるのを妨げるよう圧力をかけていた。そうできない場合、一九四五年に追放された親族らに賠償金を支払うという留保付きだった。アメリカのユダヤ人コミュニティが果たす基本的な役割はよく知られている。彼らはいくつかの切り札を組み合わせる。世界で最も力のある国に定住し、地元の選挙に影響を与えうる団体として組織されたそのコミュニティは、ホロコーストの最中に自分たちは対応を誤ったと考えるせいで、イスラエルの命運といっそう結びついているのである。だが、イスラエル政府の過激派的な偏向によって、この数年、アメリカの同宗者たちとの間には亀裂も生じており、それは案外深いものにも思われる。

国外移住の問題を巧みにかわすことも、行動の原動力となる。国の再生（イスラエル国家の樹立、アルメニアの独立）は、二つの帰属先のあいだで引き裂かれているディアスポラを、みずからの責任に直面させる。ディアスポラの義務はどこにあるのだろうか。アメリカのユダヤ人コミュニティは、自分たちが行動を起こさなかったショアーという事象について、後ろめたさを意識に刻み込まれていたが、イスラエルの誕生以降、とくに第三次中東戦争以降、再び結束を固めている。フランスでは、ユダヤ人のコミュニティはマグレブからの地中海系ユダヤ人を出自とし、ジェノサイドを経験していない。イスラエルを見出すのもアルジェリアの独立以降で、その後は支援者という役割をいささか過剰なまでに演じている。イスラエルのツァハルでの従軍を選択した若いフランス人兵士シャリートは、ハマスに拉致され、数百人のパレスチナ人人質と交換されることになった。一方、二〇〇五年にテロ未遂の容疑で逮捕された若いイスラム教徒の若いフランス人、サラ・アムリ＝ギドゥーは、これまで裁判が二五回も延期されているが、いかなる支援の対象にもなっていない。しかしながらこれら二つのケースは類似していると見ることもできる。アルメニア人コミュニティは一九九一年以後、独立したアルメニアの再生を目にし、アゼルバイジャンとの紛争と、とりわけ震災に際して連帯を示した。フランスにとっての政治的争点はなかったにもかかわらず、その遠く離れた地で、彼らはアルメニア人の虐殺を糾弾する法律を採択させたが、これは司法上の逸脱行為となる可能性もある。フランス人の歴史家は今後、一九一五年の虐殺というテーマについて、穏やかに研究することができるだろうか？　さらに、旧ソ連のいくつかの国では、ディアスポラの人々が遠隔操作よろしく戻ってきたことで、いくつか国際的な危機が勃発する事態も起きている。ジョージアの危機においてアメリカの支持が確実視されていたサアカシュヴィリ大統領は、ロシアの報復はワシントンが行わせないだろうとの考えのもとに、二〇〇八年にアブハジアへの攻撃を指揮し、ロシアによる報復のリスクを負った。

「被害者化」同士にも競合関係がある。ユダヤ人コミュニティとショアーの恐怖の前例は、被害者としての競合関係を産んだ。ホロコースト対ナクバ、ホロコースト対黒人奴隷売買、三角貿易対アフリカ内部もしくはイスラム圏での売買、自然災害（トルコ）対虐殺（アルメニア）もしくは大災害（ギリシア）。デュドネ［フランスのコメディアン・政治活動家］は、ユダヤ人とシオニズムの権威たちが黒人世界に対して宣言する「戦争」を非難するという、およそ「美味しくない」役回りを専ら演じている。二〇〇五年二月一六日にアルジェで開催された会議において、彼は奴隷制におけるユダヤ人の責任という従来の議論を繰り返したが、やはりまともな歴史的認識をもってはいない。フランス領の島々で黒人奴隷の生活を規定していた一六八五年の王令である「黒人法」は、第一条においてユダヤ人との奴隷の売買を禁じ、奴隷が定住している島からユダヤ人を追放することすら推奨している[150]。おそらくそれは、デュドネにとって無意味な歴史的事実なのだろう。

もう一つ重要な原則として、集団としての自衛の原則が挙げられる。群れをなし、民主主義的議論に際して影響力をもつための、条件の一つである。被害者の地位を占め、さらに独占することは、存命する「責任者」もしくはその子孫の誰かに釈明を要求する上で、きわめて重要なのだ。殺戮やジェノサイドの規模が大きければ大きいほど、責任の領域もいっそう広範に及ぶ。するとそこに、ディアスポラの政治的・メディア的な重みを決めることになる比較論が形成される。ショアーは「比類なき」性格をもっているか？　欧州が組織した奴隷の三角貿易は、アフリカ内部の奴隷制、あるいはサハラ地方や東部で行われていたイスラム教徒の奴隷制に比べ、深刻さの度合いが大きかったのか、それとも小さかったのか？　一部の黒人団体の要求は、こうした模倣的な競合関係という性質を帯びている。フランスのイスラム教徒たちは、宗教的な動機で共和国の法律への違反を求める過激派と袂を分かつことをせず、代わりに曖昧な態度をとり続け、「イスラム教嫌い」という概念すら考案した。それは公的な議論の場において、反ユダヤ主義の糾弾と同様に多用されるようになった。

過去の虐殺を引き合いに出す目的は、普遍的かつ恒久的な広がりをもつ債権を創設することにある。だが、中国やインドなどアジアの人々は、三角貿易での奴隷売買やショアーについての責任をあまりよく感じ取れないでいる。それはちょうど、西欧人がインドネシアの中国人コミュニティにおける虐殺の責任を、なかなか感じ取れないのと同様である。ディアスポラからの圧力によって、徐々に記憶にまつわる各種の法が成立してきているが、次第により難しい問題も突きつけられるようになった。とくに、アルジェリアがフランスに対して定期的に行っているように、植民地の被支配者側の国が支配者側の国に、一つないし複数の人的・文化的なジェノサイドを認めるよう求めている場合である。

被害者なれど敵にあらず

「人道主義者らにとって、危機の重大さはその広がりをもってのみ評価できるのであって、その距離をもってではない。人道的責任はその定義上、普遍的に適用されるものだ。その原則によって、どこで生じるかに関わりなく、あらゆる苦しみには対応がなされなくてはならないのだが、なぜその対応が、ときにはこの世界の主要国の行動に、ときには不作為に結びつかなくてはならないのか、その理由は釈然としない。特定の空間に刻まれる政治的な責任とは逆に、地理的な階層化は受け入れがたい差別の一形態となるだろう」。

一九九九年にロニー・ブローマン［人道支援活動家］はそう記している。[151]

「一〇年前、ソマリアでのアプローチに失敗して以来、国際社会は諸民族を支援するという野望をいっさい捨て去り、他所を向くようになった。ソマリアは、かつて有名だった『新世界秩序』という概念が始まり、そして止まった場所なのである。ソマリ族について、そして彼らの現状について、今や誰も語ろうとはしない。状況が改善したからではない。そうではなくて、今日、ケアを必要とする患者を支援し続けている一握りのボランティア以外、同民族の苦しみを証言する人がもはやまったく存在しないからなのだ。逼迫する現実と、実際に提供されている人道支援の間の溝が、これほど大きい場所はほかにない」。国境なき医師団のスイス支部が二〇〇九年に実施したソマリア・プログラムの責任者、ブルーノ・ヨフムはそう指摘する。

これら二つの引用を突き合わせると、とくに一九九一年以降、人道支援のアプローチがいかに変化してきたか、またメディアによる感情への働きかけがこの四〇年ほどでいかに枯渇してきたかがわかる。人道主義者は今や、危機の現実、人々の苦しみとその文化に、最も近しい関係者になっている。被害者にのみ関心を寄せる彼らは、紛争を戦略的議論やパワー・バランスのフィルターを通して見ることがない。彼らは危機の場に最初に飛び込み「現場を目にする」人々、アングロ・サクソン人が「バイスタンダーズ〔局外者〕」と呼ぶ人々だ。なぜなら彼らはあくまで目撃者であり、行為者ではないからだ。ソマリアの例が示すように、世論の揮発性がいかに大きいかを知りつつも、少なくとも個人の寄付を募るため、NGOは被害者の保護という間接的手段を通じて情感を煽らなくてはならない。欧米の世論を揺さぶり、大国の外交の皮相さを見せつけたのは、ビアフラ共和国の危機だった。まさに創生のための危機である。「フレンチ・ドクター」たちは、当事者の双方に対して公式に中立の立場を示していたパリのシニカルな外交に反し、イボ族の被害者に援助と支援を提供した。この紛争では、禁輸措置のために一〇〇万人から二〇〇万人が命を落としている。「国境なき医師団」の活動（サン・フロンティズム）は、各国がもはや担わなくなった倫理的資本を活用している。紛争の舞台にアクセスするため、各種のNGOは中立的立場を前面に出し、区別なくあらゆる被害者をケアしている。こうしてビアフラでは、飢えた住民の保護は、死に至らしめる禁輸措置を招いたナイジェリア当局を野蛮と名指しするにとどまらず、はるかに大きく欧米の世論を動かした。人道的活動が暗に悪を名指ししたのだ。支援団体の証言は「騒動効果」をもたらすことで、良かれ悪しかれ世論の感化を促し、民主主義国の対応に貢献する場合があるのである。ビアフラの飢饉に対して、あるいはベトナムの「ボート・ピープル」の支援に向けて、世論に怒りの声を上げさせたのは、ベルナール・クシュネールとフィリップ・ドゥストブラジーという、当時医師として人道支援活動に携わっていた二人の強烈な言動だった。ルワンダの虐殺の始まりでも同じようなことが起きていたが、外務省は目をそらし、大統領府の機嫌を損ねないかばかり気にしていた[152]。

サン・フロンティズムという概念は実際に大きな成功を収め、今や六〇あまりのNGOがそれを標榜している。基本的には人道的活動を目的とし、彼らにとっての敵とは、人道支援活動の目的遂行を阻害するもの、あるいはその支援を戦闘目的のために流用するものをいう。たとえ欧米の世論が直接的な敵対関係をもたない相手であっても、敵は少なくとも吐き気を催させるものでなくてはならない。こうしてNGOは次第に危機の当事者となり、紛争当事者にとっての争点にもなっている。ジャン＝クリストフ・リュファン〔国境なき医師団の創設者の一人〕が手記で示した通りである。[153] すでにエチオピアでは、大国が協同して大々的に増強された支援が、メンギスツ大佐の共産主義勢力によって横領され、住民全員の強制移動に使われたりしていた。次いで、ベトナムによるカンボジアの占領の際、クメール・ルージュは、タイに設置したキャンプの難民を統制し続けるために支援物資を使っていた。当事者を糾弾することは、被害者への支援を断つことにもなりかねない。とはいえ、場合によっては敵を糾弾しないわけにいかないこともある。ルワンダの場合、支援団体の目の前でジェノサイドが行われている。[154]

逆に、良かれ悪しかれ世論が被害者として認めるものに相当しない住民に、NGOが支援をするとなると、そこに疑いの目が向けられるようになってくる。とくにその住民たちが悪しき行為をしていたり（チェチェン、コンゴ戦争、コソボなど）、彼らがテロリストと同一視される場合である。それはまさに、イスラム系住民を支援しようとするイスラム主義のNGOが抱える問題だ。二〇一〇年五月三〇日の『ラ・クロワ』誌が発表した聞き取り調査では、危機の序列のうち最も懸念の大きなものに関わるフランスの十大NGOは、パレスチナについてわずか一度しか言及していない。その一方でコンゴは何度も言及されトップに立っている。とりわけイスラム系である場合、NGOがパレスチナ問題に関わると宣言するや否や、テロリズムを支援するのではないかとの嫌疑がかけられるのだ。イスラエルの海軍によって阻止されたガザへの貨物輸送に参加した、トルコのパレスチナ慈善支援委員会（GBSP）や人道支援財団（IHH）がそうだったように。

「人道的介入」という概念が登場したのは、戦争当事国によって、いくつかの紛争地域への人道支援の供給が妨げられてからだった。ソマリア危機の際に、マリオ・ベッタティとベルナール・クシュネールによって提唱されたその概念は、支援の軍事化への扉を開き、そこに民主主義各国が大挙してなだれ込んだ。人道支援活動の威光のもとに、各国はあらゆるジャンルを混淆させ、さらには人道支援を影響力行使の手段とするに至った。ケネディはすでに平和部隊でそれを行っていたし、アメリカ合衆国国際開発庁（ＵＳＡＩＤ）長官のアンドリュー・Ｓ・ナツィオスは、たとえば二〇〇三年に第三世界への支援を擁護するにあたり[155]、アメリカの外交にとってのその支援の有用性を挙げて正当化している。「爆弾とパン」と、英国のトニー・ブレア首相は冷酷に言い放ち、アフガニスタンでの軍事作戦と人道支援の混淆を要約してみせた。一部のＮＧＯは、国際的な外交活動の隠れ蓑になっている（旧ソ連の周辺部で行われる、色つきの選挙を支援するアメリカのＮＧＯなど）。人道支援活動が軍事力に結びつくことで、中立性はひどく損なわれ、戦争当事者のいずれの側からも標的として狙われることにもなる（誘拐、テロ攻撃、キャンプへの爆撃）。人道支援活動に携わる人々で、現場で命を落とす人の数は、一九九九年から二〇〇九年の間に、三〇人から一〇二人とほぼ三倍になった。誘拐件数も二〇件から九二件へと増加した。二〇一〇年七月、ガザ地区に人道支援物資を下ろそうとした政治・人道支援団体の小型船団は、イスラエル軍の攻撃を受け、九人の死者が出た。その翌月、今度はアフガニスタンで、アメリカのＮＧＯ所属の人道主義者一〇人がこともなげに惨殺された。この二つの事例において、残虐行為を正当化するために加害者らが示した説明は、真の動機が疑われたというものだった。トルコの小型船団はイスラム系のＮＧＯから委託を受けていたといわれている。繰り返しになるが、混乱状態に置かれた住民がイスラム教徒である場合、テロを支援していると疑われずにそうした住民を支援することは、果たして可能なのだろうか？　また逆に、どこであってもよいがムスリムの国において、キリスト教系のＮＧＯが存在することは可能だろうか？　そこでもし宗教への勧誘があったなら、果たしてそれは犯罪だろうか？

このように、ＮＧＯは時間の経過とともに世論の作り手になってきた。それは、被害者の保護という間接的手段を通じ、戦略的争点を伴わない危機において敵を定めるのに貢献しうる。彼らにとっての敵の地勢図とは、世論に受け入れられ、なんらかの人道的・メディア的な特徴を示す、暴力の地勢図のことである。つまり映像、目に見える被害者、専制的で残忍な敵国、納得のいく紛争といった特徴だ。

世界第二位の軍隊に敵はない

国際社会は今日、敵のいない軍事作戦なるものを考案している。国連の様々な平和維持活動、平和構築活動、さらには平和執行活動など、多国籍軍が行う作戦行動は数多い。冷戦時代、国連の組織は機能していなかった。だがそれ以降、なんと活動的になったことだろう。わずか一〇年で、約五〇の作戦に関わっている国連の兵士や警官の数（軍事関係者、一般職員、警官隊）は、二万人から一一万六〇〇〇人へと増加し、世界に展開する軍としては今やアメリカに次ぐ第二位の規模となっている。現在行われている約一五の国連の軍事作戦の予算は、わずか一〇年のあいだに、総額八億四〇〇〇万ドルだったものが、八〇億ドル近くにまで膨らんだ。この敵なき軍事戦略は、必ずしもつねに安寧というわけでもない。国連平和維持軍は戦争当事者によって一様に殺害されている。サラエボでは敵対する両陣営による殺害が行われ（フランス兵八四人）、モガディシュでも同様（GI一七人）、ルワンダの虐殺の際にはキガリで無残な虐殺がなされている（ベルギーのパラシュート部隊一〇人）。

メディアが作る敵は、それが体現する戦略上の脅威としてというよりも、いわば悪魔化することによって存在している。危機に対する世論の動きは、知識人やディアスポラの代表が述べる倫理的原則に即して盛り上がる。だが、被占領者が占領者側に対して起こす反乱は、しばしば知識人やディアスポラの見解を二分する。非難の声明が名指すのは、両陣営相互のテロ行為や一般市民の虐殺だ。パレスチナの場合、テロは一様に非難される。逆に大国ロシアに従属するチェチェンの場合、同じアナリストが、テロ行為の残虐さよりも、むしろ占領行為の粗暴さを気易く非難したりする。それは「ピレネー山脈のこちら側での真理」［正義の移ろいやすさについてパスカルが述べた言葉］なのだ。

〈事例〉

ベルナール＝アンリ・レヴィ――「ハマスからパレスチナ人を解放せよ」

以下は『ル・ポワン』誌二〇一〇年一月八日号の時評欄からの抜粋である。

「私は軍事の専門家ではないので、ガザ地区へのイスラエル軍の空爆が、より精度を高め、より強烈でない形になりえたかどうか判断するのは避けようと思う（中略）。パレスチナの子供たちが殺害されている映像には、私もまた当然ながら動揺した。とはいえ、イスラエルの話になるといつもそうだが、またしても一部のメディアを一陣の狂気が呑み込んでしまうように思われることから、私はここでいくつかの事実を指摘しておこうと思う。

一．誹謗され、辱めをうけ、悪魔のように言われているこのイスラエル以外、世界のいかなる政府、いかなる国も、数千もの砲弾が町に降り注ぐのを長年にわたり許容してはこなかった。この件で最も驚くべきこと、真に驚愕すべき主題とは、イスラエルの「残虐さ」ではなく、文字通りその長きにわたる「自制」なのだ。

二．ハマスのカッサム旅団と（中略）そのグラッド・ミサイルによる死者がごく少数であるという事実をもってしても、彼らが職人的で、無害であることの証明にはならない。だが、イスラエル人が自衛していること、彼らが自宅の地下室に身を隠しながら生活していることは証される。つまり彼らの生活は悪夢、執行猶予の状態であり、サイレンと爆発音の中で営まれているのである。私はスデロットを訪ねたので、そのことを承知している。

三．逆にイスラエルの砲弾が多くの死者を出していることは、デモ隊ががなり立てるように（中略）、イスラエルが故意に「虐殺」行為に及んでいることを意味するのではなく、ガザ地区の指導者たちが態度を翻し、市民らを「晒している」ことを意味する。「人間の盾」という古い戦術によって、ハマスは（中略）その中央司令部、武器庫、ブンカーなどを、建物や病院、学校、モスクなどの地下に隠しているのである。効果的ではあったが、不快な戦略である。

四．双方の姿勢の間には、いかなるものかは別として大きな隔たりがある（中略）。パレスチナ側は都市に向けて発砲する。言い換えれば一般市民に向けて発砲しているのだ（国際法では、これを「戦争犯罪」と呼ぶ）。一方のイスラエル側は、軍事的対象物を標的としている。一般市民への悲惨な損害を与えてはいるが、狙ってそうしたわけではない（戦争用語では、これには名称がある。「コラテラル・ダメージ」である。このことから（中略）、そこには戦略上・倫理上の不均衡が見られる）。

五．（中略）ツァハル［イスラエル国防軍］の部隊は空爆を行う間、軍事的標的の周辺に暮らすガザ市民に対して必ず電話連絡をし（アングロ・サクソン系の報道によれば、一〇万コールにもおよぶ）、その場から避難するよう勧告してきた（中略）。

六．悪名高い完全封鎖に関しても述べておこう。それが課せられた人々は、飢えに苦しみ、あらゆる物資を欠き、前例のない人道的危機に見舞われている（原文どおり）とされるが、これは（中略）事実として正確ではない。人道支援の車列は、地上戦が始まるまで、ケレム・シャロームの検問所において決して途絶えてはいなかった。『ニューヨーク・タイムズ』紙によれば、一月二日の一日だけで、生活物資や医薬品を積んだトラック九〇台が領域内に入っていった。また、私は記憶のためにのみ記しておくが（中略）、イスラエルの病院は（中略）日々パレスチナ人の負傷者を受け入れ、治療を施し続けている。

一刻も早く停戦となることを私たちは望もう。また一刻も早く、コメンテーターたちが正気を取り戻してくれることも望みたい。そのとき彼らは、イスラエルが長年にわたり数々の過ちを犯してきたとしても（機会の損失、パレスチナ国家樹立の要求への長きにわたる拒否、一方的政策）、パレスチナにとっての最悪の敵とは、一度たりとも平和を望んでこなかった過激派の指導者たちなのだということに、思い至るだろう（中略）」。

再度指摘しておこう。「キャスト・レッド作戦」による死者は、イスラエル側で一四人、パレスチナ側では一四〇〇人に及んだ。

この類型論の試みを終えるにあたって、特定されたそれぞれの敵にはどんな未来が待っているのか考えてみたい。近接的な敵の典型である国境紛争は、世界の見過ごされた一角ならどこでもつねに生じうる仮説である。けれども国際刑事裁判所への提訴も常態化している。外交上の操り人形だったカダフィー大佐においてすらそうなのだ。世界的競合相手を特徴づける代理戦争、つまりみずから直接起こすことはできない、もしくはしたくない戦争を、他国に肩代わりしてもらう事態は、地政学的帰結ではあっても、もはや時代の空気には馴染まない。ただし、北京とワシントンが明確な競合段階に入れば再燃する可能性もある。欧州各国が、その真の戦略的な利点を検討し始めることもありうるだろう。

虐殺を武器に変えてしまう内戦は、これから先、最もありうるシナリオとなる。アフリカ大陸、中東のアラブ諸国、旧ソ連の中央アジア諸国、そして各コミュニティが自分たちの安全を民兵で守っているような、地政学的隣接地域のある一帯などは、この種の紛争の尽きせぬ貯蔵庫をなしている。

占領地内に暮らす民族への弾圧の戦争は、それが民主主義大国の世論を喚起するような大殺戮に至らないならば、今後も後景にとどまるだろう。「キャスト・レッド作戦」は、蛮行が一定の限界を超えた場合の、通常の連帯の限界を証してみせた。

「テロ防止・核拡散防止のグローバル戦争」は、アメリカという超大国のレベルで戦略的に考案されたものだった。「ティー・パーティ」の成功とサラ・ペイリンの国際情勢への無教養ぶりを見るに、アメリカ政府に一方的政策が蘇る可能性は、完全に排除されているわけではないと考えられる。とはいえ、バグダードやカブールで欧米の部隊がまき散らしている失望感は、一方的政策にもとづく軍事行動の検討の可能性を低めている。有志連合国には連帯による戦争の誘発が求められている。イラク戦争では、欧州の半数の国が多国籍軍に加わり、有志連合は四三ヵ国から成ったが、各国の国民はときにバグダードがどこにあるのかも知らないままだった。G・W・ブッシュの戦争熱によって高められた世論は、以後激しい反動を示した。

イデオロギー戦争は今日、宗教戦争の形を取り、世俗の全体主義は過去のものとなっている。この新しいバージョンは、果てなき戦争の最終的な勝利を予告し、輝かしい未来を約束する。すべての宗教に見られるようになった過激化によって推し進められるその戦争は、ネットワーク上での連帯を産み、もはやそれは国家による世界の分割とはなんら関係がない。超国家的な連帯のネットワークと、各国の武力とが対峙するその戦争にあっては、過激思想に軍事的に対処することは、国家側の大きな戦略的過ちでしかない。

陰謀論はいわば営業資産であり、インターネットがそこに世界的規模の観客席を用意している。生き物の世界にも似て、それは疫病の大流行をなす。世界の片隅で生まれ変異するウイルスよろしく、インターネットに相応の速度で拡大していく。

メディアが作る敵は引き続き、ニュースと上に引用したキーパーソンたちの貪欲さを糧としている。

この最後の二種類の敵の作り方は、憂慮すべき度合いが低いシナリオである。それらは重大な危機を生じさせもするが、地理的には限定されているからだ。

敵という存在は国際情勢にかくも影響する以上、上で分析した各種のメカニズムは、今後も敵を作り出していくのだろう。果たしてそれは回避できないことなのだろうか。敵を解体することは可能だろうか？

第三部　敵を解体する

よりよい呼称があるとわかる前のひと頃、第一次世界大戦のことを人は「大戦争」と呼んでいた。その戦争後、戦勝国は紛争勃発における自分たちの責任を顧みることを棚に上げ、「ドイツにツケを支払わせる」ことばかり望んでいた。勝った側の古典的なアプローチである。と同時に、その戦争自体が非難に晒され、「もう二度と！」がスローガンとなった。新たな紛争の種は残存していたが、戦争の再発防止のためにケロッグ゠ブリアン条約が試みとして締結された。

一九三九年から四五年までの第二次大戦の後、ニュルンベルクと東京で裁判が行われたが、責任の所在が求められたのは国ではなく、ナチスの幹部と日本の軍国主義の幹部だった。このとき初めて、敵が国家から分離された。

国連憲章が侵略戦争を禁じ、正当防衛の権利を認めたことを受けて、戦争に歯止めをかけ侵略者を糾弾できる集団的なメカニズムが創設されたと人は思った。だが、第二次大戦の戦勝国に安全保障理事会での拒否権を認めたことで、そのメカニズムは骨抜きになってしまった。五つの常任理事国は、彼らだけで五五以上もの戦争や軍事介入を、国連の委任なく進めてきた（クーデターを除く）。その拒否権は本来、他国への戦争を禁じるためのものだったのだが。

次いで冷戦によって二大陣営が固定され、イデオロギーの霧が長く世界に立ちこめた。敵を産出するメカニズムについて問われることはなく、二つの最も巨大な当事国が戦略的考察の空間をすべて占拠してしまった。わずかに非植民地化戦争のみが、シンクタンクの見事に秩序立った知的布置に混乱を与えた。ベトナム戦争は共産主義者が指揮したが、アルジェリア戦争はそうではなかった。チトーはモスクワに対して腹を立て、パリはワシントンに対して腹を立てていた。なんという無秩序だったろうか。侵略者を特定して罰し、敵というものそれ自体を解体するようなまじめな努力はいっさい行われなかった。東西対立という虚偽を守り抜いたがために、国際司法のメカニズムは完全にブロックされてしまっていた。サダム・フセインを相手にした湾岸戦争は、国連のメカニズムが作動不能に陥るのを防止する効果があり、ユーゴスラビアの内戦における殺戮は、国際司法と大量殺人の犯罪者の処罰について問い直すきっかけとなった。

敵というものを解体する試みは混乱しながら進んでいるが、とはいえそれは国内的にも地域的にも、また国際的にも、最も斬新な現代的プロセスの一つなのである。ここではその総括を試みたい。

まず、敵なしでやっていくことが可能なのだろうか。もし可能なのだとすれば、国内的・国際的に敵を解体するにはどうすればよいのだろうか。本書で特定した紛争の各種類型のうち、その原動力を解体できるものはどれなのだろうか。

第一章　敵国なしですごす——難しくともできなくはない

責任の認知と贖罪

一九七〇年一二月七日、旧西ドイツの首相だったヴィリー・ブラントはワルシャワのゲットーの廃墟で跪いた。一九四五年以来、戦争の恐怖についての贖罪が現実味を帯びていたのはドイツ国内のみで、ほかにそうした償いを果たした国はなかった。しかしながら、贖罪の軽減様式である謝罪は、多少ともそれまで以上の成功を収めることになった。

一九六三年一月二二日のエリゼ条約は、大きな損害をもたらした過去三度の戦争を経た因縁の敵同士の間でも、和解は可能だということを証してみせた。プーチン政権のロシアにおいても、カティンの虐殺の責任を認めたことで、多少とも同じような和解のプロセスが始まる可能性もある。その虐殺では、ポーランドの将校や幹部一万四〇〇〇人が亡くなったが、和解のプロセスが始動すればポーランドとの新しい関係も可能になるだろう。同国の国民はつねに犠牲になってきたと言えるほど、ポーランドの近現代史は、モスクワの侵略や各種の裏切りに彩られている。一九三九年の独ソ不可侵条約、カティンの虐殺、ヴィスワ川対岸の赤軍を前にして起きた一九四四年のワルシャワ蜂起、一九四五年の共産党員のクーデター、共産党を介した虚偽の数々、ソ連の後ろ盾によるヤルゼルスキ元帥のクーデターなど。アンジェイ・ワイダの映画『カティンの森』をロシアの公共テレビで放映するなど、アーカイブを開きロシア国内で周知を図ろうとしたロシア政府の努力は、いまだにポーランド側から懐疑の目をもって受け止められている。だが、ポーランドのジャーナリストで知識人でもあり、ポーランド・ウクライナ和解賞受賞者でもあるマルシン・ウォイチェホフスキが言うように、「歴史は一〇年に一度、あるいは一世紀に一度、そのような機会をもたらす。この真理は、ポーランドでもロシアでも、うんざりするまで何度でも言うだけの価値がある」[156]。共産主義体制の転覆以後、歴史上のもう一つの侵略者だったドイツとの和解は果たされている。その代価は、ドイツ連邦共和国によるオーデル・ナイセ線の認知だった。ならばほかも、と考えないわけにはいかない。

敵を解体するための一方的宣言

これはいついかなる時でも実行可能なソリューションだが、古くから名指しされてきた敵を納得させることはできるだろうか？　オバマ大統領は、いくつかの戦略的な宣言や文書によって、前任者の立場を完全に払拭してみせた。二〇〇九年六月四日、オバマはカイロにおいて、「イスラムを、過激派に敵対するパートナーとしたい」と宣言した。過激派は欧米人以上にイスラム教徒を殺害しているのだ。二〇一〇年五月二七日に発表された文書『国家安全保障戦略』では、世界の統治は協同統治によって多極的になされる以外にないことを認めている。その直前の同年四月には、『核体制の見直し』において核兵器のない世界を訴えている。これはいわばアメリカ版の『ソ連共産党第二〇回党大会報告書』のようなものだ。フルシチョフが前任者の悪行を批判したのと同様である。この新たな外交政策は、オバマ大統領が非合理的な平和神学を奉じているということではなく、むしろ、最終的な解決策としての戦争は排除しないながらも、秩序の維持のための手段としては拒否するという、世界との関係性を表すものといえる。リチャード・ハースが言う「気乗りしない保安官」は、G・W・ブッシュ時代に、次第に「気乗りしない」部分を減じ、「保安官」の部分を増していった。だが、アフガニスタン戦争とイラク戦争は、安全保障戦略上の真の争点がないミッションの上に、軍事力を背景としてみずからに世界の平定というミッションを課すという欧米的着想の、まさに終わりを示していたのではないだろうか。今日、欧米のシンクタンクにおいては、「アクセス拒否」の可能性、すなわち世界の特定の場所には欧米の軍隊は介入できないのではないかとの懸念が燻っている。[157] いたるところに軍隊を派遣するというのは欧州の使命なのだろうか？　目下のところ、欧州に特有の戦略的思考というものは存在しない。[158]

言説の変更は、敵の解体を進める興味深い方法だ。だが、平穏な関係が築かれるには時間を要する。宣言よりもいっそうの政治的関係が必要になり、自国民からの強い支えも欠かせない。アメリカの「ティー・パーティ」の運動は、いわば右派のポピュリズムの再燃だが、そのアメリカの新たな外交政策の限界をも示している。

より難しく、しかしながらより効果的な「和解」

今や謝罪の時代である。二〇〇三年にローマ教皇はクロアチアを訪れ、続いてその数週間後にボスニア＝ヘルツェゴビナのセルビア人居住区であるバニャ・ルカへの歴史的訪問を果たしたが、それはユーゴスラビアの戦時中にカトリック教徒らが起こした犯罪について、ローマ教皇が謝罪する機会となった。この立場の変化は、みずからの過ちをほとんど認めようとしなかった教会の状況に、抜本的な正常化の動きが生じていることを見せつけた。ここでもまた、アプローチは独特なものだった。ほかの主要な宗教は殉教者名簿の言説に固執しているからだ。だが、改悛するからといって曖昧さが払拭されるわけではない。第二次大戦後まもなく、軟禁状態の自宅で亡くなったアロイジェ・ステピナツ枢機卿は、一九九八年の秋、同じヨハネ＝パウロ二世が二度目にクロアチアを訪問した際に列福されている。その人物は「共産主義の犠牲者」だったのだろうか、それとも親ナチス政権ウスタシャの「対独協力者」だったのだろうか？

英国では、一九七二年一月三〇日に英国軍によりロンドンデリーで一四人のカトリックのデモ隊が平然と殺害された「血の日曜日」事件[159]について、調査報告書をもとに、三八年後にようやく初の歩み寄りが見られた。二〇一〇年六月、デイヴィッド・キャメロン首相が庶民院において遺憾の意を示したのだ。トルコはまだそこまで行っていないが、一九一五年のアルメニア人虐殺事件について、まずはアルメニアとトルコ両国の歴史家から成る委員会を創設することを決定した。

逆に日本は、アジアの近隣諸国に対し、具体的に謝罪したり責任を認めたりすることをいっさいしていない。同じことを求めているアルジェリアに[160]対して、フランスも同様である。在アルジェリアのフランス大使は、セティフの虐殺六〇周年に際して、これを「弁解の余地なき悲劇」と称している。アメリカもベトナムに対しては同様だ。謝罪へと向かう公的なイニシアティブがないために、敵を維持するメカニズムが存続してしまうのである。たとえば映画『アウトサイド・ザ・ロー』がフランスで巻き起こした論争、『ランボー2』がアメリカで巻き起こした論争などが、そのことを物語っている。

記憶の戦争を脱するにはどうすればよいのだろうか？　とくに歴史が矛盾に満ちている場合、その先に行くことは容易ではない。エストニアのソ連兵の記念碑が二〇〇八年に移動されたことからも、いかにそうしたことが難しいかが窺える。「根っからのエストニア人にとって、ナチスの支配は四年だったが、共産党の支配は五〇年に及んだ」。エストニアのジャーナリストで歴史家でもあるマレク・タム[161]はそう記している。一方、ロシア帝国の終焉以後も現地に残り、今なお地元の人口の二〇から三〇パーセントを占めているロシア人からすれば、その記念碑は、ナチスを斥けるために味わった言葉にし難い苦しみを象徴している。一九四四年の赤軍の復帰は、エストニア人にとっては新たな占領を意味したが、ロシア人にとっては解放を意味していた。そうした記憶をどう和解させればよいのだろうか？

するとメディアは、敵を作るために伝統的に用いられてきた宣伝文句を持ち出してくる。ロシア語圏の新聞は、エストニアがドイツの侵略者を受け入れ、親衛隊を提供したことを改めて指摘した。その結論は、「ファシズムが再来する」である。加えてロシア語圏の新聞は、エストニアの特殊性などない、スターリンによる弾圧は帝国内のほかの少数民族と同様にエストニアにも及んだが、ロシア人はそれ以上の影響を被った、と論じてみせている。ホロドモル［飢餓による虐殺］を虐殺として認めさせようとするウクライナに対しても、同じ議論が示されている。ロシアの新聞は、ロシア人も同等に苦しんだと指摘するのだ。結局、記念碑が立てられるのは勝利のためなのだろうか、それとも犠牲者のためなのだろうか？　エストニアの小学生用の歴史教科書を書くのは至難の業だ。

国境紛争を脱するには

この二〇年ほどで、平和裡に解決した国境問題は五五件にも上る。かくして、国境の画定手段としての戦争は減じつつあることが示されている。およそ紛争の三分の二、平和的分割の四分の三においては、それ以前の行政上の国境が優先され、戦争が起きた場合でもそれが無意味だったことが証されている。

ソ連の消滅ののち、世界は史上有数の広域的な新国家創設ラッシュと、ヴェルサイユ条約以来の新たな国境画定ラッシュを迎えた（チェコスロバキアのほか、ソ連の分裂により生まれた一七の国家）。対立関係にあるいくつかの事例を除き（ユーゴスラビア、コーカサス）、大多数は平和裡に、協議にもとづいて事を進めた。世界的レベルで見れば、今や国境紛争は戦争勃発のシナリオとしては少なくなってきている。一九四七年五月二二日から二〇一〇年八月一〇日までの間に、ハーグの国際刑事裁判所には四九件の案件が持ち込まれ、二〇一〇年の段階で一六の案件がペンディングになっている。それらのうち、国境問題に関係しているのはわずか六件だけだ。

欧州連合——敵をもたない存在

フランスとドイツの和解は、欧州連合建設の牽引役を果たした。EUは、合意と覇権的手段の帰属を基礎として構築された、一種の政治的未確認物体のようなものであり、とりわけ敵をもたない存在だ。シェンゲン条約の範囲で国境を開放したことで、状況は大きく変わった。フランスの主要な国境をなしているのは、今やロワシー・シャルル・ドゴール空港であり、そこで国境紛争を想像するのは難しい。EUの平和と経済成長の空間に、元共産圏の諸国がたちまちのうちに加盟したことも、それら各国が同時並行的にNATOへの加盟を確約する意欲を示したことと同様に示唆的だ。EUの平定的価値は様々な機会に示されている。ドイツによるオーデル・ナイセ線の承認、ルーマニアのハンガリー系少数民族に関するティミショアラ条約、一九四五年に画定された各種国境の承認などは、ごくわずかな例にすぎない。

敵をもたない存在である欧州は今日、みずからの防衛概念を定めようとしている。そうした概念がありうるとすれば、それは複雑なものとなるだろう。EUには生来のハンデが多々ある。まず、統一市場の加盟国をなすEU域内の各国は、防衛および安全保障政策の面で異質な混成体をなしている。自国の安全保障政策を、NATOの枠組みの中で、アメリカ政府との関係をもとに定義している国もあるし、中立的な国もある。また、NATOの使命は体系的かつ地理的に限定されていなければならないとする国もある。このように、「防衛から見た欧州」と「欧州の防衛」とのあいだには混乱があり、一部の国は、合衆国との構造的な繋がりがなければ欧州の防衛は不可能だと考えている。それらの国は、ワシントンが定義する敵を踏襲している。イラク戦争には、大西洋を跨ぐ連帯からヨーロッパの多くの国が参加したが、その戦争自体に対しては欧州域内で見解が分かれた。まさにそれは、防衛から見た欧州が直面する根本的な矛盾の露呈だった。リビアでの反政府運動を支援するための軍事介入は、防衛から見た欧州の、また別の分裂を顕わにした。

ＥＵとはいわば「未確認政治物体」である。敵がいない状態で共通防衛を構築することはできるのだろうか？　それは困難であるだろうし、ほかに類を見ない事例でもある。平和的な連合の試みは、アラブ世界、サハラ以南のアフリカ、ラテンアメリカ、アジアなどにも多数存在するが、いずれもＥＵほどの政治的成功を収めてはいない。

敵を解体する方途には別様のものもある。内戦を脱するための国民的なプロセスは、これまでその最も創造的なものとなってきた。その理由のひとつとして、復讐のメカニズムを弱めるための司法のルールを、国際社会が課すことができたことが挙げられるだろう。

第二章　内戦からの脱却——忘却、赦し、司法

「過去を非難する権利は誰にもないものとする。三〇人と一〇人の委員、一一人とペイライエウスの元アルコンたちについても、執務報告をなした後は同様とする」。過去を想起することを禁じ、違反者には死刑を科すというこの一般特赦の措置は、四〇三年にペロポネソス戦争と三〇人僭主に終止符を打ったトラシュブロスの命令において発せられたものである（アリストテレス『アテナイ人の国制』、第三九章第六節）。赦しと忘却のテーマはさほど新しいものではない。

暴力の一方的放棄と忘却

内戦に際してそれを解体する最も単純な様式がそれだが、ほとんど成果を上げてはいない。ＩＲＡはジェリー・アダムズの口を借りてそれを通告した。ウルグアイのゲリラ組織「四月一九日運動」（Ｍ19）も同様だ。だがウルグアイのもう一つの勢力であるツパマロスはそれを受け入れようとはしなかった。ＥＴＡもたびたびその通告を行っているが、みずからそれを葬っている。一部の国は、法律の採択なしに忘却することを望んできた。ハサン二世の暗黒の統治時代を葬ろうとしているモロッコや、共産党時代を埋もれさせてしまおうとするロシアなどである。だがこれは

あくまで例外だ。一度も裁判や贖いがなされたことのない旧共産主義各国では、裁判を伴わないアーカイブの開放が最低限の義務とされてきた。古傷がふさがるには長い時間を要するのである。[162]

内戦後の特赦法は司法なき隠匿を意味する

約三〇ほどの国が内戦後に特赦法を採択している（スペインやギリシアなど）。あるいは内戦にも等しい弾圧的な長い独裁体制の後だ（アルゼンチン、チリ、ペルー、ブラジル、サハラ以南のアフリカ諸国）。採択される措置は、時代と対象とに関して当然ながら限定的であろうとする。というのもそうした特赦法は、独裁体制もしくは戦争状態の限定的な一時期について、「政治的な」犯罪を赦すことのみを目的としているからだ。

一般特赦法は、真実の探求努力を滞らせ、それを矛盾に至らしめる。つまり権力の濫用が忘れられることはなく、その一方で司法手続きは一切取られないのだ。遺恨を引きずる危険を伴うせいで、民主化のプロセスは弱められてしまう。スペインは、三七年におよぶフランコ政権の後、「平和的共生」の政策とともに、贖罪、忘却、特赦の道を選択した。だが「沈黙の協約」には至らなかった。内戦の大多数の当事者たちは亡くなっていたが、糾弾よりも解明へと目的が変わっていったのだ。アーカイブの開放によって歴史家の作業が可能になった。フランコ政権下での犠牲者の子孫たちが拉致されていた事実が最近明らかになったが、それにより苦しみは第二世代へと広がることになった。

一九九九年九月一六日、アルジェリアのブテフリカ大統領は、国民投票により「市民融和法」を採択させた。イスラム救国軍（ＡＩＳ）には六〇〇〇人近くのゲリラたちがいた。これは公式の数字とされ、大統領は彼らを優遇する恩赦を公布したのである。二〇〇五年九月二九日、「平和と国民和解のための憲章」が国民投票にかけられ、採択される。これに伴い、二〇〇〇年一月以来投降していた武装イスラム団に対する訴追は消失した。同法はまた、軍の関係者にも適用されている。武装解除した戦闘員と犠牲者は、記憶の作業、あるいは司法の作業を経ることなく、必ずしも納得いかない公共政策によって共存を余儀なくされている。武装解除した一部の戦闘員が謎めいた状況において暗殺される事態も、アルジェリアのほか、コロンビアやウルグアイなどでも見られている。ときにそれはゲリラの復活と戦争再開のきっかけにもなる。加えて元戦闘員たちは、自分らが非人道的な行為をなしていた場合、弁解の口実を見いだすために、犠牲者側について悪いイメージを広めようとしたり、維持しようとしたりする。公的な場で議論がなされず、議論を命じることもないがゆえに、古傷は癒えず、私怨による復讐も絶えないのだ。そうした司法的・政治的な措置はすべて、テロリストにも、改悛者にも、テロリストの親族にも、また犠牲者の親族にも関係し、「悪しき戦争」に終止符を打つことを目的とするものである。だがアルジェリアでは、二〇〇七年以降も、イスラム・マグレブのアルカイダ（ＡＱＭＩ）によるテロが起きている。だからこそ、こうした残像現象について理解しなくてはならないのだ。テレビ局フランス２が放映したあるルポルタージュは、蜂起したイスラム主義者の事例を紹介し、暴力から抜け出すことの難しさを説いていた。そのイスラム主義者は、自宅に戻っている最中に、警官だった兄弟がのどを切られて殺され、その復讐を誓ったのだという。いったい誰に対する復讐なのだろうか？　彼がともに戦ったイスラム主義者たちだろうか、それとも警察の機動隊だろうか？

最も新しい現象としての、言葉による赦し

第二次大戦後のフランスがそうだったように、民主制への移行戦略は伝統的に「忘却の取り決め」[163]と特赦＝健忘とを基礎とする。暫定的司法の原則にもとづく「真実正義」委員会もしくは「真実和解」委員会（ＴＲＣ）は、真実、国民和解、民主制への平和的移行を結びつけた新しいアプローチをなしている。南アフリカの同委員会を率いたデズ

モンド・ツツは、アフリカ流の考え方を引き合いにこう述べている。「こう言ってもよい。私の人間性は解きほぐせないほどにあなたの人間性に結びついているのだ、と」。このような理解は、先に引用した歴史家エリ・バルナヴィの考え方とは根本的に対立する。こうした手続きを採用した国は三〇ヵ国ほどに上る。

TRCには四つの特徴がある。まず、それらは過去の一定の期間に限定され、一般に、目的別の国際裁判所よりもかなり長い期間に及ぶ。南アフリカのアパルトヘイトをめぐっては三四年、グアテマラの独裁については三五年、チリでは一七年、アルゼンチンの内戦では七年、ナイジェリアでは一六年、シエラレオネでは一〇年に及んでいる。二つめとして、それは特定の出来事に焦点を合わせるのではなく、権力の濫用と犯罪の全体像を描こうとする。三つめとして、委員会は一時的なものであり、任期も限定されていて、最も多くの場合、報告書の提出までとなる。四つめとして、真実委員会はその構成において、権力側といっさいの関係をもってはならないとされる。委員会を構成するのは市民社会の代表たちだ。宗教家、人権擁護団体、法学者、大学関係者、そして世論によって誠実さが認められた著名人である。委員会は倫理的な権威を行使できなくてはならない。それにより、情報へのアクセスはよりいっそう自由になり、さらなる安全と保護を受けて難しい問題を掘り下げられ、よって作成する報告書の影響力も増すようになる。[164] 委員会のおかげで、建設途上の民主主義政権は、自国の歴史の暗部と対峙できるようになるのだ。

共通する記憶の基盤を整備するために創設された初の委員会は、一九八二年にボリビアに誕生した「行方不明者調査委員会」だった。同委員会は、一九六七年から八二年までに行方不明となった一五五人について調査したが、リソースが不足していたほか、拷問や違法勾留およびその延長など、国家の弾圧のある種の側面について調査する権限もなかった。一九八二年に特赦法が採択され、元独裁者のガルシア・メサと、その内相ルイス・アルセ゠ゴメスのみが、一九九二年に三〇年の刑に処されている。

アルゼンチンでは、一九八三年に設置された「行方不明者捜索国家委員会」は権限こそ制限されていたものの、真に政治的な意志に支えられ、九〇〇〇人以上の行方不明者について解明するに至った。ビデラ将軍やマセラ海軍大将など、軍事独裁の主要な指導者たちは、一九八五年に終身刑に処された。八六年にはいわゆる「終止符法」が可決され、その翌年には「服従法」によって、独裁政権時代の士官の訴訟を終息させようとした。二〇〇三年五月、新たに選出されたネストル・キルチネル大統領は、就任演説に際して、無処罰を終わりにすると宣言した。二〇〇五年六月には、それらの法は憲法に則っていないとの判決を最高裁が下した。その三ヵ月後、スペインから送還の要請を受けていた四五人の元軍人が逮捕され、独裁政権下の犯罪者の送還を禁じた政令は撤回された。

一九六四年から八五年までのブラジルの軍事独裁は、アルゼンチンやチリの士官による独裁に先立っていた。ブラジルの独裁の犠牲者は、他の二ヵ国にくらべれば数は少ない。死者・行方不明者は約五〇〇人で、五〇〇〇人が政治犯として勾留された。一九七九年八月、「政治犯および付帯的犯罪者の特赦法」によって、政治亡命者のブラジル帰国が可能になったが、それはまた拷問者をも保護することになった。いわば一種の「自己恩赦」を軍人たちがみずからに与えたようなものだが、文民統制の回復と亡命していた反政府活動家の帰国に向けた、必須の一段階ではあった。一方で被害者の遺族たちは、元拷問者を法的に裁けるよう法律の改定を求め、だいぶ後の二〇一〇年になってルラ大統領がそれを認めた。ブラジルは現在ラテンアメリカで唯一、軍事独裁時代について軍人らに清算を求めなかった国になっている。

チリの独裁（一九七三年から八九年）は、ピノチェトみずからが公布した恩赦法で幕を閉じた。一九九〇年四月二五日の民主制復帰に際して設置された真実和解委員会のレティグ報告書は、処刑された人々と独裁政権の支持者たちとを関連づけている。委員会は二二七九人が死亡もしくは行方不明になったとしている。同文書は「独裁」という言葉を注意深く避け、誰も名指しでは糾弾していない。だが何人かの指導者たちは裁判を受け、有罪になっている。たとえば諜報部の長官は、元閣僚のオルランド・レテリエルのワシントンでの暗殺について有罪とされた。その後、ラゴス大統領の政権下で二〇〇四年、セルヒオ・バレク率いる委員会の報告書、いわゆる「勾留・拷問委員会報告書」（より生々しい言葉だ）が二万九〇〇〇人の被害者について調査し、うち三〇〇〇人が死亡もしくは行方不明になっていることを明らかにした。司法当局は二〇〇五年九月一日、一〇〇人以上もの軍人や警官を拷問の容疑で逮捕した。終身上院議員の身分で守られていたピノチェト将軍も、裁判にかけられるところまで来ていた。ただしそれは、独裁時代に在外スペイン人を殺害した容疑で、スペインでの裁判だった。二〇〇六年に死去するまで、チリでの裁判は受けていない。だがその時点までにピノチェトは、窃盗と脱税の嫌疑で起訴されている（犠牲者らの資産を着服し、国外の口座に移した疑惑）。今や独裁政権下での軍人による、反体制派の家族の殺害と子供の拉致・誘拐の責任は確定している。チリの事例からは、国内外のいずれにおいても、司法がいかに特赦法の制約を突こうとするかが示されている。

ウルグアイでは、一九七三年から八五年までの独裁が、八六年のいわゆる「刑事処罰失効法」によって終結した。行方不明者調査委員会には、誘拐と同様に多発していた不当勾留について調査する権限はなく、調査結果も限定的なものだった。一九八九年四月、軍事政権の復活を恐れたウルグアイ国民は、国民投票によって同法の撤廃案を否決した。最初の裁判が行われたのは二〇〇六年になってからだった。独裁政権の事実上の終わりから、実に二五年を経ている。二〇〇六年八月、検事局は元独裁者のボルダベリー将軍に対し、禁固四五年の刑を求刑した。一〇月、最高裁が特赦法は憲法違反との判決を下し、八一年から八五年まで大統領を務めたグレゴリオ・アルバレスは三七人の殺人の嫌疑で有罪となり、禁固二五年の刑に処せられた。二〇〇九年四月には、再度国民投票を求める嘆願書に十分な署名が集まったが、その国民投票によって失効法の撤廃は否決された。

過激な暴力で知られるセンデロ・ルミノソのゲリラや、それに劣らず暴力的だった弾圧（約二万六〇〇〇人が亡くなっている）に、長きにわたり対峙してきたペルーでは、賛否両論となった法案が、アルベルト・フジモリ政権下で一九九五年に可決された。それにより、治安維持部隊の隊員らに特赦が与えられた。彼らは、ゲリラとの戦いの名目でなされた人権侵害について、告訴または有罪判決の対象となっていた。二〇〇三年、センデロ・ルミノソのゲリラ活動開始からアルベルト・フジモリ政権の失墜までの期間になされた暴力行為に関し、委員会の報告書がまとめられた。実に一万七〇〇〇人以上におよぶ聞き取り調査にもとづくものだった。二〇〇六年、センデロ・ルミノソの司令官だったアビマエル・グスマンが終身刑に処され、二〇〇九年四月には、元大統領のフジモリが、人道に対する罪により二五年の刑に処された。この案件に適用可能な最大限の刑罰である。判決は犯罪計画の存在を重視し、それが組織的な権力機構によって実行され、元大統領はそれを統括していたとされた。同大統領を犯罪の首謀者と名指しするこの判決は、政治的無処罰との戦いにとって実に大きな貢献をなしている。

そのほかの地域では、依然無処罰がルールになっている。たとえばグアテマラでは、一九六〇年から九六年の内戦で一五万人の死者と四万五〇〇〇人の行方不明者を出している。パラグアイのストロエスネル将軍の独裁は一九五四年から八九年まで続いた。一九九二年に人道に対する罪ならびに人権侵害の罪に問われ、欠席裁判で有罪になった同将軍は、二〇〇六年に亡命先のブラジリアで亡くなった。エルサルバドルでは、一九七九年から九二年までの内戦で七万人以上が亡くなっている。一九九三年にアルフレド・クリスティアーニ（一部の殺害行為に直接関わってきた右派政党、アレナ〔民族主義共和同盟〕所属）によって特赦法が布告された。二〇〇九年春の左派の勝利によって、特赦の廃止に関する議論が再燃している。

いかに裁くか

民主化途上の暫定政府は、国民の和解の名目で特赦法を採択してきたが、市民社会はいくつかの姿勢の間で揺れている。先に進もうとする意欲、弾圧の具体的な痕跡や記憶を消したいという欲望、誠実なものか恐怖によって強制されたものかはともかく、必要不可欠な和解の達成への意志などである。その一方で、行方不明者の親族たちは努力を続けている。たとえばアルゼンチン独裁政権下の行方不明者の母親の会、「五月広場の母たち」は、理解と記憶を望む新たな世代「無知の世代」の、知ることへの欲求と手を結び、司法への圧力をかけている。法律が適用されない領域で、一連の記憶のための司法手続き（子供の誘拐、被害者の銀行口座の不正操作についての、チリやアルゼンチンの歴代将軍らの訴追、ストロエスネル将軍が行った公金横領の調査など）を進めることにより、特赦法の再検討や責任の所在をめぐる司法調査が行われ、ときには共同墓地の掘り起こしにすら至っている。また法学者たちも、国際条約の取り決めで本来的に時効がないとされる人道に対する罪に、国内法が恩赦を与えることはできない、と認めさせるための活動を行っている。

だが、和平と社会的和解の合意、国際法の遵守を果たす際に、必要となる譲歩をどう引き出し調停していけばよいのだろうか？　人道に対する罪の犯罪者に関わる場合について、国連は、調停者が一般特赦を保証することを禁じている。[165] シエラレオネでは、ロメ和平合意の際に一般特赦法が可決され、それが紛争終結の必須の条件とされた。けれども、だからといって今日、国際刑事裁判所がたとえばチャールズ・テーラーやミロシェビッチを訴追することに支障が出ているわけではない。彼らは和平合意に署名しただけで特赦を得られたと信じていた。

司法手続きのグローバル化によって、意外な矛盾が露呈することもある。たとえばスペインのガルソン判事は、一九七七年に可決された特赦法のせいで、スペイン国内のフランコ政権の指導者らの責任を問うことができなかった。ただ、スペインの国内法のもとで、チリの軍事独裁時代に一部のスペイン人が行方不明になった事件について、ピノチェトを訴追することは許されていた。チリの特赦法に従うなら、同将軍はその地位ゆえに恩赦を与えられ、保護されていると考えられるのだ。ピノチェトは英国滞在中に国際指名手配をかけられたが、政治的な理由から、ロンドンがそれを適用することはなかった。司法を経ない特赦は、内戦の敵対関係を解体するには至らない。先に指摘したように、古傷の記憶と内戦の復讐心は、親族の閉じられた空間で温存されることが多いのである。

したがって今後は、内戦終結段階には二つの形の司法がありえ、それらは平行して機能しうるということになる。すなわち、原状回復的司法と部分修復的司法である。

原状回復的司法は処罰的で、被告に集中し、原告側と被告側とが相対する。手続きの公正さ、罪刑の平等と均衡が重要となる。この司法は、有責の「敵」の問題を、被害者の側、および被害者と加害者、そして共同体全体の関係をもとに扱う。その目的はもちろん正義をなすことだが、和解をなすことでもある。ルワンダのとくにフツ族がそうだったが、社会集団のうち大きな部分を占める周縁的な人々が虐殺に関わっていた場合、緊張は大きなものとなる。ルワンダのその事例では、原状回復的司法により、一部の犯人（全部ではない）の処罰が可能になっているが、共同体や国民全体の中での和解には至っていない。今日でも、コンゴにおいて長引く民族間の戦争にその結果が見て取れる。

過渡的もしくは部分修復的司法のほうは、処罰的ではない。それは戦争から平和への移行、あるいは独裁体制から民主主義体制への移行を管理するものだ。それは大規模な収奪の記憶の遺産を扱うことができるし、扱うべきでもある。そのもとになっている確信とは、正義の要請は絶対的なものではなく、和平や民主制、経済発展、法治国家の強化などによってバランスを取る必要があるということだ。この司法の目的は、刑事司法、原状回復的司法、社会正義、経済的正義などを含む全体でもって、権力の濫用の遺産に立ち向かうことにある。責任ある政治としてのその司法は、過去においてなされた犯罪の責任の所在を明らかにすると同時に、一部の犯罪の集団的性質を考慮しつつ、新たな犯罪を防ぐための様々な方途をも試みなくてはならない。被害者と加害者が同じ人間性を共有しているというのがその前提である。「最悪の人種差別論者さえも、心を入れ替えることは可能だ」。南アフリカの委員会を率いたデズモンド・ツツはそう述べている。

南アフリカの真実和解委員会（ＴＲＣ）は、過渡的司法の最も優れた事例となっている。委員会が設置されたのは二〇〇一年で、南アフリカおよび世界中の専門家を集めた会議の後だった。アフリカ民族会議（ＡＮＣ）と元の白人エリートたちとの協議の後、「国民統一和解推進法」によって、三つの小委員会から成るＴＲＣが設置されたのである。一つめの小委員会は人権侵害に関するもので、調査を行い報告書を提出することになった。二つめは被害者の賠償と社会復帰に関する小委員会で、賠償に関する勧告を行った。三つめの小委員会は、犯罪の行為者について、彼らが政治的な論理に従ったまでと証明できた場合、その完全な解明を条件に恩赦を与えることを任務とした。ＴＲＣは両陣営の加害者と被害者それぞれの聞き取り調査を行い、被害者には、公的な場でその苦しみを表明し集団的認知を図り、親族に何が起きたのかを知る機会を与えた。加害者と被害者の親族を同席させた一部の聞き取り調査は、とりわけ耐えがたいものとなった。ＴＲＣが与える恩赦は、犯罪者が真実の解明に実際に協力することを条件としていた。それは被害者と加害者の間で、譲歩を前提に政治的合意を取り付ける手段でもあった。一万九〇〇〇件もの被害者の証言と、七一〇〇件の恩赦の申請のうち、必要とされた基準を満たしたのは九一三件のみだった。それでも南アフリカのＴＲＣは成功裏に終わり、国際社会にとっての模範事例となった。それは現在にいたるまで、恩赦の権限を備えた唯一の委員会だった。

ルワンダでは一九九九年、「ガチャチャ」が設置された。これは共同体的アプローチで紛争解決に当たる一種の伝統的な裁判で、ほかの法廷を補完するものである。目的は二つあった。裁判を加速し刑務所に空きを作ることが一つ。フツ族とツチ族のコミュニティを、証人として、また判事の選出を通じて、真実の確定に携わらせることがもう一つである。八〇万人ともいわれる虐殺の規模ゆえに、詳細な個別調査は困難を極めたが、不確実な事実による有罪判決は、問題に対する対応として十分なものではありえなかった。ガチャチャは被告の権利の尊重が十分でないと批判されたほか、国民的和解のプロセスにおいて重要な一段階となる、「真実」の確定に向けた方法論がない点で、TRCとは異なっていた。選挙によるガチャチャの構成員の指名も、必要不可欠とされる民族の混成状況の反映を、ほとんど尊重していないようだった。紛争の経緯について、合意にもとづく歴史を確定することを任務とする公式の委員会が設置されていれば、それは間違いなく和解の速やかな進展をもたらしていたことだろう。犯罪者を共同体に再び迎え入れることも、一般特赦や、懲罰的な司法制度による有罪判決だけでは不可能だったろう。

過渡的司法の規範と原則は、個別の国民に限定されないものと考えられており、移行期のあらゆる社会に適合する、あるいは少なくとも適合可能であるとされている。TRCは紛争解決と民主制への移行政策において多用される構成要素となった。ジャーナリストのピエール・アザンの表現を借りるなら「和解のユートピア」とされるそれは、異論のない成果を上げてきた。

TRCの中には、虚構にすぎなかったものもある。ウガンダでは、イディ・アミン・ダダは国際社会の圧力に譲歩し、前任者ミルトン・オボテが一九七四年に引き起こした行方不明事件の調査委員会を設置した。それは組織としては最も古いものだったが、あくまで「移行的措置」であろうとしていた。結局、最終的な報告書は刊行されずじまいだった。そこには、権力を掌握したアミン・ダダが望んだような「移行」の限界を思い描くこともできる。一二年後、ヨウェリ・ムセベニが同じ所作を繰り返したが、それは大して関心を呼ばなかった。

ハイチの真実正義委員会は、九一年九月から九四年一〇月までの人権侵害を調査し、合計二万人におよぶ関係者のうち五四五〇人の証言を取り付けた。だがジャン゠ベルトラン・アリスティド大統領はその結論を公表せず、犯罪者の訴追にも着手しなかった。

エルサルバドルでは、委員会の報告書の提出から五日後、政府がすべての「政治犯」を対象とした特赦法を公布した。グアテマラでは、独裁者たちは「たとえ国を墓場に変えることになろうとも」国内を平定すると述べていた。

二〇万人の被害者のほとんどは先住民だったが、「歴史解明委員会」が調査したのは、軍による六二六件の虐殺事件のみだった。二年間の調査期間の後、裁かれた責任者はいなかった。それと平行して調査を行っていた司教が、その報告書の発表から二日後に暗殺されている。

感情的に耐えがたい委員会の会議だが、それはなにも個人もしくは集団の心理療法なのではない。被害者と加害者が顔を突き合わせることには、暴力の否定に抗い、忘却と戦い、社会をおのれの歴史と対峙させるという目標がある。ＴＲＣはほかの形の司法を補完し、有効な手段をなしてきた。だがそれは、好戦的感情の温存や再発を防ぐことができるような奇跡の解決策ではない。その目標は紛争の根深い経済・政治的な原因を扱うことにあるのではなく、分裂した社会の内部に巣くう敵意の源泉を枯らすことにあるのだ。

とはいえ、ＴＲＣは二つの問題を投げかけてくる。すなわち、国家元首や民兵をどう考えるのか、そして国際社会の役割は何か、である。

ＴＲＣにおいて国家元首の責任は全幅に及ぶ。ＴＲＣのなかには、独裁者の裁判と平行して事にあたる場合もあれば、そうでない場合もある。南アフリカの場合、一部の元閣僚たちは、アパルトヘイトの防衛の名目で行った行為について悔恨の念を表明している。一方、元大統領のデクラークなどは、拷問を奨励したことも、歴代の政権がそれを隠蔽したことも一度もないと主張し、改心すること自体を拒絶した。この元大統領に対してはいかなる処罰もなされていない。

この先も長く続く国内政治問題——民兵の裁判

民兵組織は多くの場合、国家の戦略が脆弱な局面で、ゲリラに対抗するために組織されてきた。ラテンアメリカでのように、大地主の支援を受けることも少なくない。兵士と反逆者の中間をなす武装したそれらの人々を定義しようと、政治学者のロラン・マルシャルは「ソベル」(反逆兵)という言葉を用いているが、その形態は実に様々だ。アルジェリアでは、彼らの武装解除にはさしたる問題もなかったように思われる。反対にラテンアメリカの内戦においては、行き過ぎた行為も多く、裁判なしでの社会への再編入はきわめて難しい。彼らの略奪行為の被害にあった人々は、罪の告白も、実際の賠償も手にしていない。違法な経済活動(麻薬密売、強請など)に浸りきっていた民兵は、武装解除に応じず、みずからが軍備を直接的に管理できなくなると、麻薬カルテルにそれを転売するのである。こうなると、麻薬の密売について問わずに内戦時の人権侵害だけを裁くことは難しくなる。

コロンビアは疑似軍隊が最大で三万二〇〇〇人を数え、それらは約一六万五〇〇〇件の暗殺、三万二〇〇〇件の拉致を働いたことを認めている。国が問題の解決を図ることはできず、収監された軍人まがいはわずか一〇〇〇人にすぎない。動員を解除された四〇〇〇人は再武装しているものと見られる。民兵問題解決のための、国際刑事裁判所の取り決めを批准するのに、政府は七年の猶予を得ている。国を南北に分断したコートジボワール危機では、国は内戦から生まれた民兵らの悪行を被った。民兵組織の司令官、すなわち一〇の「司令区」は、国土の六〇パーセントと人口の三〇パーセントを掌握していた。

以来、内戦は完全には終結しておらず、周辺部での社会的暴力・社会的犯罪によって戦争は別の形で継続している。

国内司法・国際司法——国際社会はどう対応できるのか

一九九九年のロメ和平合意を受けて二〇〇〇年にシエラレオネに設置されたTRCは、九一年から九九年まで続いた内戦での人権侵害について、公平な歴史的報告書を作成することを委託されていた。合意により、同委員会は大がかりな人権侵害の原因、性質、規模について調査でき、それがいかに、決定済みの計画、あるいは政府や集団、個人などの政策ないし認可の所産であったか確定することができるはずだった[166]。同委員会の設置は投票によって二〇〇〇年に決まったが（真実和解委員会法）、実際に設置にいたるには二〇〇二年を待たなくてはならなかった。報告書の最終版が国連に提出されたのは二〇〇四年一〇月で、手間取ったのは紛争の原因除去よりも、むしろ被害者への支援問題のせいだった。同報告書は、四肢を失った人々や性的暴力の被害者、寡婦、移住させられた子供などの賠償を、政府が行うことを推奨している。委員会は、和解は長い期間におよぶプロセスだと強調している。

カバ大統領とフォディ・サンコーのあいだで調印されたシエラレオネのロメ和平合意は、訴追に対する全体的な免責特権を定めていた。国連シエラレオネ監視団と、それに続く国連シエラレオネ派遣団が、合意内容、とくに武装解除の実行を監視することになっていた。二〇〇〇年五月五日、五〇〇人の国連平和維持軍兵士が、革命統一戦線によって人質となり、二〇日後に解放された。この事件の後、シエラレオネ政府は国連から特別法廷（SCSL）の設置許可を得た。二〇〇二年一月に発足した同法廷は、九六年一一月三〇日（アビジャン合意の日付）以後に行われた犯罪の首謀者を裁くことになった。特別法廷創設の決議はこう謳っている。「国際人道法の遵守が重要であり（中略）、国際人道法への深刻な違反をなす者、または違反を許諾する者は、かかる行為の責任を個人の資格で負うものであり、それらの者が司法、公正、適法性遵守にまつわる国際規範に則り裁かれるよう、国際社会は努力を惜しまないものとする」。したがって同特別法廷は、ルワンダや旧ユーゴスラビアなどを対象とした個別の国際戦犯法廷（ICTR、ICTY）のようなものではなく、また常設の国際刑事裁判所（ICC－CPI）でもない。それは国際化した裁判機関なのであり、伝統的な国際司法と国内司法との一種の妥協の産物である。国連と国「双方の」合意で創設されたものだが、国内の司法秩序の中に統合されたままなのだ。それを設置し、国と国連との合意を批准するのは、あくまで国内法に則ってなのである。同法廷は国内の裁判秩序を補完するが、独立は保たれている。内戦再燃の危機が生じると、特別法廷はハーグに移転せざるをえなかった。同法廷は内戦時代にシエラレオネでなされた、国際法に定められた略奪について裁くほか、シエラレオネ国内法に規定された特定の犯罪を裁いている。この混成によって、同法廷は、より平穏かつ組織化された枠組みを実現しつつ、国際刑事裁判所が直面した暗礁（審理の遅さ、実効性の欠如、機密性、もとの国からの地理的距離）を回避しようとしている。戦争犯罪、人道に対する罪、その他人道にまつわる国際法違反の嫌疑を受けた一一人のうち、九人は収監され、二人は五〇年の実刑となった。革命統一戦線のリーダー、フォディ・サンコーは、健康上の理由で裁判を免れた。逆に同法廷は今や、リベリアのチャールズ・テーラーを、殺人、性的暴行、一般市民の身体毀損、女性や未成年者の性的奴隷化、少年兵の徴用、略奪などの罪で訴追している。二〇〇三年七月に同法廷によって被疑者認定されたテーラーは、裁判にかけられるアフリカ初の国家元首となった。

ＴＲＣと特別法廷が平行して事に当たる場合、ときに問題が生じることもある。特別法廷の側が、一部の勾留者について、ＴＲＣでの証言を許可しない場合があったのだ。真実、自白、正義の関係は複雑だ。カンボジアにも、クメール・ルージュを裁く同様の特別法廷の制度がある。同法廷はもとの国に設置されているわけだが、一部の判事と検事は国外から呼ばれており、彼らは国際法の規則に則って裁定することができる。

このように、アフリカは広範に和解の新たなプロセスや国際司法のメカニズムの認知、さらには国家元首の訴追の最先端にある。ほかの大陸、そして一部の民主主義国は逆に、超大国などを筆頭に、きわめて遅れていると言わざるをえない。

第三章　国際司法——大国の正義

国際人道法への違反を裁く裁判所を設置するアイデアは、一八七〇年の戦争後に登場したものの、その後が続かなかった。一九一九年のヴェルサイユ条約にも、国際裁判所を設置することにより、「国際的倫理および諸条約の神聖なる権威に対するこの上なき侮辱」の罪で、ドイツ皇帝を裁判にかけることが規定されていた。ヴィルヘルム二世はオランダに亡命し、同国はその引き渡しを拒んだため、そのアイデアは効力をもたなかった。国際連盟の発足以来、各国は法的に戦争を禁じたが、周知の通りそれも実を結ばなかった。日本とイタリアが行った侵略戦争に対して処罰が科されたことは、その実現の試みだったわけだが、その結果について吟味する時間的余裕はなかった。国際連合の創設は、二度目の世界大戦の後、全世界の安全を保障することを務めとしたが、常任理事国は拒否権を通じて、その国際機関の働きかけを封じる権限を有している。それら常任理事国には、自国以外に国際法廷を設置するいかなる理由もなかったのだ。

こうして、第二次大戦中にナチスと日本が行った犯罪は、国際的犯罪として裁かれた初のものとなった。ニュルンベルク裁判はよく知られているので、ここでは取り上げない。東京裁判[167]の知名度はより低い。二つの爆弾により、日本はあらゆる謝罪の義務を逃れた。すなわち、長崎と広島への原子爆弾の使用である。それらは唐突に、戦争責任者の役割を犠牲者の役割へと一変させてしまった。他方、東京裁判のあり方も、そうした自己恩赦に一役買った。この裁判は、もとより曖昧な司法にとっての失敗例なのである。

地政学的な理由から、マッカーサーは広く日本の主戦論に責任があった裕仁天皇を救う決断をした。そのため、起訴状は次のような考え方にもとづくことになった。軍の一派が犯罪に走り、天皇のあずかり知らぬところで陰謀を企て、日本の政策を支配したというのである。この陰謀論により、日本の国民もまた操られており、ドイツ国民のように戦争責任を問うことはできないという考え方が、次第に吹き込まれていった。

起訴状はまた、一方的に侵略戦争を起こしたとして、平和に対する罪という考え方も採用した。戦争犯罪の告発は広く認知された。日本軍の捕虜収容所では、ナチスの捕虜収容所に比べ死亡率が七倍も高かった（後者四パーセントに対して前者は二七パーセント）。フィリピンのバターン州での行軍では、アメリカ兵とフィリピン兵合わせて八万五〇〇〇人に、食料も水も与えず一二〇キロを歩かせ、八〇〇〇人がほどなく死亡し、二万七〇〇〇人がその後数ヵ月で命を落としている。中国人捕虜の死亡率はさらに高く、その理由は一九三七年八月五日の奉勅命令［陸軍次官通知］にあった。日本が降伏した後、英国人捕虜三万七〇〇〇人、オランダ人捕虜二万八五〇〇人、アメリカ人捕虜一万四五〇〇人が解放されているが、中国人捕虜で解放された者はわずか五六人にすぎない。一般市民の虐殺はおそるべき数字だった。南京大虐殺では二〇万人が死亡し、二万人の女性が暴行もしくは殺害された。フィリピンでは一三万人が殺され、そのうちの六万人はマニラ大虐殺での死者である。ジュネーブ協定への違反は数知れない（アメリカの爆撃機のパイロットを斬首、人質の強制労働、韓国人女性を拉致し慰安所で働かせるなど）。だが、ドイツと異なり、それらの事実は日本でも欧米諸国からも、多くが意図的もしくは意図せずに無視され続けた。一九四八年一二月二一日、死刑宣告を受けた七人が絞首刑となった。将校六人と元外務大臣である。彼らの遺灰は海上に撒かれ、これで「忘れられたホロコースト」の裁判には終止符が打たれた。全体として、五七〇〇人の日本人が裁判にかけられ、九二〇人が刑に処せられた。東京裁判の被告のうち、死刑に処せられた七人のほかは、一五人が終身刑、一人が二〇年の実刑、もう一人が七年の実刑を言い渡されている。服役者の大半は数年後には釈放され、政界に戻ったりしている。現在の日本の主要シンクタンクの一つ、東京財団は、笹川日仏財団が資金を提供しているが、その笹川氏は南京大虐殺に関与した戦犯であり、歴史修正主義の書籍の編纂者でもある(168)［原文ママ］。

東京裁判では、同盟国を代表する九人の判事のほか、同様に日本軍によって犯罪被害を受けたフィリピンとインドの判事が加わり補完した。起訴内容の一部は激しい議論の対象となった。日本軍当局による阿片の密売についての告訴は取り下げられた。フランスと英国はみずから中国で阿片戦争を起こし、自国の植民地（ベトナムとインド）産の阿片に販路を開こうとした経緯があったからだ。それでもなお、日本を非難する妨げにはならなかった。

インドのラダ・ピノード・パール判事は異説を唱え、みずからを同盟国によって植民地化されたアジアの代表と称した。侵略戦争について同氏は、中国を攻撃した日本に対して大国が定めた禁輸措置は、欧米諸国が直接戦争に参加するのにも等しかったと指摘した。他方で同氏は、フランス領ベトナムに対する日本の侵略行為を犯罪と認めるのは難しいと主張した。ヴィシー政権と枢軸国との間には協力関係があったからだ。インド帰国後に刊行された回想録で同判事は、同盟国自身もまたアジアの支配勢力・植民者だったことを指摘している。被告に適用された極刑に、同氏は反対を表明していた。その手記は、日本の歴史修正主義を基礎づける一種の基本文献と化した。同判事は靖国神社に祀られる権利を得ている。このように、日本には真実の解明と贖罪の過程がなかった。ドイツと違い、東京裁判以降そうした裁判はいっさい行われていない。

この意図的な見て見ぬふりは、エリゼ条約が可能にしたような地域的な和解をアジアにおいて禁じる結果となっている。裕仁天皇についても、また化学兵器開発のために人質を対象に人体実験を行った七三一部隊についても、韓国の慰安婦への賠償についても、何もなされていない。地政学的利益のために真実は犠牲にされ、日本の歴史修正主義は依然健在で、欧州の場合のように周縁的な極右の間にとどまってはいない。戦争直後の被告のなかには、拡張主義に走った大企業、つまり財閥の会長は一人もいない。拡張主義のイデオローグだった大川周明は精神異常と宣告され、裁判を逃れ、その数年後に精神病院を退院した。拉致された韓国女性の慰安所を管理し、「殺し尽くし、焼き尽くし、奪い尽くす」のいわゆる三光政策〔燼滅作戦〕〔原文ママ：「三戒」との混同か〕の考案者ともされる岡村寧次、シンガポール華僑粛清事件とバターン州での死の行進〔その際の捕虜処刑計画〕の責任者だった辻政信は、あらゆる訴追を逃れている。

以上に示した事例が表すのは勝者の正義であって、普遍的な正義ではないことが見て取れる。勝者の陣営が被告とすべき指導者を選択し、被告を訴追し、ときには恩赦を与え、証拠を取りそろえる。このモデルを移し替えることは難しい。敗者側が戦争責任を負う民主主義国であればとりわけそうである（アメリカとベトナムないしイラク、英国とイラク、フランスとアルジェリアなど）。

暫定的国際裁判所——国際司法のサブトラック？

刑事司法では、ひとたび武力が鳴りを潜めればその司法の使命が全権を握ると考えることができる。ユーゴスラビア危機の場合、デイトン合意のおかげでそうなった。恩赦はもはや紛争終結時の通常のルールではない。国際戦犯法廷で有罪とされているスロボダン・ミロシェビッチは、交渉相手だったアメリカのリチャード・ホルブルックから恩赦の保証を得ていると主張していたが、結局はハーグの刑務所で亡くなった。国連は九〇年代、複数の常設の刑事裁判所（ICT）を創設した。権限こそ限定的ながら、新たな判例が作り出され、それが将来の紛争の出口を変えつつある。一九九三年に設置された旧ユーゴスラビアのICT（ICTY）は、裁いた総数はわずかだった。収監された被告は四八人で、三一人が指名手配となり、二〇〇九年に二三人が裁判を受けた。性犯罪を罰しようとした初の国際法廷だという功績もある。レイプ、性的奴隷、売春の強要、妊娠の強要、不妊処置の強要、性的暴力、性別による処刑などである。レイプ犯罪は、形式上は一九四九年のジュネーブ条約にのみ規定がある。戦時の一般市民の保護に関する条約である。東京裁判では、拉致した韓国女性を用いて日本軍が設置した慰安所に関する告発は取り上げられていない。今日でもなお、日本の市民社会は韓国の「慰安婦」に目をつぶり、その賠償を拒んでいる。

一九九四年にアルーシャに設置されたルワンダのICT（ICTR）は、最初はあまり期待できそうになかった。五〇人が告発され、有罪になったのはわずか九人だった。それは民衆法廷ガチャチャの委員会と平行して運営された。そこには二重の足かせがあった。まずは、ポール・カガメの政権が、ほどなく一切の民主化の野望を放棄したことだ。それに加え、ハビャリマナ大統領の飛行機へのテロでフランス人パイロットらが死亡し、それについてフランスで継続中の予審が、ポール・カガメを国際指名手配としたことだ。教訓を与える国という伝統に忠実なフランスは、自国の政治指導者、軍の司令官たちが、虐殺を行った政権の支援に関わっていた可能性の調査は放棄した上で、ルワンダの国家元首を訴追したのである。

二〇〇二年一月に創設されたシエラレオネ国際戦犯法廷（SCSL）は、内戦時代の犯罪について裁くことになっている。レバノン特別法廷（STL）は、二〇〇五年二月一四日のラフィク・ハリリの暗殺事件後に設置された。シリアが自国の軍をレバノンから引き揚げているので、当事者を裁くのは難しい状況だ。ヒズボラが自分たちのメンバーの起訴に反対し脅しをかけていることから、内戦が再燃する恐れもある。

これら常設裁判所の設置は、国際刑事裁判所への道を開くことになった。歴史上初めて、裁判所が紛争終結のルールを、そして国際関係を変えることができるようになったのだ。

紛れもない前進としての国際刑事裁判所（ICC - CPI）――だが誰が誰を裁くのか

ICC - CPIのアイデアは一九四八年には登場していたが、周知の通り失敗に終わっている。逆にソ連消滅後の数年間には、一部の交戦国や国際社会が、紛争を引き起こした動因を詳細に調べることのできる和解と裁きの仕組みを構築しようとする意志を示した。ユーゴスラビア紛争と一九九三年のルワンダの紛争の後、国際法の小委員会が国連総会に、常設の国際刑事裁判所の計画案を提出した。一九九八年七月一七日にローマで一二〇ヵ国によって可決された同案では、安全保障理事会から独立した同裁判所について、その権限と義務とが定められている。効力を発するには最低でも六〇ヵ国の同意が必要だったが、これは二〇〇二年四月に達成された。二〇〇九年以降、ICC - CPIには一一〇ヵ国が参加している。その権限は、国内・国外の紛争のほか、平時の人道に対する罪にも及んでいる。しかも特定の危機に関して時間や空間の制限はない。個人を裁くこともできる。権限は遡っては行使されず、扱われるのは同裁判所の規約が有効となって以後（二〇〇二年七月一日以後）になされた犯罪でなくてはならない。個別の国際戦犯法廷とは逆に、同裁判所は補完性の原理を適用し、当事国に訴追の能力もしくは意志がない場合にのみ訴追を行うことができる。

次の三条件のいずれかが満たされなくてはならない。被告は、ICC - CPIの規約の締約国、もしくはその管轄権を受け入れた国の所属民でなければならない。犯罪は、ICC - CPIの管轄権を受け入れた国の領土でなされたものでなくてはならない。また同裁判所への付託は、ローマ規程締約国、国連の検事、国連の安全保障理事会のいずれかによってのみ可能とする。裁判所は禁固刑を言い渡すことができるが、第二次大戦後の国際法廷とは違い、死刑判決を出すことはできない。

侵略犯罪は議論の対象になっている。合意が形成されていないために、その定義付けは後の期日に延期され、イラクへの侵略については管轄権をもてなくなっている。テロリストの犯罪も裁判所の活動範囲から除外されている。

ＩＣＣ－ＣＰＩは大きな進歩ではある。その弱点は、同裁判所に定期的に批判が寄せられることというよりも、むしろその活動に一部の民主主義大国が不在であることから生じている。同裁判所に対する通常の批判は納得いくものだ。裁判の場所が犠牲者から遠く離れており、犯罪の現場から数百キロも隔たっていることすらある（ルワンダの裁判はタンザニアのアルーシャで行われたし、旧ユーゴスラビアの裁判はオランダのハーグで行われた）。被疑者の逮捕や証人の保護などの国際協力が難しく、政治的理由で機能しないことも多い。スルプスカ共和国では、ＩＣＣ－ＣＰＩは二〇〇人以上を訴追したが、地元の政府は逮捕しようとせず、二〇〇九年末にＩＣＣ－ＣＰＩの付託期限が切れた後は、現地の司法も訴追しようとしてはいない。

国連安全保障理事会の常任理事国五ヵ国のうち、国際刑事裁判所に関するローマ規程に調印し批准したのはフランスと英国だけだ。チェチェンにおける人権侵害で数多くの批判の的となったロシアは、条約に調印はしたものの、その後は批准に至っていない。中国に至っては調印にすら応じていない。欧州はローマ規程締約国の半数弱を占めているが、アジアは締約国が最も少ない大陸となっている。中国のほか、核を保有する二大大国であるインドとパキスタンは規程を支持しておらず、日本も同様である［原文ママ：二〇〇七年に加入している］。アラブ世界もヨルダン一ヵ国が批准したにすぎない。イスラエルは規程に調印したものの、占領地に市民を移住させることを戦争犯罪と見なす条項のせいで批准する気はない。南米やアフリカのほうが、締約国は多い。リビアもまた、ロッカビー事件（一九八八年、二七〇人死亡）やＵＴＡ航空ＤＣ10事件（一九八九年、一七〇人死亡）などを理由に、自国民が国外の裁判所で裁かれることを拒んでいる。

こうした批判はいずれも的を射ているが、アメリカ下院の姿勢がもたらす影響はそれらと比べものにならないほど大きい。クリントン大統領が望んだ国際刑事裁判所を、同下院は認めようとはしなかった。クリントンがローマ規程に調印したのは、期限を迎える最終日、二〇〇〇年の一二月三一日のことだった。ブッシュ政権が始まると、同政権は調印を撤回した。以来アメリカは、ICC－CPIにはアメリカ市民を「政治的理由」で起訴できる特権があると喧伝するネガティブ・キャンペーンを始めた。アメリカ軍人保護法を盾に、ワシントンは反ICC－CPIの動きをかなり精力的に進め、一部の同盟国に二ヵ国間での免責合意の調印を義務づけている。要するにこれは、たとえ国際刑事裁判所が求めても、アメリカ市民の引き渡しに応じないという合意である。二〇〇二年八月に可決したこの法律には、ICC－CPIに拘束されたアメリカ市民を釈放させるため、大統領に「必要かつ適切なあらゆる手段を講じる」ことを許可するという条項が含まれている（そのため、ハーグ侵攻法とも揶揄される）。二〇〇四年七月一五日、下院はネザーカット修正案として知られる、国外での作戦行動予算案への修正案を提出した。ローマ規程を批准したもののアメリカとの二国間免責合意に調印していないあらゆる国に対して、アメリカ政府は開発援助の支援金供与を撤回できるという内容だ。免責合意は四四の国（イスラエル、ボスニア、アルバニア、コロンビア、トーゴなど）と結んでいる。ワシントンの圧力に抵抗したと思われる約三〇の国々は、軍事支援の削減もしくは撤廃の脅威に晒されてきた。非支援の条項は、NATOの加盟国や、NATOには非加盟でも基本的な同盟国（オーストラリア、エジプト、イスラエル、日本、ヨルダン、アルゼンチン、韓国、ニュージーランド）、および台湾には適用されない。制裁はNATO加盟候補の欧州の九ヵ国と、アフリカの一〇ヵ国、太平洋地域の二ヵ国、南米の一四ヵ国を標的としていた。[169]

裁判権の免責は、イラクやアフガニスタンで活動するアメリカの民間軍事会社（PMSC）のメンバーにも拡大された。イラクでのアメリカ国防省との契約では、今日一八万人の男女がそれらの会社に雇用されており、一六万人の兵士を抱える正規軍の規模を越えている。二〇一〇年七月に刊行されたアメリカ下院調査局の報告書[170]によれば、アフガニスタンで活動する民間人の数は、国防省関係だけで一〇万四一〇〇人と試算されている。当時の軍の要員は六万三九五〇人だった。一部の企業は私的利権、あるいはアメリカの公的利権を保護するべく戦地に赴く。場合によっては、それらの企業はＣＩＡもしくは特殊部隊が組織する奇襲攻撃において、正規軍の支援という形で戦闘行為すら行う。

ブラックウォーター社の社員が二〇〇七年九月に起こした銃撃戦では、一七人のイラク人が死亡し、少なくとも二〇人が怪我をした。それはＰＭＳＣに帰される一連の不祥事のうち最も規模の大きなものだ。ブラックウォーター社の民兵の訴追は、二〇〇九年一二月、連邦判事リカルド・ウルビナによって棄却された。同判事は、同社社員を起訴したアメリカの行政は憲法に謳う権利を尊重していないと見なしたのだ。「被告の不利になるようにはしないとの約束で被告が述べた証言を用い、被告の弁明する権利を侵害した」。ブラックウォーター社の広報担当者アン・ティレルは「社員らは法に則り、攻撃に対して反撃しただけだ」と述べ、また「発砲の対象となった民間人は、実際には武装した敵であり、わが社の社員は人命の擁護という任務を遂行したにすぎない」とも述べている。アメリカの行政官ポール・ブレマーが策定した、暫定政権のメモランダム一七は、イラクの司法に対する軍事会社社員の免責を保証していた。様々な証拠がその乱射に軍事的な正当性はないことを証していたにもかかわらず、会社はこうして活動を再開した。

二〇〇七年一〇月に発表された下院の報告書[171]は、二〇〇五年から二〇〇九年九月までの期間を対象に、同社が関係した銃撃事件一九五件を調査し、そのうち一六三件で、ブラックウォーター社の社員が先に発砲していたことを明らかにした。同報告書はまた、二〇〇六年にイラクの副大統領が、護衛の一人で酒に酔っていた同社社員に殺害されたことにも触れている。その殺人犯は事件後三六時間もしないうちに、アメリカの行政当局から無事に出国する許可を受けている。被害者の家族は一万五〇〇〇ドルから二万ドルを受けとったとされる。報告書の起草者らは、国務省がブラックウォーター社を統制しようとしたとか、同社が関係した多数の銃撃事件について事情聴取を受けたとかの証拠はないと記している。会社は二〇〇八年末まで活動を継続した。二〇〇九年三月には、同社はイラクでの契約を解除されたが、代わりにうり二つのトリプル・キャノピー社が契約した。二〇〇九年一〇月、国防予算法に付加された条項により、民間の下請け業者も軍規に従属し、軍法会議の判決の対象とすることになった。これは大きな前進だが、専門家によれば解釈はいろいろと可能で、現在に至るまで一度も適用されていない。「民間警備会社はイラク戦争で完全に変わった。今やもとには戻れない」。アメリカ特殊部隊の元士官で、バグダッド近くの基地でクルド人の民間警備隊五〇〇人を率いたレオン・I・シャロンはそう語る。そこには懸念材料が燻っている。

コンゴ民主共和国、ウガンダ、スーダン、中央アフリカでの犯罪については、二〇〇四年以来、ICC－CPIが調査を付託された事案は四件しかない。最近になってようやく、シエラレオネもリストに加わった。うち三件の事案は当事国の政府によって要請されたものだが、四件め（スーダン）は安全保障理事会により付託され、二〇〇九年三月四日、裁判所は国家元首に対する初の指名手配書を交付した。スーダンのオマル・アル・バシール大統領で、罪状はダルフールでの戦争犯罪ならびに人道に対する罪である。アフリカの一部の国では、理由もなきにしもあらずなのだが、次のように推察している。「国際司法はアフリカに対してのみ、無処罰防止のルールを適用しようとしているように思える。まるでよその国、つまりイラクやガザ、コロンビア、コーカサス地方などでは何事もなかったかのように」。そうした国が裁判所から離脱する可能性もある。二〇〇九年六月の『ル・クーリエ・ド・ラトラス』誌でのインタビューで、ICC－CPIのルイス・モレノ・オカンポ検事は、二〇〇九年一月にガザで起きた市民の虐殺について訴追する可能性を初めて示唆した。「ほかの誰も彼らのために介入できる状況にないなか、（厳密には国家でないからといって）ICC－CPIの管轄からパレスチナを除外する理由があるだろうか」。このように、公権力者がみずから無条件でそうすると決断しない場合、各国の司法制度が依然としてICC－CPIの要請に従わないことも懸念される。

国際司法はこの先も長く、弱者、第三世界の戦争責任者や国家元首、つまり基本的にはアフリカ諸国にしか関係しない司法であり続ける可能性も否定できない。

第四章　依然燻り続ける戦争の原動力

ときに暴力以外の解決策がない、被占領者の解放要求

分離独立の権利はいまなお異例のものと見なされる。これまで、大きな危機にも陥らずにその権利が与えられた例は、スカンジナビア諸国にしかない。たとえばデンマークは、グリーンランドを徐々に分離させていった。ティモール、コソボ、エリトリアの独立は困難を極め、軍事衝突にまで及んだ最近の実例をなしている。パレスチナ、クルド、チベットなどの大義は、今後も多くの苦しみをもたらしていくだろう。非正規の戦闘員（遊撃兵、テロリスト）、すなわち自前の武器を用いる制服なしの民間人の地位は、世界的に大きな問題になっている。ジュネーブ条約と戦争法は、当事国もしくは正規軍が援用するのでなければ、そうした民間人を認めていない。敵の地位にないそうした民間人は、勝利を収めない限り、反逆者、賊、犯罪者として、裁判なしで処刑されたり、重罪裁判にかけられたりする。勝利していればその限りではなく、その者は国家元首もしくは首相となり、あらゆる罪をそそぐことができる。「反逆者」は今や、復活しつつある地域のゲリラにこそいっそうふさわしい言葉だが、そうした反逆者という地位が存在しないことが、おそらくは暴力が蔓延する一つの原因になっている。

一方的政策と世界的な競合関係

数々のイデオロギー的理解は今や、これまで「大国」概念に苛まれてきた個人の手の中にある。そのモデルはもともと欧米のものだったが、不幸にもいたるところに拡散してしまった。欧米の「戦略家」たちは、新興国がそうした概念を用いることを当然ながら非難する。さながら、みずからが作った怪物に裏切られるフランケンシュタイン博士のようだ。資源の稀少性、水資源をめぐる戦争、気象をめぐる紛争などの新概念は、予告された紛争の歴史の新たなバージョンにほかならない。大国の概念は生活水準とは関係なく、人権とも関係ない。さもなくばスカンジナビア諸国や日本、スイス、ドイツは、世界有数の富裕国ではないことになってしまうだろう。戦争を行うことは、かくもはるかにたやすいのである。

イデオクラシーの戦争

それらは今日において、また未来においても、暴力の主要な原因をなしている。なにも「文明の衝突」の適合バージョンを練り直そうというのではない。そのような表現は、他の文化を暴力的要求として疑う、欧米社会の恒久的な良識を表しているにすぎない。そうではなく、あらゆる宗教的過激思想の批判的検討が、宗教の自由という原則に対してすら優位に立たなくてはならないのだ。そうした批判的プロセスはフランスと欧州では始められているが、それ以外の地域（アメリカ合衆国やアラブ・イスラム圏、イスラエル）ではほとんど、さらにはまったく行われていない。

結論

以上、本書で取り上げたすべての理由から、これからの近未来においても、敵を作ることはなおも大きな生産部門をなしていくだろう。とはいえ、サン＝テグジュペリが指摘したように、「戦争は運命ではない」。「戦争は人間の行動の原動力なのであり、その原動力は膨大な知性の努力を払わなければ解体することができない。戦争は冒険などではない。チフスのような病気なのだ」。この医学的な診断には、運命論的な分析を脱するという利点がある。紛争の起源には手当を施すことができる。ただ、病気は予期せぬ原因で再発することもありうる。

もし本書の文章が、独裁政権に対してよりも民主主義国に対して批判的であるように思えるのであれば、次のことを思い出してほしい。戦争に赴く手前で私たちの社会に良識をもたらすメカニズムを明らかにすることは、この考察のまさに目的をなしている。他方、すたれることのない欧米の行動様式（それは二度の世界戦争と比類なき大虐殺を引き起こし、世界全体を植民地化し、核戦争・化学兵器戦争をも押し進めてきた）、すなわち世界全体に教訓を与えようとする行動様式からすれば、それら欧米諸国は、いくつかの真実を指摘されてしかるべきだろうとも思われるのだ。著者はまた、独裁政権の社会よりも、イスラエルなどの民主主義国の社会に見られる自己改革の能力に、いっそうの希望を抱くものでもある。

民主化は、言葉をもたなかった旧帝国の臣民に土地と権力にかかわる権利を与えたが、それゆえに暴力の原因となる場合もあった。民主化によって、権力者が力づくで黙らせてきた緊張関係が覚醒したのである。とりわけ旧ソ連圏の共和国がそうだった。

一部の国は潜在的な内戦状態、こう言ってよければ「暴力的な平和」を生きている。各人の安全はその人が属する集団の武力によって守られているのであって、国家によってではないからだ。そうした集団に武力の独占を許しながら、国の再建を目標とする国際社会の行動は、内戦を再燃させてしまうだけだ。ソマリア、アフガニスタン、パキスタン、あるいはアフリカの一部の国がそうした事例をなしている。国連という和平の担い手が用いる知的手段は、現状のような出来合いの解決策から成る工具箱よりも、むしろ危機に対するいっそうの専門技術にこそこだわらなくてはならないだろう。

平和はまた、武力解除さえすれば確実となるような成果でもない。時間的に史上最も短い期間に行われた大虐殺はルワンダのものだが（四週間で八〇万人が虐殺された）、それは蛮刀によってなされていた。アフリカの紛争は冷戦時代の蓄積をもとになされている。小型の武器に関する国際協定は喫緊の課題だが、不幸にも、世界で最も力のある民主主義大国がそれを阻んでいる。メキシコを血に染めている日常的な虐殺は、国境の反対側に位置するアメリカの、一万店もある武器の格安店で購入された武器によって実行されているのだ。

さらに、もとの犠牲者だった人々が加害者に転じるという信じがたい可能性からも、人類の未来が予測できる。シエラレオネやリベリアでの内戦は、アメリカや英国から送還された奴隷の子孫が、権力の一部を「先住民」に明け渡すことを拒否したがゆえに生じている。一九九六年から二〇〇三年にかけてコンゴで行われた虐殺は、ルワンダで苦しめられたツチ族の遠征軍によるものだった。パレスチナ人の権利をなかなか認められずにいるイスラエル社会も、もう一つの例である。そのような場合、比較を否定することが譲れない一線となる。ツチ族の政権は、コンゴについて語る際に「虐殺」という言葉を否定する。どの社会もみずからの過剰行為からしか学ばないのであり、自分らに対して相手が行ったことは、むしろ復讐への呼びかけへと変換されてしまうのだ。

いまだ「大国」概念に浸されている民主主義諸国にとっては、全体の評価は月並みなものにしかならない。国際法の管轄外であり続けている戦争行為（化学兵器の使用、強制連行など）は、それが大国によるものである場合、戦争行為とは呼ばないことにされてしまう。枯葉剤（ダイオキシン）を浴びたベトナムの被害者たちは、今や重度の障害をもった子供たちの親になっている。子供たちは先天性の奇形や、肥大症、発育不全、肺がん、その他の皮膚病、脳疾患、中枢神経の疾患などに苦しんでいる。だが親たちは、アメリカの司法による賠償を勝ち取ることはできなかった。一方、その同じ有毒ガスの被害にあったGIらには賠償の権利が認められているのだ。現時点では、アメリカのG・W・ブッシュ大統領や英国のトニー・ブレア首相を、二〇〇三年のイラク攻撃による「平和に対する罪」で国際刑事裁判所で裁くなど論外だ。民主主義の英国は、少なくともチルコット委員会の枠内で議会による事情聴取を行い、首相からの説明を受けてはいる。アメリカの上院はクリントン大統領に対して、見習いの学生との不適切な関係について公の場で謝罪することを求めたが、ブッシュ大統領が国を虚偽の戦争へと導いたことについては、まったく何の咎めもないのだ。ブッシュ本人は、世界平和についての講演を続けている有様だ。わずかな処罰があったとすれば、それは訓練不足のイラクの投げ手が放った靴によって、緊張が走った一瞬だったろう。

敵の構築とは社会学的・政治的なプロセスだ。その意味では、政治や文化のエリートの責任は、体制の性質がどのようなものであるか以上に重要だ。独裁政権にも好戦的でないものがあるし、民主主義体制でも、使命もしくは警察行動にもとづくアイデンティティをわがものとするものは好戦的であったりする。民主主義体制は本来的に平和主義だという、一様に言われる信仰について見識を改めようとしても無益ではある。そうした体制が平和主義であるのは、そのアイデンティティの歴史的な構築を通じて、世論とともに織りなした社会的取り決めに応じてのことにすぎない。アメリカ人に対して、「明白なる運命」の概念に異議を唱えてみればよい。アメリカ合衆国は、奇妙なことに自国の国益と重なる世界的な安全保障をみずからの使命と見なしているのだ。より小さな規模だが、フランスの対アフリカ政策も、民主化の支援で際立っているわけではない。コートジボワールへの最近の介入(二〇一一年四月)は、選挙結果を遵守させようとする国連からの委託の、唯一の成果である。だが、過去の重みはあまりに甚大で、リコルヌ作戦[二〇〇二年の在留フランス人救出作戦]の目的に対する嫌疑はいまだに大きい。

逆に、敵の解体メカニズムにおける政治指導者たちの役割は重要だ。ドゴール、アデナウアー、ワルシャワのゲットー跡地で跪いたウィリー・ブラント、ゴルバチョフ。それに続くプーチンは、カティンの虐殺を認めた後にソ連のアーカイブを開放した。ネルソン・マンデラはアパルトヘイトの責任者たちに対して復讐を放棄した。教皇ヨハネ・パウロ二世は二〇〇三年、バニャ・ルカ［ボスニア・ヘルツェゴビナの都市］で赦しを乞うた。これらの例は、従来からの一部の紛争原因が、責任の所在を認めることで薄らぎうることを示している。紛争原因を縮小するには、好戦的な言葉がもたらしうる政治資本の放棄を受け入れるような、優れた政治指導者が必要だ。そこにはまた、民間や軍のエリートたちの協力も必要となる。神話の作り手として、メンタリティの変化に貢献できるような人々である。

敵の構築メカニズムに関するこうした省察は、あらゆる脅威が構築物にすぎないということを意味するものではない。世界にはつねに、金正日やサダム・フセイン、ジョージ・ブッシュやトニー・ブレアのような人々が存在するだろう。民主主義国も含め、世界の多くの体制は、今なおきわめて「カール・シュミット的」であり続けている。国民の一体性を確立し、世論を動員し、国内問題から注意を逸らし、意識による検証を避けるため、あるいは端的に自国の力を示すために、敵を必要とするような体制だ。

逆に、カール・シュミットを逃れてきたものこそが、敵を解体できる政治的能力なのである。権力を分散化する政治的ヨーロッパには、敵は存在しない。それは紛争ではなくコンセンサスの上に築かれている。「暴力を欺けるとしたら、それは、あらゆるはけ口を奪ったりせず、何か口に入れるものを与える限りにおいてである」と、ルネ・ジラールは記している。しかしながら、ヨーロッパはこの定義には呼応していない。実際、共通防衛の備えについてヨーロッパを説得するのはとりわけ難しい。

本書は平和主義を訴える著作ではない。「剣がなければ、条約は言葉でしかない」とホッブズは述べていた。私が注意を向けようとした点は、力の理論が及ぼす過剰な影響力にある。それは民主主義各国の公的な戦略研究メカニズムを始動させ、かくして無意識的に好戦的態度を促してしまう。その一方で、敵が作り出されることを検知するメカニズムの分析は、紛争原因の予測と低減に貢献できると考えられる。かつての競合国同士、ときには敵同士だった各国がＥＵに加盟することで、そのことは実際に証されてきたのだ。

【原注】

（1）Michaux（H.）, *Face aux verrous*（1954）, Gallimard, 1992［小海永二訳「門に向きあって」『アンリ・ミショー全集第二巻』、青土社、一九八六］.

（2）Droz（J.）, *Les Causes de la Première Guerre mondiale : Essai d'historiographie*, Le Seuil, coll. « Points », Paris, 1973, 187 p.

（3）La Maisonneuve（général de）, « Société de stratégie », *Agir*, novembre 2002.

（4）Rousseau（J.-J.）, *L'État de guerre*, Actes Sud, coll. « Babel », Arles, 2000, 85 p［宮治弘之訳「戦争状態は社会状態から生まれるということ」『ルソー全集第四巻』、白水社、一九七八］.

（5）七年戦争（一七五六〜一七六三）は、初の世界戦争と見なされている。カナダの英国植民地とフランス植民地との紛争から生じたその戦争は、欧州全体を巻き込むことになった。二〇〇年前から戦争していたフランスとオーストリアは同盟し、一方でプロイセンの王フリードリヒ二世は英国と同盟を結んだ。

（6）Bouthoul（G.）, *Traité de polémologie : sociologie des guerres*, éd. Payot, coll. « Bibliothèque scientifique », Paris, 1991, 562 p.

（7）Mao Tsé-Toung, *La Guerre révolutionnaire*（1936）, éd. du Trident, Paris, 1989, 146 p.

（8）Aron（R.）, *Paix et guerre entre les nations*（1962）, Calmann-Lévy, coll. « Pérennes », Paris, 2004, 794 p.

（9）Wheeler（W. T.）, *The Wastrels of Defense : How Congress Sabotages U. S. Security*, Naval Institutes Press, 2004, 278 p.

（10）Schmitt（C.）, Freund（J.）, Steinhauser（M. L.）, *La Notion de politique : Théorie du partisan*, Flammarion, coll. « Champs classiques », Paris, 2009, 323 p.

（11）Schmitt（C.）, *Théologie politique : 1922, 1969*, Gallimard, coll. « Bibliothèque des sciences humaines », Paris, 182 p., p. 15［シュミット『政治神学』田中浩・原田武雄訳、未來社、一九七一］.

（12）次の記事を参照のこと。Corinne Pelluchon dans la revue *Le Banquet*, n° 19, 2004.

（13）Frum（D.）, Perle（R.）, *An End to Evil : How to Win the War on Terror*, Ballantine Books, 2004, 288 p.

（14）Bayard（J.-F.）, *L'Illusion identitaire*, Fayard, Paris, 1996, 380 p., p. 177.

(15) Girard (R.), *La Violence et le Sacré*, Grasset, Paris, 1972, 455 p［ジラール『暴力と聖なるもの』古田幸男訳、法政大学出版局、一九八二］.

(16) Girard (R.), *Achever Clausewitz : entretiens avec Benoît Chantre*, Carnets Nord, Paris, 2007, 363 p.

(17) Kennan (G.), *Russia and the West Under Lenin and Stalin*, Little and Brown, 1961［ケナン『レーニン・スターリンと西方世界――現代国際政治の史的分析』川端末人・尾上正男・武内辰治訳、未來社、一九七〇］.

(18) 次による引用。Korinman (M.), « Herzl ou l'élaboration d'un projet géopolitique », *Hérodote*, n° 53, 1989.

(19) Sémelin (J.), *Purifier et détruire : usages politiques des massacres et génocides*, Le Seuil, coll. « La Couleur des idées », Paris, 2005, 485 p., p. 48.

(20) Decornoy (J.), *Péril jaune, peur blanche*, Grasset, Paris, 1970.

(21) Courbage (Y.), « Utilisation politique de l'analyse démographique des minorités », dans *Congrès de l'IUSSP*, Salvador, Brésil, 18-24 août 2001, http://www.iussp.org/Brazil2001/s30/S35_02_Courbage.pdf

(22) 阿片戦争では、自国領土内で阿片を禁じた中国と、植民地で阿片を生産していた欧米の列強とが対立した。一八三九年から四八年の第一次阿片戦争では、中国は英国と戦い、一八五六年から六〇年の第二次アヘン戦争ではフランス、アメリカ合衆国、英国、ロシアと戦った。中国は阿片貿易の許可を強要され、不平等条約を結ばされた。これに乗じて他の欧米諸国も、貿易に向けて中国の港を開放させた。

(23) Pew Research Center, *Numbers, Facts and Trends Shaping your World*, http://pewresearch.org/pubs/1683/pakistan-opinion-less-concern-extremists-america-image-poor-india-threat-support-harsh-laws

(24) アメリカによる戦争中、インドシナの三ヵ国は、第二次大戦を通じて各国が受けた爆弾の三倍もの数の爆弾を投下された。

(25)「オレンジ剤」の使用は、ホーチミン・ルートがあった森林を破壊するためだった。モンサント社が製造したオレンジ剤は、イタリアのセベソにおける惨事の原因にもなった。

(26) 次の優れた論文を参照。Barry (J.-C.), « Vaincre l'ennemi ou le détruire ? American Warrior », *Inflexions civiles et militaires : pouvoir dire*, septembre 2010.

(27) Zertal (I.), *La Nation et la Mort : la Shoah dans le discours et la politique d'Israël*, La Découverte, coll. « La Découverte poche »,

Paris, 2008, 289 p. ; Bar-Zvi（M.）, *Éloge de la guerre après la Shoah*, Hermann, coll. « Philosophie », Paris, 2010, 204 p.

(28) *Le Monde* du 1er février 2010.

(29) Decornoy（J.）, *op. cit.*

(30)『フォーリン・ポリシー』による世界のシンクタンクの分類。http://www.foreignpolicy.com/files/2008_Global_Go_To_Think_Tanks.pdf

(31) Dickson（P.）, *Think Tanks*, New York, Atheneum, 1971, p. 133.

(32) データは以下の論文にもとづく。Samaan（J.-L）, « Contribution à une sociologie de l'expertise militaire : la RAND Corporation dans le champ américain des études stratégiques depuis 1989 », Paris, 2008, 未刊行論文。

(33) Cohen（D.）et Verdier（T.）, *La Mondialisation immatérielle*, Documentation française, coll. « Les rapports du Conseil d'analyse économique », Paris, 2008, 219 p., http://www.cae.gouv.fr/IMG

(34) « The Pentagon Papers », *The New York Times*, 1971.

(35)「反米テロ攻撃委員会最終報告書」は、９・11同時多発テロを食い止めえた警察と諜報機関の連携行動の失敗が１０回あったと評価している。Conesa（P.）, « Renseignement de crise et crise de renseignement », in revue *Agir*, n° 25, mars 2006.

(36) Baer（R.）, *La Chute de la CIA : les Mémoires d'un guerrier de l'ombre sur les fronts de l'islamisme*, Gallimard, Paris, 2003, 392 p.; Clark（R.）, *Contre tous les ennemis : au cœur de la guerre américaine contre le terrorisme*, Albin Michel, Paris, 2004, 363 p.

(37) « Top Secret America », *The Washington Post*, 18 juillet 2010.

(38) Adler（A.）, *Rapport de la CIA : comment sera le monde en 2020 ?*, Robert Laffont, Paris, 2005, 268 p. ; Adler（A.）, *Le Nouveau Rapport de la CIA : comment sera le monde en 2025 ?*, Robert Laffont, Paris, 2009, 298 p.

(39) アメリカ合衆国、*Quadrennial Defence Review*（*QDR*）, en février 2010; 英国、*Green Paper de février* 2010, en vue de la *Strategic Defence Review* de novembre 2010 ; カナダおよびオーストラリア、フランス、*Livre blanc sur la défense et la sécurité nationale* de 2008 ; ドイツ、*Livre blanc 2006 sur la politique de sécurité* ; ロシア、*Stratégie de sécurité nationale*, mai 2009, *Nouvelle Doctrine russe de défense*, février 2010 ; 中国、*Sixième Livre blanc sur la défense nationale*, janvier 2009.

(40) Federation of American Scientists : http://www.fas.org/irp/eprint/mobile.pdf

(41) Valéry (P.), *Regards sur le monde actuel*, Gallimard, « NRF », Paris, 1945, 328 p., p. 43 [寺田透訳「歴史について」『ヴァレリー全集第一二巻』、筑摩書房、一九六八].

(42) Ferro (M.), *Comment on raconte l'histoire aux enfants à travers le monde*, Payot, coll. « Petite Bibliothèque Payot », Paris, 2004, 464 p [フェロー『新しい世界史――世界で子供たちに歴史はどう語られているか』大野一道訳、藤原書店、二〇〇一].

(43) 英雄的人物には支えとなる媒体が必要である。ホンジュラスの首都テグシガルパでは、中央アメリカの統合の英雄モラサンの像は、実はフランスのネイ元帥の像で、パリに派遣されたグアテマラの代表団が、首都でのお祭り騒ぎで予算を使い果たし、蚤の市で入手したものなのだ。だが大した問題ではない。英雄に支えとなる媒体がもたらされたのだから。

(44) いまだ色あせていない次の書を参照。Lacoste (Y.), *La Géographie, ça sert d'abord à faire la guerre* (*1976*), La Découverte, coll. « Fondations », Paris, 1985, 216 p.

(45) 以下による引用。Sémelin (J.), *op. cit.*, p. 55.

(46) 群衆を率いるためのナショナリストのプロパガンダに乗せられたアナトール・フランスは、無声映画に出演し、その中で感動的な愛国的演説を行ったとされていた。ある日、読唇術のできる聾唖者が、その映画の上映中に大笑いしたことがあった。アナトール・フランスはラ・フォンテーヌの寓話『カラスとキツネ』を諳んじていたのだった。

(47) Harendt (H.), *Du mensonge à la violence : essais de politique contemporaine*, Pocket, coll. « Agora », Paris, 2010, 249 p., p. 44 [アーレント『暴力について――共和国の危機』山田正行訳、みすず書房、二〇〇〇].

(48) Sand (S.), *Comment le peuple juif fut inventé : de la Bible au sionisme*, Flammarion, coll. « Champs », Paris, 2010, 606 p., p. 47 [サンド『ユダヤ人の起源――歴史はどのように創作されたのか』高橋武智監訳、武田ランダムハウスジャパン、二〇一〇].

(49) Valantin (J.-M.), *Hollywood, le Pentagone et Washington : les trois acteurs d'une stratégie globale*, Autrement, coll. « Frontières », Paris, 2003, 207 p.

(50) Benassar (B.), *La Guerre d'Espagne et ses lendemains*, Perrin, coll. « Tempus », Paris, 2006, 550 p.

(51) Girardet (R.), *Mythes et mythologies politiques*, Le Seuil, coll. « Points », Paris, 1990, 210 p.

(52) 現時点で、フランス語の著作で「地政学」という用語を含むものは一五〇点以上存在する。*Géopolitique de la Nievre* (ミッテラン大統領の評伝) もその一つだ。

（53）Baverez（N.）, *Nouveau monde, vieille France*, Perrin, coll. « Tempus », Paris, 2006, 393 p.

（54）いつも興味深い次のサイトを参照。www.huyghe.fr

（55）メキシコを除けば選挙前に合衆国から外へ一歩も出たことのなかったブッシュ大統領の外交政策の大半について、それが最も明快な解釈とされた。

（56）とくに次の記事を参照。著者はアメリカの「ソース」を引用しながら、ワシントンの躊躇を示唆している。« Et si la guerre d'Irak n'avait pas lieu » dans *Le Figaro* des 8-9 mars 2003.

（57）筆者による記事より抜粋。*Libération*, janvier 2010.

（58）Barnett（T.）, *The Pentagon's New Map : War and Peace in the Twenty-First Century*, G. P. Putnam's Sons, New York, 2004, 448 p［バーネット『戦争はなぜ必要か』新崎京助訳、講談社インターナショナル、二〇〇四］.

（59）Conesa（P.）, « Une géographie du monde inutile » in *Le Monde diplomatique*, mars 2001.

（60）Foucher（M.）, *Fronts et frontières : un tour du monde géopolitique*, éd. Fayard, Paris, 1991 ; Foucher（M.）, *L'Obsession des frontières*, Perrin, Paris, 2007, 248 p.

（61）Foucher（M.）, *L'Obsession des frontières, op. cit.*

（62）両国の間で連合が宣言されたとき、メディア的効果を重んじるカダフィ大佐は、国営テレビのカメラの前でみずからブルドーザーを運転し、リビアの税関吏の小屋を破壊してみせた。連合が有効になったことを示すためである。この日以来、ジャマヒリヤの税関にはチュニジアの税関吏が詰めている。

（63）イボワール人概念とは、五〇以上もの民族から成るコートジボワールにおいて、その国民性を定義することを目的とした概念である。同概念は一九九四年に、コナン・ベディエ大統領が、主要な政敵だったウアタラを斥けるために用いて再浮上した。ウアタラは外国人だと非難された。

（64）Foucher（M.）, *L'Obsession des frontières, op. cit.*, p. 59.

（65）Drop, *Réseau francophone de recherche sur les opérations de paix*, www.operationspaix.net/Rapport-Brahimi

（66）Charnay（J.-P.）, « Les Amériques dans leurs géopolitismes », *ISC*, 2005, www.stratisc.org

（67）*Geopolitica do Brasil, Conjuntura Politica Nacional o Poder Executivo*, José Olympio, Rio de Janeiro, 1981.

(68) チリ軍による唯一かつ独自の戦車の使用例は、一九七三年九月一一日のモネダ宮［大統領府］攻撃およびアジェンデ大統領の死に際してだった。

(69) Rama (G.), « Educacion y movilidad social en Colombia », *ECO*, décembre 1969, cité dans Galeano (E.), *Les Veines ouvertes de l'Amérique latine : une contre-histoire*, Pocket, coll. « Terre humaine », Paris, 2001, 389 p.

(70) Kupferman (F.), *Au pays des Soviets : le voyage français en Russie 1917-1939*, Gallimard, coll. « Archives », Paris, 1979, 192 p.

(71) レイモン・カルティエは米国籍を申請したが、フランス人としてのほうがより有益な広告塔だと見なされ、却下された。

(72) Vian (B.), *J'irai cracher sur vos tombes*, LGF, coll. « Le Livre de poche », Paris, 2008, 219 p［『ボリス・ヴィアン全集一〇　墓に唾をかけろ』伊東守男訳、早川書房、一九七九］.

(73) Kravtchenko (V.), *J'ai choisi la liberté : La vie publique et privée d'un haut fonctionnaire soviétique*, Self, Paris, 1947.

(74) Kepel (G.) et Milelli (J.P.), *Al-Quaïda dans le texte : écrits d'Oussama Ben Laden, Abdallah Azzam, Ayman al-Zawahiri et Abou Moussab al-Zarqawi*, PUF, coll. « Quadrige. Essais, débats », Paris, 2008, 474 p.

(75) 四〇〇〇人以上の死者を出している。９・11の同時多発テロ以上である。

(76) クラスター爆弾は地面に接触すると爆発し、鋼鉄製の多数の散弾を放出して人間を殺傷する。人道主義団体がその全面禁止を求めている。

(77) Castoriades (C.), *Devant la guerre* – volume 1, *Les Réalités*, Fayard, Paris, 1982, p. 275.

(78) Dumont (R.), *Cuba, socialisme et développement*, Paris, 1964.

(79) English (T.J.), *Nocturne à la Havane*, La Table Ronde, Paris, 2010, 438 p.

(80) 当時大人気だったある小説がその象徴をなしている。レオン・ユリスの『トパーズ』である。同作ではラクロワ将軍（ドゴール）が描かれている。近視が酷いくせに、格好にこだわるあまり眼鏡をかけようとせず、助手に文章を読ませるのだが、それが実はソ連のエージェントなのだ。

(81) Delpech (T.), *L'Iran, la bombe et la démission des nations*, Autrement, coll. « CERI-Autrement », Paris, 2006, 135 p.［デルペシュ『イランの核問題』早良哲夫訳、集英社、二〇〇八］; Jahanchahi (A.), *Vaincre le IIIe totalitarisme*, Ramsay, coll. « Coup de gueule », Paris, 2001, 200 p.

(82)「失敗してしまえ」と、テヘランへのユーロディフの債務返済を協議しに出かける外交官に、フランスの首相は指示を与えたという（フランスの交渉役の一人から、筆者が直接聞いた話である）。

(83) Masson (D.), *L'Utilisation de la guerre dans la construction des systèmes politiques en Serbie et en Croatie : 1989-1995*, L'Harmattan, Paris, 2002, 350 p., p. 106.

(84) Schor (P.), *Compter et classer : histoire des recensements américains*, École des hautes études en sciences sociales, Paris, 2009, 383 p.

(85) Masson (D.), *op. cit.*, p. 90 et 104.

(86) www.elcorreo.com/vizcaya/20090929/politica/ararteko-sostiene-apoyo-nace-20090929.html

(87) Tutu (D. M.), *Il n'y a pas d'avenir sans pardon*, Albin Michel, coll. « Spiritualité vivante », Paris, 2000, 283 p., p. 129.

(88) 以下による引用。Benassar (B.), *op. cit.*, p. 109.

(89) Masson (D.), *op. cit.*

(90) Hermet (G.), *La Guerre d'Espagne*, Le Seuil, coll. « Points Histoire », Paris, 1989, 339 p.

(91) 以下による引用。Hermet (G.), *op. cit.*, p. 302.

(92) *Libération*, 5 juillet 2010.

(93) 次を参照。Bucaille (L.), « Israël et la Palestine, imaginaires croisés » *in* Feron (E.) et Hastings (M.), *L'Imaginaire des conflits communautaires*, L'Harmattan, coll. « Logiques politiques », Paris, 2002, 304 p.

(94) イスラエルの子供を対象とした調査について、以下を参照。Bucaille (L.), *op. cit.*, p. 221.

(95) *Le Monde*, 17 septembre 2009.

(96) Dieckhoff (A.), « Les dilemmes territoriaux d'Israël », in *Cultures et conflits*, printemps 1996, p. 169.

(97) Barnavi (E.), *Les Religions meurtrières*, Flammarion, Paris, 2006, 138 p.

(98) 二〇〇八年九月四日付けの欧州議会決議。

(99) *Le Monde* du 7 et du 16 janvier 2009.

(100) アムネスティ・インターナショナル、Donatella Rovera の報告。

(101)「ブルイット」はフランス軍が行った毒殺作戦で、FLNのマキの大規模な浄化に至った。
(102) Sand（S.), *op. cit.*
(103) 次のフランス語系サイトを参照。www.hoaxbuster.com.
(104) Carlos, *L'Islam révolutionnaire*, éd. du Rocher, Monaco, 2003, 273 p., p. 1.
(105) Victor（B.), *La Dernière Croisade : les fous de Dieu version américaine*, Plon, Paris, 2004, 344 p.
(106) Deron（F.), *Le Procès des Khmers rouges : trente ans d'enquête sur le génocide cambodgien*, Gallimard, coll. « La suite des temps », 2009, 465 p.
(107) モニカ・ルインスキー事件後にアルジャジーラが放映したスタジオ討論では、フェラチオは糾弾されるべきかどうかをめぐり激しい議論が交わされた。以下を参照。Pierre Conesa, *Le Guide du paradis*, L'Aube, La Tour-d'Aigues, 2004.
(108) Juergensmeyer（M), Jerryson（M.), *Buddhist Warfare*, Oxford UP, Oxford, 2009.
(109) Juergensmeyer（M.), *Au nom de Dieu, ils tuent : chrétiens, juifs, ou musulmans, ils revendiquent la violence*, Autrement, coll. « Frontières », Paris, 2003, 237 p.
(110) Conesa（P.), « La violence au nom de Dieu », in *Revue internationale et stratégique*, n° 57, printemps 2005, p. 73-142.
(111) オウム真理教は反ユダヤ主義だった。キリスト教急進派の言説からユダヤの陰謀論を受け継いでいたのだ。アメリカのユダヤ人たちは、ワシントンを戦争に導きヨーロッパの同胞たちを殲滅から救い出すため、一九四一年にアメリカに日本を攻撃させた、というのがその説明である。
(112) 以下からの引用。Hoffman（B), *La Mécanique terroriste*, Calmann-Lévy, Paris, 1999, 350 p.
(113) Conesa（P.), « Aux origines des attentas-suicides », in *Le Monde diplomatique*, juin 2004.
(114) Jurgensmeyer（M.), *op. cit.*, 2003, p. 123.
(115) Rashid（A.), *L'Ombre des talibans*, Autrement, Paris, 2001.
(116) 次の表現にもとづく。Gnesotto（N.), « Europe et États-Unis – Visions du monde, visions de l'autre », Institut d'études de sécurité, *Analyse*, mars 2004.
(117) 本章で展開した分析は基本的に以下のものを再録している。Conesa（P.), *Les Mécaniques du chaos : bushisme, terrorisme et*

prolifération, éd. de l'Aube, coll. « Monde en cours », La Tour-d'Aigues, 2007, 171 p.

(118) 急進的イスラム主義者が、「イスラム的」な生活様式、あるいは近代化への同宗教の適応に関して、譲歩の観念すら排除してしまうのとまさに同じである。

(119) « Why the Rest of the World Hates America ? », *International Herald Tribine*, 2 juin 2003.

(120) 次の分析を参照。Tertrais (B.), *La Guerre sans fin : l'Amérique dans l'engrenage*, Le Seuil, coll. « La République des idées », Paris, 2004, 96 p.

(121) Brzezinski (Z.), *Le Grand Échiquier : l'Amérique et le reste du monde*, Hachette Littératures, coll. « Pluriel, Actuel », Paris, 2004, 288 p [『地政学で世界を読む——21世紀のユーラシア覇権ゲーム』山岡洋一訳、日経ビジネス人文庫、二〇〇三].

(122) Nye Jr (J. S.), *Soft Power : The Means to Success in World Politics*, Public Affairs, Harvard, États-Unis, 2005, 208 p [『ソフトパワー——21世紀国際政治を制する見えざる力』山岡洋一訳、日本経済新聞社、二〇〇四].

(123) Conesa (P.), *op. cit.*, 2001.

(124) 9・11の混乱のなか、アメリカが世界各地のテロリストの拠点を洗い出していた当時、あるCIAの分析官がマスコミに、コートジボワールに伝播していると漏らしたことがあった。実はその分析官は、アビジャンとアゼルバイジャンを混同していたのだった。嘘のような本当の話である。

(125) CNNによる翻訳がユーチューブで視聴可能。

(126) *Le Point*, 12 décembre 2009.

(127) La Grange (A. de), Balencie (J.-M.), *Mondes rebelles : acteurs, conflits et violences politiques*, Michalon, Paris, 1996, 500 p.; La Grange (A. de), Balencie (J.-M.), *Les Nouveaux Mondes rebelles : conflits, terrorisme et contestations*, Michalon, Paris, 2005, 503 p.

(128) Chomsky (N.), Herman (E. S.), *La Fabrication du consentement : de la propagande médiatique en démocratie*, Agone Éditeur, coll. « Contre-Feux », Marseille, 2008, 653 p [『マニュファクチャリング・コンセント——マスメディアの政治経済学』中野真紀子訳、トランスビュー、二〇〇七].

(129) Schneiderman (D.), *Libération*, 4 janvier 2010.

(130) Salmon (C.), *Storytelling, la machine à fabriquer des histoires à formater des esprits*, La Découverte, coll. « La Découverte poche »,

Paris, 2008, 251 p.

(131) *Le Monde*, 4 octobre 2003.

(132) クロアチアの有名作家プレドラグ・マトヴェイェヴィッチは、著名人が数多く署名した（BHLも含まれる）二〇一〇年七月二四日付け『ル・モンド』紙の嘆願書によって擁護されたが、名誉毀損の罪で収監されそうになっていた。二〇一〇年八月一日、クロアチアのイヴォ・ヨシポヴィッチ大統領はその同じ紙面で、その収監の実情について異義を唱えた。これをどう考えればよいだろうか。

(133) Chollet (M.), Cyran (O.), Fontenelle (S.) et Reymon (M.), *Les Éditocrates ou comment parler de (presque) tout en racontant (vraiment) n'importe quoi*, La Découverte, coll. « Cahiers libres », Paris, 2009, 196 p.

(134) Sirinelli (J.-F.), *Deux intellectuels dans le siècle : Sartre et Aron*, Hachette Littératures, coll. « Pluriel », Paris, 1999, 400 p.

(135) *Le Monde*, 6 et 7 juin 2010.

(136) *Libération*, 15 septembre 1996.

(137) Leblond (H.), « Bosnie, le J'accuse d'un général humilié », *L'Express*, 3 février 1994.

(138) そうした別様の思想家の逸材については以下を参照のこと。Chollet (M.), Cyran (O.), Fontenelle (S.) et Reymon (M.), *op. cit.*

(139) この引用は、ギャリソン・ケイラーが毎週放送しているラジオ番組『プレーリー・ホーム・コンパニオン』（ミネソタ）で取り上げられた。元の記事も二〇〇六年一月二九日付けの『ニューヨーク・タイムズ』紙で紹介されている。

(140) Judt (T.), *Un passé imparfait : les intellectuels en France, 1944-1956*, Fayard, coll. « Pour une histoire du XXe siècle », Paris, 1992, 396 p. ; *Libération*, 14 et 15 septembre 1996.

(141) Kapsi (A.), *Les Juifs américains*, Le Seuil, coll. « Points Histoire », Paris, 2009, 139 p.

(142) Todorov (T.), *La Peur des barbares*, Robert Laffont, Paris, 2008, 320 p., p. 94.

(143) Novick (P.), *L'Holocauste dans la vie américaine*, Gallimard, coll. « Bibliothèque des histoires », Paris, 2001, 434 p.

(144) Sémelin (J.), *op. cit.*, p. 379-380.

(145) Nora (P.) et Chandernagor (F.), *Liberté pour l'histoire*, CNRS Éditions, Paris, 2008, 58 p.

(146) Bharatiya Janata Party, *The Party With a Difference*, www.bjp.org/philo.htm

(147) アンティル、ギアナ、レユニオン、マオレ［マイヨット島］の人々から成るこの集団は、海外県出身のフランス人にまつわる権利の平等のために、また差別の撤廃のために戦っている。

(148) Petre-Grenouilleau（O.）, *Les Traites négrières : essai d'histoire globale*, Gallimard, coll. « Bibliothèque des histoires », Paris, 2004, 468 p.

(149) www.watch.org, *Le Monde* du 2 octobre 2009.

(150) 以下に引用されている。Bruckner（P.）, *La Tyrannie de la pénitence : essai sur le masochisme en Occident*, Grasset, coll. « Essai littéraire », Paris, 2006, 258 p., p. 181.

(151) Brauman（R.）, « Les dilemmes de l'action humanitaire dans les camps de réfugiés et les transferts de populations », in Moore（J.）, *Des choix difficiles : essai sur les dilemmes moraux de l'action humanitaire*. Gallimard, coll. « NRF Essai », Paris, 1999, 459 p., p. 250-251.

(152) キガリのフランス大使は当時、虐殺を「噂にすぎない」と評価していた。

(153) Ruffin（J.-C.）, Jean（F.）, *Économie des guerres civiles*, Hachette, coll. « Pluriel », 1996.

(154) Brauman（R.）, *Devant le mal : Rwanda, un génocide en direct*, Arléa, Paris, 1994, 96 p.

(155) 以下を参照。http://pdf.usaid.gov/pdf_docs

(156) Mink（G.）, « Le crash de Smolensk a réveillé les démons russo-polonais », *Libération*, 28 juillet 2010.

(157) Brustlein（C.）, « Vers la fin de la projection de forces ? », *Parades opérationnelles et perspectives politique, Focus stratégique* n° 20 et 21, avril 2010.

(158) Conesa（P.）, « Quelle réflexion stratégique européenne », *Le Monde diplomatique*, novembre 2009.

(159) *Bloody Sunday Report* www.guardian.co.uk

(160) Bucaille（L.）, « Exiger des excuses de la France », *Raison publique*, mai 2009.

(161) *Le Monde*, 18 et 19 octobre 2009.

(162) 次の映画を参照。Von Donnersmarck（F. H）, *La Vie des autres*, Océan Films, Allemagne, 2006, 137 min［フォン・ドナースマルク監督作品『善き人のためのソナタ』］.

(163) Hazan (P.), « Les dilemmes de la justice transitionnelle », *Mouvements*, janvier 2008, n° 53, p. 41-47.

(164) Hayner (P. B.), « Fifteen Truth Commissions – 1974 to 1994 : A Comparative Study », *Human Rights Quarterly*, The Johns Hopkins University Press, vol. 16, n° 4, novembre 1994, p. 597-655.

(165) Hazan (P.), *op. cit.*, p. 41-47.

(166) www.trial-ch.org/fr/commissions-verite/siera-leone

(167) Jaudel (E.), *Le Procès de Tokyo, un Nuremberg oublié*, Odile Jacob, Paris, 2010.

(168) Higashinakano (S.), *The Nanking Massacre Facts Versus Fiction*［東中野修道『「南京虐殺」の徹底検証』展転社、一九九八］, 以下による引用。*Le Monde*, 23 juin, 2010.

(169) ブルガリア、クロアチア、エストニア、リトアニア、ラトビア、マルタ、セルビア・モンテネグロ、スロバキア、スロベニア、アフリカの一〇国はベナン、中央アフリカ共和国、レソト、マラウイ、マリ、ナミビア、ニジェール、南アフリカ、タンザニア、ザンビア、さらにアンティグア、バルバドス、ベリーズ、ブラジル、コロンビア、コスタリカ、ドミニカ、エクアドル、パラグアイ、ペルー、セント・ビンセントとグレナディン諸島、トリニダード・トバゴ、ウルグアイ、ベネズエラ、フィジー、サモア。

(170) CRS DoD contractors in Irak and Afganistan, http://www.fas.org/sgp/crs/natsec/R40764.pdf

(171) 政府改革監視員会でのエリック・プリンスの公聴会。http://web.archive.org/web/reform.house.gov/UploadedFiles/grchistory.pdf

訳者あとがき

本書は Pierre Conesa, *La Fabrication de l'ennemi, ou comment tuer avec sa conscience pour soi*, Paris, Robert Laffont, coll. « Le monde comme il va », 2011 の全訳である。著者のピエール・コネサは、フランスのシンクタンク、レス・プブリカ財団の学術顧問の一人であり、パリ政治学院と国立行政学院で准教授として教鞭を執っている気鋭の国際政治学者である。本書が初の邦訳書となる著者なので、参考までにこれまで刊行されている同氏の他の著書を挙げておこう（出典は仏ウィキペディア）。

Dommages collatéraux, Paris, Flammarion, 2002

Guide du paradis, La Tour-d'Aigues, Éditions de l'Aube, coll. « Monde en cours essai », 2004

Mécanismes du chaos : bushisme, terrorisme et prolifération, La Tour-d'Aigues, Éditions de l'Aube, coll. « Monde en cours », 2007

Zone de choc : roman, La Tour-d'Aigues, Éditions de l'Aube, coll. « Regards d'ici », 2011

Surtout ne rien décider : manuel de survie en milieu politique avec exercices pratiques corrigés, Paris, Robert Laffont, 2014

Guide du petit djihadiste : à l'usage des adolescents, des parents, des enseignants et des gouvernants, Paris, Fayard, 2016

本作は世界情勢・紛争を構造的に見るための、一種の「反マニュアル」（序文のヴィヴィオルカによる表現）のようなものである。表層的な現象、個別の事例をより大きな枠組みの中へと落とし込む、あるいはパッチワークのようにはめ込んでいく手法は、大変あざやかで興味深いものがある。けれども反面、個々の事象の扱いに関して、やや周到さに欠ける面もなきにしもあらずで、歴史的事実について真偽が疑問に思われる記述（旧日本軍がらみの記述など）も散見されたが、あえて踏み込むことはせず、原則として原文通りに訳出した。なお、訳注はとくに番号などは振らず、角括弧で囲み、本文に直接挿入している。また、本書中の引用文は、翻訳文献を明示している場合でもそれに拠ることなく、独自に訳出したものである。

著者コネサの名は、何度か仏『ル・モンド・ディプロマティック』紙などで目にしたことがあったのだが、この度本書を訳出することになったきっかけは、中央大学名誉教授の三浦信孝先生から是非に、とご推奨いただいたことにある。同時に出版元をもご紹介いただき、誠に感謝の念に堪えない。また、出版をお引き受けいただいた風行社の犬塚満氏にも大変お世話になった。同氏の的確なサポートがなければ、本書の刊行はもっと難航し大幅に遅れていたに違いない。なお、本書はアンスティチュ・フランセの翻訳出版支援プログラムの助成を受けている。解説をお書きいただいた加藤朗先生をはじめ、ほかにも多方面からのご支援なくして、本書は日の目を見るには至らなかったろう。一々お名前を挙げることはしないが、この場を借りて関係各位に厚くお礼申し上げる次第である。

二〇一六年夏

訳　者

[解説]

「敵をつくる」ということ

加藤　朗

本書は、社会構成主義の視点から「敵とは構築物」であるとの仮説に基づき、第一部「敵とは何か?」で、だれが、どのように敵を作る(構築する)のか、第二部「敵の肖像――分類学の試み」で、具体的な事例に基づいて構築された敵を分類し、そして第三部「敵を解体する」で敵をいかに解体(脱構築)し、敵と和解するかを論じたエッセーである。

本書の半分以上の紙幅を占めるのは第二部である。世界中の様々な紛争を事例に作られた(構築された)敵が細かに分類され、筆者の該博な知識に驚かされる。しかし、何といっても本書の核心は、第一部の敵の構築と第三部の敵の脱構築の過程の考察にある。

本書の目的について著者ピエール・コネサは、序章で「敵対関係がいかに作られるのか、戦を始める前の想像領域がどのように構築されるのかを分析することにある」(p. 13)という。その背景には第一章で分析されるように、「戦略の基本書は戦争を扱いはするが、敵を扱おうとはしない。どれほど驚くべきことに思えても、伝統的な戦略的考察は戦争前の敵についてはほとんど関心をよせない」(p. 24)という著者の問題意識がある。事実、「ある社会がどのように敵を決定するのかを、戦略の思想家たちはほとんど探ってこなかった」(p. 27)。

近代戦略論の原点とでもいうべきクラウゼヴィッツの『戦争論』では、「戦争とは、ほかの手段による政治の継続に過ぎない」と、戦争が政治の前提とされ、敵とは何かについて全く語られない。また、逆に政治とは何かについて、政治学の泰斗カール・シュミットは友と敵を区別することと定義し、敵こそが政治の与件としている。彼らを含め、すべてといってよいほどに戦略家や政治学者は、「どのようなメカニズムが敵の選択に貢献するのかという問題を問うてはいない」(p. 28)。

たとえばマルクスは『共産党宣言』でブルジョアジーを敵と名指しプロレタリアートによる階級闘争を扇動した。マルクスの衣鉢を継ぐ毛沢東は「第三世界論」で米ソを敵とみなし、第三世界諸国の団結を呼びかけた。ジョージ・ケナンは「X論文」で共産主義国ソ連を自由主義国の敵と位置づけ、その後の半世紀近くにわたる冷戦の引き金を引いた。冷戦後にはネオコンたちがアルカイダを民主主義の敵とする「対テロ戦争」の突撃ラッパを吹き鳴らした。そして現在、「海の万里の長城」を築いているとして、カーター米国務長官が中国への警戒の念を隠さない。すべての敵は、ある日突然敵として作られ、選択される。

確かに著者の指摘する通り、戦略論や政治学は敵を与件としてしか扱ってこなかった。その理由は、著者も「グランド・セオリー」(p. 24) として若干触れている、近代政治学の始祖とでもいうべきトマス・ホッブズにある。

ホッブズの「人間は人間にとって狼である」という言葉が明示するように、自然状態を前提とするホッブズにとって敵とは自然状態の与件である。つまり敵とは何かを問うことなく、自然状態において各人が自然法に従い自己保存を図ろうとすれば、必然的に他者は皆、各人の自己保存を脅かす敵となる。したがって「人間の自然状態」は「万人の万人に対する闘争」の戦争状態となり、戦争こそが常態となる。敵は政治的に選択するのではなく、自己保存という利己心を持つ各人による「人間の自然状態」が作り出すのである。つまりホッブズにとって、敵は「人間の自然状態」の与件である。

ホッブズは、『リヴァイアサン』執筆当時の一七世紀前半のイギリス内戦を参照しながら次のように記している。戦争状態において「人間の生活は、孤独でまずしく、つらく残忍でみじかい」（T・ホッブズ、水田洋訳『リヴァイアサン』岩波文庫、第一巻二一一頁）。だからこそ各人は平和を求めて、個人の主権を一人に譲渡して、国家をつくるのである。ホッブズにとって「人間の自然状態」を解決する国家をつくるためには敵を作らなければならなかった。言い換えるなら、国家という社会状態が敵を作るのである。

一方、ホッブズを批判するのがルソーである。戦争状態を「人間の自然状態」の常態とするホッブズとは逆に、ルソーは「憐憫の情」（アモール）という利他心に溢れた「人間の自然状態」が平和状態であり、「自然状態に終止符を打つ社会状態の創設こそが戦争を正当化」する（p. 23）と主張する。だから「人は、兵士として関与する国家同士の戦争という状況下でのみ敵と化すのであって、自然状態においてではない」（p. 24）。つまりルソーにとって、敵は国家という社会状態の与件である。

「国家同士の関係の枠組みに身を置き、七年戦争を参照元としている」（p. 24）ルソーの敵は国家の自然状態の与件でもある。国家には、人間のような利他心はない。あるのは国益という利己心である。国家は国益に基づき行動する。その結果、各国の各国に対する戦争状態すなわち国家の自然状態が生まれ、敵を作る。つまり国家が敵を作るのであり、敵は国家の自然状態の与件となる。

いずれにせよ、ホッブズの「人間の自然状態」、ルソーの国家の自然状態というグランド・セオリーが、その後の戦略論や政治学の前提となり、敵はすべて自然状態や社会状態の与件となったのである。とりわけ政治学や安全保障論は、ホッブズの「人間の自然状態」の類推から、常に二項対立的に敵を与件としてきた。

しかし、著者は敵は与件ではなく、あくまでも「敵とは選択されるもの」との立場をとる。

ではどのようにして敵は選択されるのか。そのメカニズムについて著者は、第一部第三章「敵とはもう一人の自分自身である」で、「自己同一化（アイデンティティ）の需要」という視点から、その過程を考察する。この視点こそ、敵がいかに作られるか、を解き明かす鍵である。

著者は第一部第三章冒頭で、こう記す。「敵とは社会的需要への対応物である。それは各集団に固有の、ある種の集合的想像領域という性質をもつ。それは、『異質なもの』にし、貶め、脅威に仕立てるべきもう一人の自分自身なのであり、それによって暴力の使用が正当であるかのように見える」（p. 33）。つまり、敵とは各集団の需要によって各集団が脅威として自ら作り出す集合的想像である。言い換えるなら敵を作ることで、自己のアイデンティティができるのである。まさに敵は与件ではなく、自己のアイデンティティのために、作られるのである。

アイデンティティのために敵が選択されるようになったのは、自己という概念が誕生した宗教革命以後のことであろう。宗教革命以前、神とのつながりで自己を確認していた人々は、聖俗分離の結果、神を介さず自己を確認しなければならなくなった。デカルトのように「我思う、ゆえに我在り」と自己を徹底的に疑うことを通じて自己を確認する一方、人々は他者との関係の中で自己を確認するようになった。つまり自己とは異なる他者の存在こそが、自己のアイデンティティのための第一歩である。

この他者が、例えば集団の一体性を保つために生贄をささげる供犠による「贖罪の山羊のプロセス」（p. 33）や、イスラム教徒の髭のように所属を表す象徴的記号（p. 34）などにより「社会に固有の『認識・感情・象徴の図式』」に応じて、「政治的対象」として「理解・知覚・解釈」される。その上で「集団の一体性、および／あるいは国民のアイデンティティ」が確立され、「脅威をもたらす他者として」の敵がつくられ、そして敵に対する暴力が正当化されるのである（p. 35）。

具体的には敵は、著者が指摘するように、「集団的不安」や「異質化」、「他者化」によって作られる。これらは、いずれもが自己のアイデンティティのための要件である。

例えば感染症やサイバーテロのような集団的不安やさらに中国の軍事的台頭やイスラム過激派のテロなどの「集団的不安」が敵をつくる。また、言語、宗教、文化を異にする他者が「異質化」され、潜在的脅威としてみなされる。例えば日露戦争後の台頭する日本を潜在敵とした黄禍論、現在のイスラム原理主義勢力を敵とする緑禍論などはまさに「異質化」に基づく敵の構築である。さらに、敵を「他者化」することは敵を作る上で欠かせない。9・11テロがきっかけとなって、ホワイトハウスは敵を探しだし、アルカイダやタリバン、イスラム国など多くのイスラム過激集団を敵と認定し、グローバルな戦争を仕掛けたのである。敵として他者化することで敵は作られる。

敵を作るうえで重要な役割を果たすのが、著者が「敵の『マーカー』」(p. 59) と呼ぶ、他者を敵として認定する役割の人々である。彼らがまさに、敵を具体的に選ぶのである。

マーカーには、敵を認定する戦略を立案する「ストラテジスト——軍と知識人の複合体」と国家の集団アイデンティティであるナショナリズムの神話を創作する「神話作家」がいる。

「ストラテジスト」は軍事組織、諜報機関、行政機関、シンクタンクなど軍と知識人が混然一体となった複合的なシステムで、軍学複合体と名付けておく。

とりわけ敵を作るうえで安全保障シンクタンクが果たす役割は大きい。その役割を著者は、「第一に脅威の評価、第二にリスクの優先順位の決定、第三に武力行使の正当化」(p. 61) にあるという。

敵をつくるために冷戦後に最も大きな役割を果たしたシンクタンクはハーバード大学のオーリン研究所だろう。フランシス・フクヤマが「歴史の終焉」で冷戦後の世界を敵のいない退屈な世界として描いたことへの反論として、初代所長のサミュエル・ハンチントンは文明間でそのアイデンティティをめぐって衝突が起きるだろうと予測した研究所の報告書を公表した。その一部が世界的な外交誌『フォーリン・アフェアーズ』に「文明の衝突か?」と題して転載され、世界的な注目を浴びた。当初題名に「?」がついていた同論文はその後大幅に加筆され、文明の衝突は不可避との思いからか、「?」をとった上で『文明の衝突』として出版され、世界的な大ベストセラーとなった。今や、中国の台頭、イスラム過激派の跳梁で、儒教文明やイスラム文明と西洋キリスト教文明との衝突論は現実のものとなったかのようである。まさにオーリン研究所がマーカーとなって、中国やイスラム過激派に敵のレッテルを貼ったのである。

アメリカには大学付属のオーリン研究所よりもはるかに大規模なランド研究所や戦略国際問題研究所(CSIS)などの安全保障関連の独立系シンクタンクがいくつもある。これらのシンクタンクは自らの存続をかけて、毎週のように研究会やシンポジウムを開き、毎年膨大な数の論文や報告書、書籍を出版し、敵のレッテル張りに余念がない。余談ながら、日本に集団的自衛権の見直しを勧告し、安保法制制定のきっかけとなったいわゆる『第三次アーミテージ報告』は二〇一二年にCSISが公刊した文書である。

このようにアメリカのシンクタンクは軍学複合体の「マーカー」として戦略思想を流布するだけでなく、政府のために具体的な安全保障政策を提言し、また研究員は国防、国務など行政府に入り「問題解決のスペシャリスト」として、国防白書や戦略文書など公的、正式な言説を練り上げ、アメリカの外交・安全保障政策を立案、遂行していくのである。

著者が指摘するように、「最良のシンクタンク」は欧米に集中しており、主に英語を操る欧米のマーカーが敵のレッテルを貼りつけている。そのため欧米のイデオロギーを反映した戦略的考察が主流となっている。

軍学複合体を構成する諜報機関もまたマーカーの役割を負っている。アメリカのCIAやNSA(国家安全保障局)などの諜報機関は「敵の敵は味方」の二項対立的発想に基づき、「敵の動きの予測と名指しに際して中心的な役割を果たしている」(p. 68)。冷戦時代にCIAはソ連や左翼と対抗するために数多くのクーデターを仕掛けた。またアフガニスタンではムジャヘディーンと呼ばれる反共イスラム教徒を「自由の戦士」と呼んで訓練を行った。その中の一人がアルカイダの創始者オサマ・ビン・ラディンである。冷戦後ソ連という敵を失い、その存在意義を問われるようになった諜報機関は、9・11後にはアルカイダをはじめとするイスラム過激派をソ連に代わる新たな敵として名指し、再生を図った。

敵が作られるなら、戦争もまた作られる。それを証明したのがイラク戦争である。民主主義国の諜報機関には特権がある、と著者は言う。それは情報が正確かどうか検証されることなく単に報告するだけでよいという特権である。したがってその特権には虚偽の報告も含まれる場合がある。イラク戦争はまさにCIAの虚偽の報告で作られ、正当化されてしまった。そして、イラク戦争の結果ISが台頭し、皮肉にも、CIAに存在理由を与える結果となった。まさにCIAのアイデンティティのために、敵が作られたのである。

著者によれば、軍学複合体に加えて、敵を認定する上で重要な役割を果たすのが「公式の戦略家、すなわち神話作家」(p. 72) である。彼らは、集団のアイデンティティを作るために、プロパガンダを通じてナショナリズム、排外主義、イデオロギーを扇動する。

ナショナリズムの神話を作り上げるのは、まず歴史家や地理学者である。歴史家は「『世襲的』『伝統的』『祖先の代からの』敵といった用語を作り、まるで歴史が絶えず与件を変えたりなどしないかのように『歴史法則』を考案してきた」(p. 73)。そして美化された歴史的アイデンティティを描き、また偉人の神話を作り出す。地理学者や探検家、「伝統的な地政学者」は「『自然な』国境、『[彼らにとっての] 未知なる大地』、『勢力圏』、『[旧ソ連の] 防御帯』などについて数多くの考察をめぐらし」、「政治評論家たちが、善良な未開人、危険な野蛮人、文明化の使命といったテーマを大衆に流布させた」(pp. 73-74)。こうした神話に知識人が、人種差別、イデオロギーや地政学などの理論を使って「学術的」に、信憑性を与えるのである。

社会構成主義では言葉が現実をつくるとみなされる。その意味で、軍学複合体も神話作家もいずれも言葉すなわち「戦略的言説」で敵のレッテルを他者に張りつけ、敵を作る。

「戦略的言説」には、「敵対者の冷徹な合理性とその確固たる意志を示すため」に、チェスや碁、ドミノなどのゲームに関する言葉が使われることが多い。このゲームの言説に学術的な装いを与えるのが、地政学である。

著者も指摘するように、「ナチスによる逸脱の後、長い間悪魔的と見られていた地政学は、再び流行に乗った。……今やすべては地政学とされている」(p. 80)。事実、まさに南シナ海の「九段線」や「一帯一路」などの中国の戦略は、漢民族ナショナリズムの神話とともに地政学によって構築されている。また中国がアメリカに提案した太平洋二分割構想は、碁の発想なのか、米中二国間の陣取りゲームそのものである。中国にとって破綻した毛沢東の「第三世界論」に代わって敵をつくるのは、地政学となってしまったようだ。

また「戦略的言説は一つの価値の体系を賞賛する。その価値の体系の適用こそが、国際社会の機能を構造化する」(p. 85)。つまり戦略的言説の基礎となっている、例えば民主主義、共産主義、民族自決、人権擁護などのイデオロギーが国際社会を構築する。ただし、こうしたイデオロギーの解釈はダブルスタンダードになることが多い。たとえば民主主義を標榜するアメリカは国益に沿って、非民主的な政権を支持することが多い。七〇年代以前には反共というだけで中南米の軍事独裁政権を支持したことがある。今もアメリカは、選挙で選ばれたエジプトのムルシー大統領から軍事クーデターで政権を奪ったシシ軍事独裁政権を支持している。民主的だが反米的なムスリム同胞団政権よりも、非民主的だが親米的な軍事政権のほうがアメリカの国益にかなうということである。

さて敵が作られる（構築）なら、逆に敵を解体（脱構築）できるはずである。敵という存在を実力で解体するというのではない。作り、選んだ敵との対立関係をどのように対立のない元の状態に戻すかである。

まずは対立関係の一方的放棄である。そのために著者は「敵国なしですごす」ことを提案する（p. 244）。国家間のそれは「難しくともできなくはない」という。例えば、オバマ大統領のように「核なき世界」のように、一方的に宣言し敵を作らないことである。考えてみれば、「平和を愛する諸国民の公正と信義に信頼」する日本国憲法前文や軍備を放棄した九条のように、敵を作らないと一方的に宣言をすることも、敵国なしですごす方法の一つかもしれない。

次いで著者は、謝罪こそが敵を解体する、という。一九七〇年、旧西ドイツのブラント首相は戦後初めてドイツの責任を認め贖罪のために、ワルシャワのゲットーで跪いてユダヤ人に謝罪をした。

そして「今や謝罪の時代である」（p. 246）。二〇〇三年にはローマ法王ヨハネ・パウロ二世がクロアチアやボスニア・ヘルツェゴビナを訪れ、第二次大戦中にカトリック教徒が犯したユダヤ人迫害への加担について謝罪をした。最近でもフランシスコ法王がカトリック教徒による中南米征服の歴史について謝罪をしている。イギリスも二〇一〇年にキャメロン首相が一九七二年一月に起きた英国軍による北アイルランドでのデモ隊虐殺事件について謝罪した。

対立関係を解体するより効果的な方法は「和解」である。フランスとドイツの和解は、敵を持たないEU結成のけん引役となった。最近では、二〇一五年七月にアメリカとキューバが和解し五四年ぶりに国交を回復した。

国家間の対立関係以外に内戦の敵を解体するための国民的なプロセスとして「忘却、赦し、司法」（第三部第二章）がある。

「暴力の一方的放棄と忘却」（p. 251）は敵を解体する上で最も単純な方法ではあるが、それだけに難しい。暴力の一方的放棄は、たとえばＩＲＡ（アイルランド共和国軍）が二〇〇五年に武装闘争の放棄を宣言している。他方、ＥＴＡ（バスク祖国と自由）もたびたび武装解除を宣言してはきたが、その都度宣言を破ってきた。その上暴力を「忘却」することはさらに難しい。

「赦し」（pp. 252-257）は被害者側から加害者側に向けられる。その具体的な方法が「真実和解委員会」である。「赦し」には、過去の一定期間に限定すること、特定の出来事に焦点を当てるのではなく権力の濫用と全体像に焦点を当てること、委員会は一時的なものであること、委員は権力側から中立であること、を基本に構成される。委員が中立であっても「赦し」では加害者を赦す被害者が加害者よりも倫理的に優位に立つ。その優位性が他者を倫理的に劣るとして再び敵を作りかねない。

「司法」(pp. 257-262)は加害者を罰する処罰的な「原状回復的司法」と加害者の処罰ではなく平和や民主体制への移行を管理する「部分修復的司法」あるいは「過渡的司法」がある。敵を解体するのは後者である。その典型がアパルトヘイトの解決をはかった南アフリカの「真実和解委員会」である。ただし、すべての「真実和解委員会」が成功するとは限らない。ウガンダ、ハイチ、エルサルバドルなどではうやむやのうちに加害者が特赦されてしまった。

本書で明らかになったのは、敵を作ることは簡単でも敵を解体することがいかに難しいかである。なぜなら敵を解体する過程が同時に新たな敵を作る過程にもなるからである。そのことがよくわかるのが、本書の日本に関する記述である。「バターン死の行進」、「南京大虐殺」、「慰安婦問題」、「三光作戦」、「七三一部隊」など戦時中の国際人道法違反やそれを正当化しているとの日本の歴史修正主義への批判(pp. 267-269)は、その記述内容の真偽や正確さはさておき、著者自身が「マーカー」となって、あらためて日本という敵を作っている。

社会構成主義は、つまるところ自己と他者との関係性に基づく相対主義の思想である。だからこそ敵の脱構築の過程が新たな敵の構築の過程になる。敵は常に自らのアイデンティティであり、敵は自己の与件である。結局、敵は永遠に作り続けられるのである。

(桜美林大学教授)

［訳者紹介］

嶋崎正樹　1963年岩手県生まれ。翻訳家・放送通訳。東京外国語大学大学院修士課程修了。
著書に『ルモンドで学ぶ時事フランス語』（ＩＢＣパブリッシング）、訳書にR. ドブレ『イメージの生と死』（ＮＴＴ出版）、M. オンフレ『哲学者、怒りに炎上す。』（河出書房新社）、J.-P. デュピュイ『ツナミの小形而上学』（岩波書店）など。

敵をつくる――〈良心にしたがって殺す〉ことを可能にするもの

2016年８月25日　初版第１刷発行

著　者　ピエール・コネサ
訳　者　嶋　崎　正　樹
発行者　犬　塚　　満
発行所　株式会社 風　行　社
〒101-0052 東京都千代田区神田小川町３−26−20
Tel. & Fax. 03-6672-4001
振替 00190-1-537252
印刷・製本　モリモト印刷株式会社
装丁　狭山トオル

ISBN978-4-86258-094-8